基于极限理论的
再保险模型及
相关技术研究

曹玉松　著

$$q^0(x) = 1 + \frac{\eta a}{b^2} \frac{\psi'(x)}{\psi''(x)}$$

$$l^0(x) = \frac{r_1 - r_0}{x\sigma^2} \frac{\psi'(x)}{\psi''(x)}$$

武汉大学出版社

图书在版编目(CIP)数据

基于极限理论的再保险模型及相关技术研究/曹玉松著.—武汉：武汉大学出版社,2016.5
ISBN 978-7-307-17814-4

Ⅰ.基… Ⅱ.曹… Ⅲ.再保险—研究 Ⅳ.F840.69

中国版本图书馆CIP数据核字(2016)第094869号

责任编辑：鲍 玲　　责任校对：李孟潇　　整体设计：马 佳

出版发行：**武汉大学出版社**　（430072　武昌　珞珈山）
（电子邮件：cbs22@whu.edu.cn　网址：www.wdp.com.cn）
印刷：虎彩印艺股份有限公司
开本：720×1000　1/16　印张：10　字数：203千字　插页：1
版次：2016年5月第1版　　2016年5月第1次印刷
ISBN 978-7-307-17814-4　　定价：28.00元

版权所有，不得翻印；凡购我社的图书，如有质量问题，请与当地图书销售部门联系调换。

本书系

1. 许昌学院专著资助项目——基于极限理论的再保险模型及相关技术研究(2015119)的主要成果;

2. 河南省科技厅基础与前沿技术研究计划项目——基于跳过程和布朗运动的最优金融决策研究(132300410323)的相关成果;

3. 河南省高等学校重点科研项目资助——基于风险和投资多目标规划的再保险模型及建模方法研究(15A110041)的相关成果;

4. 2016年度许昌市科技发展计划项目(基础与前沿)——基于相关布朗运动的最优投资及再保险策略(16-01)的相关成果。

前　言

随着现代化生产和科学技术的快速发展，财产的价值越来越高，保险人承担了前所未有的巨额风险。例如，一架大型喷气客机，仅机身就达千万美元，再加上乘客责任保险，保险金额高达几亿美元；卫星保险、核电站保险、大型海上石油钻井平台保险的保险金额则更大。同时，由于生产的扩大、财富的增加、人口的集中，一次大的自然灾害如洪水、地震、飓风或意外事故所造成的损失可达几亿、几十亿，甚至几百亿美元，这都是一家保险公司或一国保险市场的资金或财力所不能承担的，因为任何一笔巨额的赔款，都将导致一家保险公司的破产。而通过再保险，则可以将巨额的保险责任转分给几个再保险人，而再保险人再通过转分保，实现风险在全球范围内的分散。这样，一旦巨额损失发生，由于有众多的保险人承担，其损失对各保险人带来的财务冲击就小很多，因此，研究再保险的相关问题具有十分重要的科学意义和应用价值。

从大的层面来看，再保险可分为比例再保险和非比例再保险两大类。比例再保险是原保险人与再保险人按照约定比例签订再保险合同，分担责任。比例再保险又可分为成数再保险、溢额再保险以及成数和溢额混合再保险。成数再保险是原保险人在双方约定的业务范围内，将每一笔保险业务按固定的再保险比例，分为自留额和再保险额，其保险金额、保险费、赔付保险金的分摊都按同一比例计算，自动生效，不必逐笔通知，办理手续。溢额再保险是由原保险人先确定自己承保的保险限额，即自留额，当保险业务超出其自留额而产生溢额时，就将这个溢额根据再保险合同分给再保险人，再保险人根据双方约定的比例，计算每一笔分入业务的保险金额、保险费以及分摊的赔付保险金数额。

在非比例再保险中，原保险人与再保险人协商议定一个由原保险人赔付保险金的额度，在此额度以内的由原保险人自行赔付，超过该额度的，就须按协议的约定由再保险人承担其部分或全部赔付责任。非比例再保险主要有超额赔款再保险和超过赔付率再保险两种。

由于保险公司收取保费后，一般并不需要立刻提供理赔，而是在未来时间，当保险标的发生保险事故后才会理赔，因此保险公司在此期间会将剩余资本投入到风险市场和无风险市场，如货币、证券、基金等多个市场开展业务来增强经济实力，保险在各个市场的资产配置直接影响到公司的收益和风险，如何将资本进行资源分配和利用，如何选择再保险函数的形式，如何确定自留额和分出风险，使得风险最小，效用最大，是保险公司面临的重要问题。因此，基于风险和效用的多目标规划的最优再保险和投资策略，可以为保险公司提供相应的决策支持，同时对保险公司的长远发展具有重要的意义。

目前，再保险的相关技术取得了一些研究进展，尽管近年来这方面的研究成果非常丰富，发表的论文数量非常多，但仍然有许多问题没有得到很好的解决。在再保险过程中，常见的保费计算原理有期望值原理和标准差原理，这两种保费计算原理的优点是易操作，但不能很好地反映损失的波动性，由于保险产品的周期较长，因此传统的保费定价原理不能准确地反映风险的变化过程，也不能反映保费计算原理与最优标准之间的联系，传统的保费计算原理不能对目标函数做出相应的贡献；保险人处在复杂的经济环境中，同时追求收益最大和风险最小，不能忽视其中任一目标，保险人的目标首先是降低风险，但也不能因为追求风险最小就放弃了利润目标，单一的目标研究无法全面评判保险人面临的权衡和取舍；已有的保险模型往往是单一风险保单，即使多重风险，风险之间也是独立的，然而实际情况是风险往往具有一定的相关性，如何在再保险和投资过程中，考虑多重风险，如何考虑风险的相关性，是再保险和投资过程中的一个有意义的问题；投资过程中的资本运行过程往往用布朗运动和跳-扩散过程进行刻画，简单地分成风险市场和无风险市场，现实中风险市场的分类非常多，保险公司需要将资本投入到货币、证券、基金等多个市场开展业务，多风险市场的投资收益问题也给再保险-投资模型带来了极大的困难。

本书针对再保险过程中的风险、效用、投资收益、破产概率及相关极限理论所涉及的关键技术，提出了一些创新性思路和方法，并从理论和技术的角度对其价值和实用性予以分析和验证。

本书研究基础来源于河南省科技厅基础与前沿技术研究计划项目——基于跳过程和布朗运动的最优金融决策研究（132300410323）；河南省高等学校重点科研项目资助——基于风险和投资多目标规划的再保险模型及建模方法研究（15A110041）；许昌学院专著资助项目——基于极限理论的再保险模型及相关技术研究（2015119）。

在本书的写作过程中，借鉴和参考了国内外同行的研究成果和有益经验，同时也引用了大量的参考文献，谨在此表示深深的敬意和感谢！

由于作者学术视野、专业水平及研究深度有限，书中难免有遗漏和错误之处。对于书中的错漏及不当之处，敬请广大读者批评、指正！

曹玉松

2016 年 1 月

目 录

第1章 再保险及相关技术发展 ········· 1
1.1 研究的背景和意义 ········· 1
1.2 再保险简介 ········· 3
1.3 最优再保险准则问题研究 ········· 8
1.4 独立保单组合最优再保险的研究 ········· 9
1.5 再保险与效用函数 ········· 9
1.6 再保险与破产概率 ········· 10
1.7 再保险与投资 ········· 11
1.8 本书的主要工作 ········· 12

第2章 矩保费计算原理下的最优再保险 ········· 14
2.1 引言 ········· 14
2.2 最优衡量标准 ········· 14
2.3 风险测量函数性质 ········· 16
2.4 期望值保费计算原理下的最优再保险 ········· 16
2.5 标准差保费计算原理下的最优再保险 ········· 24
2.6 一种新型风险下的最优再保险 ········· 29
2.7 最优成数再保险决策模型研究 ········· 34
2.8 一般风险测量下的最优再保险 ········· 38
2.9 本章小结 ········· 44

第3章 哈密尔顿-雅克比-贝尔曼方程下的最优投资和再保险 ········· 46
3.1 最优投资和再保险概述 ········· 46
3.2 国内外研究现状 ········· 47
3.3 随机控制理论 ········· 49
3.4 布朗运动刻画资本过程和风险运营过程模型 ········· 50
3.5 指数效用函数 ········· 50
3.6 指数效用函数下的最优比例再保险 ········· 51

3.7 指数效用函数下的最优比例再保险主要结果 ································ 53
3.8 指数效用函数下的最优比例再保险及投资 ································ 53
3.9 本章小结 ··· 63

第4章 哈密尔顿-雅克比-贝尔曼方程下的最小破产概率 ·············· 65
4.1 引言 ·· 65
4.2 破产理论的研究现状 ·· 66
4.3 最小破产概率 ·· 67
4.4 基于比例再保险的最小破产概率 ······································ 67
4.5 基于比例再保险和投资的最小破产概率：独立的布朗运动 ········ 72
4.6 相关布朗运动下的最小破产概率模型 ································· 80
4.7 本章小结 ··· 90

第5章 再保险精算问题研究 ··· 92
5.1 引言 ·· 92
5.2 投资收益下的再保险定价模型 ··· 94
5.3 投资收益下的再保险决策 ·· 98
5.4 标的资产服从几何布朗运动的期权价格风险模型 ·················· 104
5.5 风险调整资本收益率下的最优再保险策略 ·························· 110
5.6 基于效用函数的比例再保险临界比例研究 ·························· 113
5.7 本章小结 ·· 115

第6章 NA序列的矩精确完全收敛的相关知识 ······················· 116
6.1 引言 ··· 116
6.2 有关记录次数的计数过程的矩精确完全收敛 ······················· 117
6.3 完全矩收敛的NA序列的精确渐近性 ································ 124
6.4 本章小结 ·· 135

第7章 结语与展望 ·· 136
7.1 全书总结 ·· 136
7.2 研究展望 ·· 138

参考文献 ··· 140

后　记 ·· 154

第 1 章 再保险及相关技术发展

1.1 研究的背景和意义

在日益繁荣的现代社会，人们生活面临着诸多现实存在和潜在的各种风险。尽管人们无法预测或完全防范风险的发生，但可以通过购买保险来转移和分散风险。保险公司就是以承担风险、调节风险为主要业务的金融企业，其本身具有高风险特征。风险对保险公司而言，是一把双刃剑，处理得当就意味着滚滚利润；一旦失控，公司将面临陷入破产的深渊。为了能够持续盈利，为了永久生存，保险公司通过提高风险管理能力来避免灾难性的损失；同时保险公司还要承担更多的风险来拓展业务。因此，保险公司作为给他人提供保险保障的专业机构，不仅要通过各种措施减少自身的风险，同时还要增加自身的收入，提高偿付能力，这对保险公司的财务稳定和长远发展有着极其重要的意义。

保险公司减少风险的方法之一就是采取再保险，再保险的有效安排给保险公司提供了规避巨灾的良好手段。没有再保险，保险公司就不能承保超出公司赔偿能力的项目。而且，一旦发生了较大的赔偿额时，保险公司就算是倾其所有也无力赔付。这将给保险公司的生存和社会安定带来巨大的影响。保险公司有效地利用再保险，分出一部分保费，就可以联合承保一些较大的项目。

再保险(Reinsurance)也称分保，是保险个人在原保险合同的基础上，通过签订分保合同，将其所承担的部分风险和责任向其他保险人进行保险的行为。我国《保险法》(2015 年修正)第二十八条指出："保险人将其承担的保险业务，以分保形式部分转移给其他保险人的，为再保险"。习惯上，分出保险业务的保险人称为原保险人(Original Insurer)或分出保险公司(Ceding Company)，接受分保业务的保险人称为再保险人(Reinsurer)或分入保险公司(Ceded Company)。与直接保险一样，原保险人通过办理再保险将其所承保的一部分风险责任转移给再保险人，相应地也要支付一定的保险费，这种保险费称为再保费或分保费(Reinsurance Premium)。根据再保险合同，当该风险成为实际损失时，再保险人必须分担其约定承保部分的损失，即原保险人可以从再保险人那里摊回分保部分的损失赔款。再保险的产生，主要是基于保险人分散风险的需要。如果说保险是社会的稳定器，那么再保险则是保险经营的稳定器，从而也是社会的稳定器。保险作为风险的承担者，在它直接承保的大量业务中，不可避免地会有一些巨额责任保险，特别是随着现代化生产和科学技术的高度发展，财产的价值越来越昂贵，使保险人承担了前所未有的巨额风险。例如，一架大型喷气客机，仅机身就达千万美元，再加上乘客责任保险，保险金额高达几亿美元；卫星保险、核电站保险、大型海上石油钻井平台保险的保险金额则更大。同时，由于生产的扩大、财富的增加、人口的集中，一次大的自然灾害如洪水、地震、飓风或意外事故所造成的损失可达几亿、几十亿，甚至几百亿美元，这都是一家保险公司或一国保险市场的资金或财力所不能承担得了的，因为任何一笔巨额赔款，都将导致一家保险公司的破产。而通过再保险，则可以将巨额的保险责任转分给几个再保险人，而再保险人再通过转分保，实现风险在全球范围内的分散。这样，一旦巨额损失发生，由于有众多的保险人承担，其损失对各保险人带来的财务冲击就小很多。

由于保险公司收取保费后，一般并不需要立刻提供理赔，而是在未来时间，当保险标的发生保险事故后才会理赔，因此保险公司在此期间会将剩余资本投入到风险市场和无风险市场，如货币、证券、基金等多个市场，以此开展业务，增强经济实力。保险在各个市场的资产配置直接影响到公司的收益和风险，如将资本进行资源分配和利用，选择再保险函数的形式，确定自留额和分出风险，使得风险最小，效用最大，因此基于风险和效用的最优再保险和投资策略，可以为保险公司提供相应的决策支持，同时对保险公司的长远发展具有重要的意义。

在保险实务中，竞争激烈。保险公司增加盈余的主要方法是投资，但投资是存在风险的，如资产贬值、利率风险等。再如，保险公司把过多的资金投资到风险资产上，资金的利用比例太高则资金的流动性差，不能满足索赔波动带来的赔付需要。倘若投资到不熟悉的领域、高风险领域等，还可能会造成投资项目的失败。投资风险的暴露必然会降低保险公司的投资收益，保费收入没有得到有效利用将降低保险公司的效率，总盈余也会下降。这不仅将严重威胁保险公司的盈利，而且长此以往会影响到保险公司的存亡。因此，研究最优投资问题具有很大的现实意义。保险公司选择最优的再保险方式，以及确定最优再保险额度，使自身的风险最小、利益最大是个十分重要的问题。因此，研究最优投资和最优再保险问题，可以指引保险公司是否进行投资和再保险，以及如何进行投资和再保险，帮助保险公司制定决策，减少保险公司的风险。目前，保险公司的最优投资和再保险问题已成为金融数学的研究热点问题之一。它的理论不仅丰富和发展了现代金融，而且也加强了数学分支与金融学、保险学之间的联系，对数学的发展起了推动作用。

2015 年上半年，全球因自然灾害和人为灾难造成的经济损失高达 370 亿美元。保险业承保了近 45% 的损失，远高于过去 10 年 27% 的平均承保率。2015 年上半年，约有 18000 人因各类灾害丧生，较 2014 年上半年 4800 多人显著增加。

据悉，2015 年 4 月和 5 月在尼泊尔接连发生的地震造成了 9000 多人死亡，是 2015 年造成最多生命损失的自然灾害。

美国和欧洲的严冬天气和雷暴是导致今年最大保险损失的自然灾害。2015 年 2 月，美国东北部的暴风雪造成了 18 亿美元的保险损失，高居 2015 年以来灾害损失榜首。同时，2015 年上半年，人为灾难造成了 36 亿美元的保险损失。面对巨大的自然灾害，保险公司会选择再保险进行降低风险。然而，随着人们知识的增多和经济实力的增强，个人和团体的保单越来越多，因此再保险在人寿保险领域也发挥着重要作用。利用再保险，可以把巨大的自然灾害和人为事故造成的损失在多家保险公司之间进行分担，有的保险公司引入了巨大风险的证券化等方法，将巨额保单的风险进一步分配到股票证券市场。

综上所述，再保险的最大作用是分散风险和责任，保险公司为了追求利润最大化和风险最小化，会将承担的风险在多家保险公司甚至在国际范围内的保险公司之间进行分散，并将保费集中起来进行风险投资和无风险投资，以用来抵挡巨大灾害造成的经济损失。此外，保险公司还会接受其他保险公司分配的再保险业务。再保险不但可以使得保险公司稳定经营，还可以增大自身的业务量，通过再保险，可以使得保险公司的利润每年趋于均衡，同样，由于承担了其他公司分配来的再保险，原保险公司可以获得相应的再保险保费，从而降低赔付率，这在一定程度上也增加了原保险公司的资本储备量。

同时，再保险过程中涉及的丰富的知识、险种的制定、保费的计算、自留额的确定、风险市场的投资、无风险市场的投资、最小破产概率的控制等方面对保险人的精算水平和业务能力都有较高的要求，因此，如何将再保险引入到保险过程中，购买何种形式的再保险，如何选择再保险比例，如何确定自留额，如何将暂时不用的资金进行投资都是再保险过程中的需要思考的问题，解决了这些问题，可以使得保险公司更好地分散风险和获得更多的投资收益，这对新险种的开发和保单的售后服务都有相应的帮助，这些帮助可使得原保险公司获得更长远的发展和更稳定的经营。

1.2 再保险简介

1.2.1 再保险定义

再保险(Reinsurance)又称分保，是保险人在原保险合同的基础上，通过签订分保合同，将其所承保的部分风险和责任向其他保险人进行保险的行为。在再保险交易中，分出业务的公司称为原保险人(Original insurer)，接受业务的公司称为再保险人(Reinsurer)。再保险转嫁风险责任支付的保费叫做分保费或再保险费，如果分保接受人又将其接受的业务再分给其他保险人。

1.2.2 再保险与原保险关系

再保险的基础是原保险，再保险的产生，正是基于原保险人经营中分散风险的需要。因此，原保险和再保险是相辅相成的，它们都是对风险的承担与分散。再保险是保险的进一步延续，也是保险业务的组成部分。

再保险具有两个重要特点：第一，再保险是保险人之间的一种业务经营活动；第二，再保险合同是独立合同。

1.2.3 再保险起源

同保险一样，再保险也萌芽于海上保险。早在14世纪，地中海沿岸城市相继成为海上贸易的中心，海上保险逐渐在此产生和发展起来。随着海上贸易和航运业的发展，保险人承担的风险责任越来越大，客观上产生了分散风险的需求。1370年，一位意大利海上保险人Gustav Cruciger首次将自己承保的一笔自意大利的热那亚(Genoa)到荷兰的斯卢丝(Sluys)的海上航程保险业务中风险较大的一段航程保险责任，转让给其他保险人。这可以说是再保险的雏形，其当时用拉丁文书写的协议书被视为世界上第一个再保险协议。再保险源于欧洲海上贸易，第一份再保险合同于1370年7月在意大利热内亚签订，当时的再保险仅限于海上保险。十七八世纪由于商品经济和世界贸易的发展，特别是1666年的伦敦大火，促使保险业产生了巨灾损失保障的需求，为再保险市场的发展创造了条件。

18世纪中叶以后，工业革命的兴起，工商业的繁荣与发展，促进了保险业的发展，也使再保险的内容、方式和组织形式等方面得到发展和完善。从临时再保险、合同再保险、专业再保险公司的产生、再保险业务的创新，到现在再保险市场的形成。目前，世界上主要再保险市场有伦敦、欧洲大陆、纽约和东京四大市场。再保险市场的形成和发展，便利了再保险交易，使得保险风险得以在全球范围内分散，进一步保障了保险经营的安全和稳定，同时也进一步推进了现代保险和再保险的国际化、专业化进程。

19世纪中叶，瑞士、美国、法国、德国、英国等国家相继成立了再保险公司，办理航空险、火险、水险、建筑工程险的再保险业务，形成了庞大的国际再保险市场。

20世纪末，世界各国的保险公司，无论规模大小都要将其所承担的风险责任依据大数法则及保险经营财务稳定性的需要，在整个同业中分散风险，再保险已成为保险总体中不可缺少的组成部分。

1.2.4 中国再保险市场的发展历史及趋势

从 1979 年国内恢复保险业务至 1988 年，在中国，只有中国人民保险公司一家保险公司。直至 20 世纪 80 年代末在深圳、上海两地相继成立平安和太平洋两家保险公司，才形成了再保险市场架构的雏形。

进入 20 世纪 90 年代之后，随着我国保险业的飞速发展，国内再保险市场需求的不断扩大，丧失了原来完全垄断模式的优势，各种弊端逐渐显现。新保险公司的不断设立，使中国人民保险公司独家垄断经营国内再保险市场的局面开始被打破，再保险业务的经营逐渐趋于多元化。

2003 年 12 月 19 日，瑞士再保险公司北京分公司在北京成立；2004 年 6 月 6 日，科隆再保险公司上海分公司获准在上海设立。据保监会官网发布的《保险统计数据报告》，2004 年至 2014 年的十年间，我国原保险保费收入从 0.43 万亿元增长到 2.02 万亿元，年均增长率达 16.7%，中国已成为全球第四大保险市场和最重要的新兴保险市场。而主流投行根据保险业"新国十条"的目标推算：2020 年，我国再保险市场空间将达到 3365 亿元，相较 2014 年底将有至少 2.3 倍的发展空间。目前，中国再保险市场上已有四家专业再保险公司，极大地扩展了中国再保险市场的吸纳能力。

1.2.5 再保险的功能

一般地，保险人进行再保险有以下几个功能：

1. 风险控制或分散风险

分散风险是再保险最基本的职能。任何保险人的资金和承受风险的能力都是有限的。为了保持保险业务正常经营和保险人的财务稳定，避免承保的风险过于集中，对于超过原保险人自身承受能力的危险，原保险人通过再保险，在同业之间相互分散风险。这样可以把许多保险公司的承保力量集合到一起，实际上起到了联合积聚资金，扩大承受能力的作用。

2. 财务上的作用

在保险财务上的作用主要体现在四个方面：
① 增加了资金使用量，优化了资源配置。

保险人要保持一部分资金用于赔付，同时又要利用资金进行投资。保险人通过购买再保险，可以"解放"一部分资本金，用于更优的途径。原保险人分保后，不仅原保险人自身的资本金要求降低了，而且总体的资本金要求也降低了。这样就使得一部分社会资源可以用于更优的途径，优化了资源配置。

② 再保险降低了保险人的经营成本。

虽然，原保险人需要支付一定的保费给再保险人，从表面上看，原保险人在支付过再保险保费后，会将一部分保费收入转移给再保险人，然而，原保险人可以承担更多的保险业务，可以与被保人之间建立良好的合作关系，提高原保险人承担风险的能力，在一定程度上也增加了原保险人的业务量。保险人的业务量增加后，相应的管理费用、办公费用等固定支出并没有随之增加，因此在某种程度上反而降低了原保险公司的经营成本。可见，再保险虽然分出了一部分保费，如果管理得当，还是可以为原保险公司带来利润的。另外，原保险公司和再保险公司建立了良好的合作关系，原保险公司也可以承担再保险公司的再保险，实现真正意义上的双赢与合作关系。

③ 有利于原保险人维持财务稳定。

经营的稳定性是任何一个经营单位的追求目标，任何一个企业都不希望财务起伏不定，而是希望财务状况能够稳定增长，保险公司也不例外。然而由于保险公司业务的特殊性和偶然性，承担保单后，什么时候需要赔付，赔付额是多少事先都无法估计，若遇到巨额保单需要支付时，由于保险金额额度较高，若只有原保险人一家承担，往往会造成原保险公司的破产。例如，遇到台风、地震等自然灾害时，往往对保险公司来说是一个巨大的负担，对付这类风险，最有效的方法是再保险，通过再保险，原保险人会将一部分风险分散给再保险公司承担，将风险控制在自己可承担的范围内，从而减少了巨额保单对保险公司财务的冲击，因此合理的再保险可以使得原保险公司维持财务稳定，实现可持续发展。

④ 有利于原保险人经营核算，如实反映经营业绩。

保险人在经营过程中，如果遇到前面两类风险，不仅会影响保险人的财务稳定性，也不利于保险人的经营核算。这是因为发生巨灾事故前，保险人的利润平稳增长，一旦发生巨灾事故，保险人前几年积累的利润可能因此丧失殆尽。这样在保人的收益曲线上就产生了一个缺口。而再保险后，一方面减少了巨灾对财务稳定性的影响，另一方面缩小了收益曲线上的缺口，避免了保险人利润的大起大落。有利于保险人经营核算，也能在报表中如实反映经营状况。

1.2.6 再保险类型

首先，按责任限制分类，再保险可分为比例再保险和非比例再保险。比例再保险是原保险人与再保险人，即分出人与分入人之间订立再保险合同，按照保险金额，约定比例，分担责任。对于约定比例内的保险业务，分出人有义务及时分出，分入人则有义务接受，双方都无选择权。在比例再保险中，又可分为成数再保险、溢额再保险以及成数和溢额混合再保险。成数再保险是原保险人在双方约定的业务范围内，将每一笔保险业务按固定的再保险比例，分为自留额和再保险额，其保险金额、保险费、赔付保险金的分摊都按同一比例计算，自动生效，不必逐笔通知，办理手续。溢额再保险是由原保险人先确定自己承保的保险限额，即自留额，当保险业务超出其自留额而产生溢额时，就将这个溢额根据再保险合同分给再保险人，再保险人根据双方约定的比例，计算每一笔分入业务的保险金额、保险费以及分摊的赔付保险金数额。

在非比例再保险中，原保险人与再保险人协商议定一个由原保险人赔付保险金的额度，在此额度以内的由原保险人自行赔付，超过该额度的，就须按协议的约定由再保险人承担其部分或全部赔付责任。非比例再保险主要有超额赔款再保险和超过赔付率再保险两种。

比例再保险，是指原保险人与再保险人相互签订再保险合同，以保额为计算基础，计算比例承担保险责任的再保险方式。它有三种基本形式：① 成数再保险：它以保险金额为基础并由分出公司将其所承保的业务按照合同所订明的比例，一部分自留，另一部分分给接受人，并按这同一比例分配保费、摊付赔款。② 溢额再保险：它也是以保额为基础，由保险人与再保险人双方签订的一种固定的再保险合约。在合约规定范围内每一承保危险，首先由分出人确定一个合理的自留额，超过自留额部分统称为"额"，溢额部分按照合约规定必须自动分给再保险接受人负责。③ 成数溢额混合再保险：是成数再保险和溢额再保险结合使用的分保方式。它将二者结合在同一个合同内，自留额限度内的业务以成数再保险方式分出，超过部分以溢额方式分出，它可以弥补上述两种方式单独运用时的不足，取长补短，既解决成数再保险付出的保费过多，又达到溢额再保险项下保费的相对平衡，对于缔约双方均有利。

非比例再保险，是由原保险人同再保险人协议，以赔款为基础，计算自负额和责任额的一种再保险方式。它主要有三种形式：① 超额赔款再保险，是原保险人因同一原因发生的任何一次损失或因同一原因所导致的各次赔款的总和，超过约定的自负额时，其超出部分由接受公司负责至一定的额度。在保险实务中包括险位超额赔款再保险和事故赔款再保险。② 停止损失再保险，是指原保险人一段时间内的总损失额为理赔基础。对停止损失合同中，要规定自留额和赔偿限度。③ 最大赔款再保险，是指再保险人承担一年内金额最高的若干次索赔总额，其余事故再保险人不承担赔偿责任。在保险实务中包括累积超额再保险和赔付率超额再保险。

1.2.7 再保险保费计算原则

一般来说，标准差原则和方差原则保费计算原理是最著名的，而指数原则有最吸引人的性质，且它与破产概率理论相联系，其参数可以解释为调节系数。1995年，加拿大滑铁卢大学的 Shaun Wang 提出了一种新的保费定价原则及针对巨灾的增加限额费率方法：风险调节保费原则。前提条件是再保险人要比原保险人的风险规避度小，保险人要比被保险的风险规避度小，保险人对所承担的风险中的不确定性越大的保费越高。该原则是建立在比例风险转换（PH-Transform）基础上的。之所以叫风险调节保费，是因为它能依据不同的风险期望损失自动调整风险附加。可以用来计算以前很难确定的巨灾再保险费率厘定问题以及复合风险的停止-损失再保险的风险调整保费。由于这种保费计算原则具有良好的性质，既可用于独立风险，又可用于相关风险，所以后来被研究者如 Young 和 Ana. J. Mata(1999) 等人多次引用。另外，Wang(1998) 还提出了用风险调整保费计算增加限额费率的方法，进一步讨论了比例风险转移及风险调整保费的性质，并通过实证对保费收取进行了研究。H. Schmidli(2001) 从再保险人的角度比较了风险调整保费计算原理和期望值保费计算原理。C. Gosio(2013) 给出了 PH 转换作为保费原则相对于标准差原则的优势。W. Cui 和 J. Yang(2013) 研究了风险的相关性及其对停止损失保费的影响，对于二元情形，得出共同单调导致最大的停止损失保费。W. Hurlimann(1995) 采用修正的停止损失序的 Hardy Little-Wood Majorant 方法得出了与分布无关的隐性定价附加法，M. Guerra 和 M. Centeno(2008) 从再保险角度比较了几种不同的保费计算方法，得出结论：除了比例再保险的保费计算原则外，其他都在实质上与期望值原则相同，并证明了停止-损失再保险的保费比其他都要高，条件是它有足够的优先权。

再保险保费是保险人按照一定的计算原则需要支付给再保险人的费用，相应地，再保险人会根据合同约定承担相应的风险，常见的再保险保费计算有下面几种：

① 纯保费计算原理：$\pi(X) = E(X)$；

② 期望值保费原理：$\pi(X) = (1+\alpha)E(X)$；

③ 方差保费计算原理：$\pi(X) = E(X) + \alpha \mathrm{Var}[X]$；

④ 标准差保费计算原理：$\pi(X) = E(X) + \alpha\sigma[X]$；

⑤ 指数保费计算原理：$\pi(X) = \frac{1}{\alpha}\log(m_X(\alpha))$。

其中，期望值保费计算原理和标准差保费计算原理应用比较广泛。

1.3 最优再保险准则问题研究

早期的再保险研究中只考虑原保险人的利益，而忽略了再保险人，因为再保险属于一种合作行为，需要考虑双方的利益，以达到共赢。根据这一缺陷，Bulmann(1970) 综合考虑了保险人与被保险人的共同利益，公平帕累托最优及市场均衡，证明了 Esscher 计算原则是帕累托最优的。S. Wang 和 H. H. Panjer(1998) 证明了在零效用原则计算保费时，风险分配满足帕累托最优分配原则。M. Guerra 和

M. Centeno（2008），Muller(1996)，David C. M. Dickson（1993）验证了在最大化期望利润、最小化方差、最小化保费、最小化破产概率、最大化调节系数等最优衡量标准下最优再保险形式为停止-损失再保险。Gerber H. U.（1979）以最小破产概率为目标，从调节系数角度研究了纯费率时最优再保险问题，给出了最优比例再保险策略。

1.4　独立保单组合最优再保险的研究

第一个研究独立保单组合最优再保险的人是 O. Depret(1985)，他利用某保险公司一个时期内的非寿险义务数据进行实证研究，考虑 n 个独立风险保单，在固定的期望利润下，以给定时期的利润波动性最小为最优目标，得出了最优分保形式。M. L. Pesonen(1984) 在一定时期给定期望收益的水平下，以破产概率最小为最优目标，给出了比例再保险及非比例再保险的具体形式。以上两者的研究都属于传统风险理论的研究范畴，因为他们只考虑个体风险之间是独立的情形，主要原因是个体风险之间的相关性在数学处理上比较困难。

上述模型中只考虑了独立的不同保单组合，实际上，大量风险并不是独立的，而是存在一定的相关性。近几年，随着证券市场的发展，组合投资理论也被引入保险组合问题的研究中。H. Panjer(2003) 对不同保单组合的优化问题进行研究，找到了组合的有效前沿，通过多样化保单组合来提高风险收益率。Rene Schnieper(1996) 从资产管理的角度，利用保险公司损益表，分析公司的最优自留水平，以最大化公司的风险收益率为优化准则，给出了如何通过再保险来改善公司的风险收益率，同时使公司的自留风险方差最小。

1.5　再保险与效用函数

衡量再保险的标准很多，最常见的是期望效用最大作为衡量标准，期望效用函数理论(Expected Utility Theory) 是 20 世纪 50 年代，冯·纽曼(Von Neumann) 和摩根斯坦(Morgenstern) 在公理化假设的基础上，运用逻辑和数学工具，建立了不确定条件下对理性人(rational actor) 选择进行分析的框架。不过，该理论是将个体和群体合而为一的。后来，阿罗(Arrow) 和德布鲁(Debreu) 将其吸收进瓦尔拉斯均衡的框架中，成为处理不确定性决策问题的分析范式，进而构筑起现代微观经济学并由此展开的包括宏观、金融、计量等在内的宏伟而又优美的理论大厦。期望效用具体表示为：$E[u(X)]$。

对于被保险人来说，保险必须满足 $U(W_1 - H) \geq E(u(W_1 - X))$，其中 W_1 是被保险人的原有财富，H 是缴纳的保费，X 是其面临的损失随机变量。此式表明了被保险人购买保险后的财富的效用值要大于购买前的财富效用的期望值。当等号成立时，被保险人交纳的保费最大，成为保费临界值。

对于保险人来说，保险必须满足 $Eu(W+G-X) \geq u(W)$，其中 W 为保险人原有的财富，G 是收取的保费，X 是承担的风险。此式表明承保后的财产的效用期望值不能小于承保前的财产的期望值。当等号成立时，保险人收取保费最少，此时成为保险人的临界保费。

一般情况下，效用函数满足 $u' > 0$，即效用递增，且满足 $u'' < 0$，即边际效用递减。

常用的效用函数如下：

① 指数效用函数：$u(x) = -e^{-rx}$；

② 幂效用函数：$u(x) = \dfrac{x^{k_1}}{k_1}$，其中 k_1 为风险厌恶系数；

③ 对数效用函数：$u(x) = \ln x$。

上述效用函数中，指数效用函数最常用。

1.6　再保险与破产概率

再保险过程中，破产概率是保险风险理论研究中的一个重要问题，它可以为保险公司提供一个非常有用的早期风险预警决策手段。风险理论是近代应用数学的一个重要分支，主要应用于保险、金融、证券投资以及风险管理等领域，它借助概率论与随机过程理论构造数学模型，来描述各种风险业务过程。风险理论作为经营者或决策者对风险进行定量分析和预测的一般理论已广泛应用于投资和保险等行业之中。投资者经常需要选择那些损失小、收益大的项目；而保险公司是获得投保人缴纳的保费收益，同时承担投保人所面临的相关风险，保险公司和投保人也要面对风险和收益进行风险选择。为了进行更科学的选择，就要对风险过程进行多方面的具体研究，其中对其稳定性的重要指标——破产概率相关问题的研究，形成了一个重要的研究领域，也就是破产理论。

1955 年，Harald Cramer(1955) 构筑了非寿险数学模型的概率基础。破产概率理论往往用来衡量经营者的经营状况的稳定性，通过预测经营者的破产时间及破产的可能性，从而为经营者提供决策支持。通过对经营者的破产概率及其破产时间进行分析，可以判断某一项目是否可行。保险公司通过分析新的险种对破产概率的影响，从而决定此险种是否上市。同时，可以通过改变对险种保费的定价，从而降低经营者的破产概率。因此，对破产概率的研究具有较强的应用背景和应用价值。

Possion 过程是研究破产概率理论的重要工具，利用 Possion 过程讨论破产概率也是 Lundberg 首次提出的，但是 Lundberg 提出的 Possion 过程研究破产概率的方法并不符合数学的严谨性，随后以 HaraldCramer 为首的瑞典学派完成了利用严格的随机过程理论分析破产概率。后来，Geber 将鞅方法引入到破产概率理论的研究中，鞅方法大大丰富了破产概率理论的内容，为研究破产概率提供了有效的工具。通过对破产概率理论的分析，可以调整保费的计算、再保险的比例、风险市场和无风险市场的投资比例，使得理论模型与实际问题更加吻合，因此，不同风险模型中的最小破产概率问题已引起国内外学者的注意，破产概率方面的研究文献也越来越多。

Lunbderg 和 Carmer 研究的主要问题是保险公司最终破产概率，也简称破产概率(Ruin Probability)，因为这对于保险公司运营资本的稳定性分析具有重要的参考价值。

再保险是防止破产的有效手段，也是与破产联系最紧密的概念。Gerber 和 Waters 用再保险对调节系数的影响来研究最终破产概率，Centeno、Panjer 用再保险研究破产问题，得出与 Lunderberg 不等式相似的结论，在准备金足够的条件下是自留额的函数。Dickson、Waters 利用 Devylder Goovaerts 算法研究了有限时间内的破产概率，通过具体的例子表明有限时间的自留额水平趋向于无限时间的自留水平。Centeno(2000) 在这个模型的基础上，重新定义了超额损失再保险的最优自留额。

在股票价格服从几何布朗运动，只考虑投资不考虑再保险策略且保险公司盈余过程为经典 Cramer-Lundberg 模型的假设下，Hipp C. 和 Plum M. (2000)，Hipp(2003) 解决了破产概率最小限制下的最优投资策略问题；在无投资时，Schmidli(2002) 研究了经 Cramer-Lundberg 模型中在破产概率最小限制下的最优比例再保险策略；Hipp 和 Vogt(2003) 研究了最优超额再保险策略；Schmidli(2001) 考虑了最小破产概率限制下保险公司的最优投资与比例再保险策略，并在 2002 年考虑了此策略下破产概率的近似问题。

Xiao 和 Yi(2008) 给出了有限时间破产概率的上限和投资资本的递推方程，Young 和 Zhang(2005) 讨论了同样的问题。Pergamen Shchikov 和 Zeitouny(2000) 讨论了资本遵循几何布朗运动下保险公司如何向风险市场投资的最小破产概率问题，Azcue 和 Muler(2001) 讨论了剩余资本服从 Cramer-Lundberg 过程时的最小破产概率问题。近期该问题仍然是研究的热点，常见的主要是考虑不同模型中的破产概率问题，如随机利率及保费的离散风险模型中的破产问题(2003)，一类推广的双险种复合 Poisson 风险模型的破产概率(2004) 等。

1.7　再保险与投资

由于保险公司收取保费后，一般并不需要立刻提供理赔，而是在未来时间，当保险标的发生保险事故后才会理赔，因此保险公司在此期间会将剩余资本投资到风险市场和无风险市场，如货币、证券、基金等多个市场开展业务用来增强经济实力，保险在各个市场的资产配置直接影响到公司的收益和风险，如何将资本进行资源分配和利用，如何选择再保险函数的形式，如何确定自留额和分出风险，使得风险最小，效用最大，因此基于风险和效用的多目标规划的最优再保险和投资策略，可以为保险公司提供相应的决策支持，同时对保险公司的长远发展具有重要的意义。目前，资金投资已经成为保险公司的一项越来越重要的业务，在风险模型中引入再保险和投资风险已经引起越来越多人的注意。为了更好地控制投资和再保险，不同目标下的最优问题已经成为了保险精算中的热门话题，尤其是指数效用下的最优化问题。在将再保险与投资引入到风险模型中的过程中，随机控制理论和相关的工具得到了广泛的应用。

Browne(2000)在文献中应用带有漂移的布朗运动刻画了保险公司的剩余过程，得到了指数效用下的期望最大值；Promislow 和 Young(2005)在文献中基于跳-扩散模型考虑了同样的问题；S. Z. Luo 和 M. Taksar(2011)在文献中讨论了在跳-扩散过程模型中如何投资使得破产概率最小；赵守娟和杨青龙(2012)在文献中运用动态规划和鞅方法，得到了一般最优控制问题所满足的哈密尔顿-雅克比-贝尔曼方程以及该方程的识别定理。

1.8　本书的主要工作

本书依托河南省科技厅自然基础研究项目、河南省高校重点科研项目、许昌学院专著支持项目、许昌市科技发展计划基础与前沿项目主要完成了以下工作：

① 介绍了再保险的定义、再保险的发展历史、与再保险相关的投资、效用、破产概率等相应问题。

② 分析和总结了目前再保险过程中用到的风险、效用、保费计算原理、随机理论、投资收益、破产概率等相关技术。

③ 研究了在期望值保费计算原理、标准差保费原理及更一般的矩保费计算原理下的最优再保险问题要满足的充分条件，通过具体的例子给出了再保险函数的具体形式和参数确定方法。

④ 在资本服从独立的布朗运动前提下，将市场分为风险市场和无风险市场，研究了使得期末期望效用最大的再保险的最优比例及其投资到风险市场和无风险市场的最优比例，并研究了期末期望效用的最大值。

⑤ 分别在资本服从独立的布朗运动和相关的布朗运动前提下，将市场分为风险市场和无风险市场，研究了使得破产概率最小的再保险的最优比例及其投资到风险市场和无风险市场的最优比例，并研究了破产概率的具体值。

⑥ 期望值保费计算原理下，在投资资金服从对数正态分布的假定下，研究了比例再保险和停止损失再保险的具体形式，使得保险人的收益率和再保险人的收益率的凸组合在经营期末以 f 概率达到或超过 R 利润率。

⑦ 在均值-方差保费计算原理下研究了最优比例再保险和停止损失再保险策略，使得保险人的风险调整资本收益率最大，得出了使得保险人风险调整资本收益率最大化的自留风险比率和自留风险额度。

⑧ 针对标的资产服从几何布朗运动的期权价格风险问题，引入通过购买看跌风险降低股票风险，将市场分为风险市场和无风险市场，建立服从几何布朗运动的资本运营过程，使其更加贴近实际情况。讨论了风险市场和无风险市场资本运营的情况，利用随机过程的相关知识给出了购买过看跌期权后的期末最终资本的市场价格期望、最终资本的市场价格超过给定值的概率及期末最终损失的期望。

⑨ 介绍了相关的概率极限理论。

第 2 章 矩保费计算原理下的最优再保险

2.1 引 言

每一份保险合同都明确规定了合同双方的权利和义务，其中很重要的一条就是投保人只有在支付保险费后，才能享受在保险标的发生损失时从保险公司得到赔偿的权利。保费计算原理就是这样一种衡量投保人要用怎样的代价以获得该种保障的准则。显然，保费的计算与投保人的风险密切相关。对原保险人而言，再保费由其分出的风险决定。保费计算原理有很多种，M. Kaluszka(2001)将其中的一些与风险各阶矩相关的方法统一为矩保费原理，包括期望值原理(Expected Value Principle)、方差原理(Variance Principle)、修正的方差原理(Modified Variance Principle)、标准差保费原理(Standard Deviation Principle)等。除此之外，常见的还有零效用原理、平均值原理、分位数原理、最大损失原理。

最优再保险问题是非寿险的重要课题之一，它关系到保险公司的赔付能力，最优再保险决策不仅包括选择再保险的形式，而且包括相应的自留风险和再保险限额的选择。用给定概率空间(Ω, S, P)上的非负随机变量Y来表示给定时间段内某个保险合同的总索赔，假设再保险准备承担Y中的R部分，则$Y = \widetilde{R}(Y) + R(Y)$，其中$R$为$Y$的可测函数，$\widetilde{R}(Y)$为保险人支付的自留索赔，因此一个重要的问题是如何选择最优再保险合同。

2.2 最优衡量标准

国外的再保险研究从希思设计非比例再保险至今已超过100年，对再保险的精算研究也形成了多种方向，每种方向都建立在不同的精算理论之上，包括保费计算原理、风险理论、效用理论等。在这诸多方向中，最优再保险的研究是一个很重要而且理论性较强的分支，不仅要用到精算知识，还牵涉到很多数学理论，如Pareto最优、非线性规划等。

迄今为止，对最优再保险的研究还没有一个统一的标准，对最优的定义和采用的证明方法等都各不相同，但总的来说，研究得最多的大致可以分为以下几个方向：

①Boreh，Bergen(1960)考虑了再保险的一种特殊形式——风险交换(Risk Exchange或Reciprocal Reinsuance)，即多家保险公司将其承担的风险集合起来并按一定比例进行重新分摊，保费也按照同样的比例进行分配，以各家保险公司损失分摊后的期望效用达到Pareto最优作为标准，求解最优再保险的形式。

②Deperez和Gerber(1985)，Young(1999)从效用理论的角度进行研究，不同的是Young以保险公司在分保后期望效用达到最大作为最优标准，并在Wang保费计算原理下求得最优再保险的形式。

③影响最广的考虑最优再保险的方法最早由Pesonen M.(1984)提出，他的理论原理是使原保险人风险的波动(即方差)达到最小为最优。之后的理论大多以此为定义，但由于对风险函数的选择和证明方法的不同，对最优再保险的研究又有许多不同的结果。如W. Hurlimann(1999)考虑原保险人和再保险人的风险波动之和达到最小为最优。而M. Kaluszka(2001)以原保险人方差最小作为最优，在各种形式的矩保费计算原理下，通过Couchy-Schwarz不等式的应用，得到了一个统一的最优再保险的形式。

在本章中，我们仍将延续M.Pesonen已有的思想方法，在Gajik，Zagrodny(2003)的研究基础上，综合考虑原保险人和再保险人双方的整体利益，从风险波动的角度提出新的风险函数，并运用非线性规划理论得到在期望值保费计算原理和标准差保费计算原则及其一般的矩保费计算原理下的最优再保险形式。

再保险过程中，不同的人往往采取不同的最优衡量标准，第一个问题是衡量再保险合同的优劣的标准。Pesonen M. 提出使原保险人风险波动$D^2(Y-R(Y))$达到最小为最优，也有一些学者提出$E|Y-R(Y)-E(Y-R(Y))|$最小为最优。这里我们介绍更一般的最优衡量标准，与以往专家学者不同，这里我们综合考虑保险人和再保险人双方的利益。保险人和再保险双方采取各自的风险测量函数Ψ_1，Ψ_2：$\mathbf{R} \to \mathbf{R}_+$，$\Psi_1$，$\Psi_2$可以相同，也可以不同，考虑使得保险人和再保险人的风险波动的某个凸组合达到最小，这个凸组合表述为：

$$\rho(R) = \alpha E \Psi_1(Y - R(Y) - E(Y - R(Y))) \\ + (1-\alpha) E \Psi_2(R(Y) - ER(Y)),$$

称$\rho(R)$为风险函数，为最优衡量标准。

如果Ψ_1，Ψ_2为凸函数，则相应的风险函数$\rho(R)$也为凸函数。它包括了一些学者所讨论的类型，如$\Psi_1 = \Psi_2 = t^2$，$\alpha = 1$时，即仅考虑原保险人的利益，采用方差风险作为衡量标准，恰为Pesonen M.(1984)所给出的结果。

2.3　风险测量函数性质

我们要求：

(A) $EY < \infty$；

(B) $ER_1^2(Y) < \infty$, $ER_2^2(Y) < \infty$；

(C) $E\Psi_1[Y - R(Y) - E(Y - R(Y))] < \infty$, $E\Psi_2[R(Y) - ER(Y)] < \infty$.

设 Ψ_1, Ψ_2 为凸函数，Ψ_1, Ψ_2 在 t 处的次微分 $\partial\Psi_1(t)$, $\partial\Psi_2(t)$ 为单调的多元函数，S_{Ψ_1}, S_{Ψ_2} 分别为 $\Psi_1(t)$, $\Psi_2(t)$ 的导数，非降。易知 S_{Ψ_1}, S_{Ψ_2} 为 Borel 函数，且具有下列性质：

$$\Psi_1[y - R(y) - E(Y - R(Y))] - \Psi_1[y - R^*(y) - E(Y - R^*(Y))]$$
$$\geqslant S_{\Psi_1}(y - R^*(y) - E(Y - R^*(Y))) \cdot (-(R(y) - R^*(y)) + E(R(Y) - R^*(Y))),$$
$$(2.1)$$

$$\Psi_2[R(y) - ER(Y)] - \Psi_2[R^*(y) - ER^*(Y)]$$
$$\geqslant S_{\Psi_2}(R^*(y) - ER^*(Y)) \cdot ((R(y) - R^*(y)) - E(R(Y) - R^*(Y))),$$
$$(2.2)$$

记：$S^*_{\Psi_1}(y) = S_{\Psi_1}(y - R^*(y) - E(Y - R^*(Y)))$, $S^*_{\Psi_2}(y) = S_{\Psi_2}(R^*(y) - ER^*(Y))$. 显然，$S^*_{\Psi_1}$, $S^*_{\Psi_2}$ 满足

$$\int_0^\infty \Psi_1[y - R(y) - E(Y - R(Y))] - \Psi_1[y - R^*(y) - E(Y - R^*(Y))] dF(y)$$
$$\geqslant \int_0^\infty S^*_{\Psi_1}(y)(-(R(y) - R^*(y)) + E(R(Y) - R^*(Y))) dF(y) \quad (2.3)$$

$$\int_0^\infty \Psi_2[R(y) - ER(Y)] - \Psi_2[R^*(y) - ER^*(Y)] dF(y)$$
$$\geqslant \int_0^\infty S^*_{\Psi_2}(y)((R(y) - R^*(y)) - E(R(Y) - R^*(Y))) dF(y)$$
$$(2.4)$$

2.4　期望值保费计算原理下的最优再保险

保险费是指被保险人为获得保险保障，在参加保险时，根据其投保时所定的保险费率，向保险人交付的费用。保险人依靠其所收取的保险费建立保险基金，对被保险人因保险事故所遭受的损失进行经济补偿。因此，缴付保险费是被保险人的基本义务，只有在被保险人履行了约定交费义务的前提下，保险人才能承担保险合同载明的保险责任。

保险费由纯保费和附加保费构成，纯保费是保险人用于赔付给被保险人或受益人的保险金，它是保险费的最低界限；附加保费是由保险人所支配的费用，主要用于保险业务的各项营业支出，包括营业税、代理手续费、企业管理费、工资及工资附加费和固定资产折旧等。

本部分我们主要介绍期望值保费计算原理下最优再保险函数的选择，期望值保费原理：$\pi(X) = (1+\beta)E(X)$，$\beta > 0$，表示附加保费系数，这里限制函数价格小于或者等于 P 的合同，$P \geq (1+\beta)ER(Y)$。

一般地，我们给定两个边界函数 $R_1(y)$，$R_2(y)$：$[0, \infty) \to (-\infty, +\infty)$，$R_1(y) \leq R_2(y)$ 对所有的 $y \geq 0$ 成立。定义 $\Re(R_1, R_2)$ 为所有使 $R_1(y) \leq R(y) \leq R_2(y)$，$R(y)$：$[0, \infty) \to (-\infty, +\infty)$ 的集合。

2.4.1 停止损失再保险函数

停止损失再保险是指原保险人对于分保出去的整体业务赔付额达到了再保合同中规定的最大自留额，超过的赔付部分由再保险公司支付。

本部分我们讨论期望值保费计算原理下的最优停止损失再保险，这里我们选择停止损失再保险函数。停止损失再保险是一种很常用的再保险函数，其形式如下：

$$R(y) = \begin{cases} 0, & 0 \leq y \leq M \\ y - M, & y \geq M \end{cases}$$

这里 M 为自留额，即原保险人只需要承担值为 M 的风险，其余的风险由再保险人选择，自留风险 M 直接影响到原保险人的利益，如何确定自留风险 M 是停止损失再保险需要考虑的一个重要问题。

2.4.2 期望值原理下的再保险主要结果

下面通过定理 2.1 给出期望值原理下的最优再保险函数需要满足的条件。

定理 2.1 设 $S^*_{\psi_1}(y)$，$S^*_{\psi_2}(y)$ 满足式 (2.3) 和式 (2.4)，如果存在 $\lambda \geq 0$，以及 $R^*(y)$：$[0, \infty) \to (-\infty, +\infty)$ 使得下述条件成立：

(i) 对每一 $y \geq 0$ 使得 $R^*(y) = R_1(y)$，有

$(1+\beta)\lambda - \alpha S^*_{\psi_1}(y) + \alpha E S^*_{\psi_1}(Y) + (1-\alpha) S^*_{\psi_2}(y) - (1-\alpha) E S^*_{\psi_2}(Y) \geq 0$；

(ii) 对每一 $y \geq 0$ 使得 $R^*(y) = R_2(y)$，及有 $R_1(y) < R_2(y)$，有

$(1+\beta)\lambda - \alpha S^*_{\psi_1}(y) + \alpha E S^*_{\psi_1}(Y) + (1-\alpha) S^*_{\psi_2}(y) - (1-\alpha) E S^*_{\psi_2}(Y) \leq 0$；

(iii) 对每一 $y \geq 0$ 使得 $R_1(y) < R^*(y) < R_2(y)$，及有 $R_1(y) < R_2(y)$，有

$(1+\beta)\lambda - \alpha S^*_{\psi_1}(y) + \alpha E S^*_{\psi_1}(Y) + (1-\alpha) S^*_{\psi_2}(y) - (1-\alpha) E S^*_{\psi_2}(Y) = 0$；

(iv) $\pi(R^*) \leq P$，$\lambda(\pi(R^*) - P) = 0$，

那么，在集合 $\Re(R_1, R_2)$ 和条件 $\pi(R) \leq P$ 下，$R^*(y)$ 使得 $\rho(R)$ 最小，即为最优

再保险合同。

证明：考虑拉格朗日函数：
$$L_\lambda(R) = \rho(R) + \lambda(1+\beta)E(R) - P$$

这里 $\lambda \geq 0$，在集合 $\Re(R_1, R_2)$ 中以及 $\pi(R) \leq P$ 限制条件下，要使得 $\rho(R^*)$ 最小，只须同时满足 $\lambda(\pi(R^*) - P) = 0$ 和 $L_\lambda(R^*) \leq L_\lambda(R)$ 即可，其中 $R, R^* \in \Re(R_1, R_2)$。事实上，对任意的 $R \in \Re(R_1, R_2)$，当 $\lambda(\pi(R^*) - P) = 0$ 时，有
$$\rho(R^*) = L_\lambda(R^*) \leq L_\lambda(R) \leq \rho(R)$$

根据条件(iv)知，对给定 $\lambda \geq 0$，只要证明在 $\Re(R_1, R_2)$ 上 R^* 使得 L_λ 最小即可。易知

$$\begin{aligned}
L_\lambda(R) - L_\lambda(R^*) &= \alpha \int_0^\infty (\Psi_1[y - R(y) - E(Y - R(Y))] \\
&\quad - \Psi_1[y - R^*(y) - E(Y - R^*(Y))]) dF(y) \\
&\quad + (1-\alpha)\int_0^\infty (\Psi_2[R(y) - ER(Y)] \\
&\quad - \Psi_2[R^*(y) - ER^*(Y)]) dF(y) \\
&\quad + (1+\beta)\lambda(E(R(Y) - R^*(Y))) \quad (2.5)
\end{aligned}$$

把式(2.3)和式(2.4)代入式(2.5)，得

$$\begin{aligned}
L_\lambda(R) - L_\lambda(R^*) &\geq \alpha \int_0^\infty S^*_{\Psi_1}(y)(-(R(y) - R^*(y)) + E(R(Y) - R^*(Y))) dF(y) \\
&\quad + (1-\alpha)\int_0^\infty S^*_{\Psi_2}(y)((R(y) - R^*(y)) \\
&\quad - E(R(Y) - R^*(Y))) dF(y) + (1+\beta)\lambda(E(R(Y) - R^*(Y))) \\
&= \int_A [(1+\beta)\lambda - \alpha S^*_{\Psi_1}(y) + \alpha E S^*_{\Psi_1}(Y) \\
&\quad + (1-\alpha)S^*_{\Psi_2}(y) - (1-\alpha)E S^*_{\Psi_2}(Y)] \\
&\quad \times [R(y) - R_1(Y)] dF(y) \\
&\quad + \int_B [(1+\beta)\lambda - \alpha S^*_{\Psi_1}(y) + \alpha E S^*_{\Psi_1}(Y) \\
&\quad + (1-\alpha)S^*_{\Psi_2}(y) - (1-\alpha)E S^*_{\Psi_2}(Y)] \\
&\quad \times [R(y) - R^*(y)] dF(y) \\
&\quad + \int_C [(1+\beta)\lambda - \alpha S^*_{\Psi_1}(y) + \alpha E S^*_{\Psi_1}(Y) \\
&\quad + (1-\alpha)S^*_{\Psi_2}(y) - (1-\alpha)E S^*_{\Psi_2}(Y)] \\
&\quad \times [R(y) - R_2(Y)] dF(y)
\end{aligned}$$

这里

$$A = \{y \geq 0, R^*(y) = R_1(Y), R_1(y) \leq R_2(y)\},$$

$$B = \{y \geq 0, R_1(y) < R^*(Y) < R_2(y), R_1(y) \leq R_2(y)\}$$
$$C = \{y \geq 0, R^*(Y) = R_2(y), R_1(y) \leq R_2(y)\}$$

在集合 A 上，由(i)和 $R(y) \geq R_1(y)$ 知第一个积分为非负；在 C 上，由(ii)和 $R(y) \leq R_2(y)$，知第三个积分非负；在集合 B 上，由(iii)知第二个积分为0，于是得 $L_\lambda(R) - L_\lambda(R^*) \geq 0$，因此，在 $\Re(R_1, R_2)$ 上，R^* 使得 $L_\lambda(R)$ 最小，即 R^* 为最优的再保险合同，证毕。

2.4.3 案例分析1

设我们考虑风险函数 $\Psi_1 = t^2$，$\Psi_2 = t^2$，即保险人和再保险人双方均采取方差风险，相应的风险为

$$\rho(R) = \alpha \mathrm{Var}(Y - R(Y)) + (1-\alpha)\mathrm{Var} R(Y),$$

并假定 $P < \alpha(1+\beta)EY$，设 $R_1 = 0$，$R_2 = y$，则在集合 $\Re(0, y)$ 上依照 $\pi(R) = (1+\beta)ER(Y)$ 计算保费时，最优再保险函数形式为

$$R^*(y) = \begin{cases} 0, & 0 \leq y \leq m \\ \alpha(y-m), & y \geq m \end{cases} \tag{2.6}$$

证明：定义

$$P = \alpha(1+\beta)\int_m^\infty (y-m)\mathrm{d}F(y) \tag{2.7}$$

易知当 $m \to 0$ 时，式(2.7)右端为 $\alpha(1+\beta)EY > P$，而当 $m \to \infty$ 时，式(2.7)右端趋于0。于是存在 $m > 0$ 使得式(2.7)成立，也即满足定理2.1的条件(iv)，取

$$S_{\Psi_1}^* = 2(y - R^*(y) - E(Y - R^*(Y))),$$
$$S_{\Psi_2}^* = 2(R^*(y) - ER^*(Y)),$$
$$(1+\beta)\lambda = 2\alpha \int_0^m (m-y)\mathrm{d}F(y) > 0,$$

则当 $y > m$ 时，

$$(1+\beta)\lambda - \alpha S_{\Psi_1}^*(y) + \alpha E S_{\Psi_1}^*(Y) + (1-\alpha) S_{\Psi_2}^*(y) - (1-\alpha) E S_{\Psi_2}^*(Y)$$
$$= 2\alpha \int_0^m (m-y)\mathrm{d}F(y) - 2\alpha(y - R^*(y)$$
$$\quad - E(Y - R^*(Y))) + \alpha E S_{\Psi_1}^*(Y)$$
$$\quad + 2(1-\alpha)(R^*(y) - ER^*(Y)) - (1-\alpha)E S_{\Psi_2}^*(Y)$$
$$= 2\alpha \int_0^m (m-y)\mathrm{d}F(y) - 2\alpha y + 2R^*(y) + 2\alpha EY - 2ER^*(Y)$$
$$= 2\alpha \int_0^m (m-y)\mathrm{d}F(y) - 2\alpha y + 2\alpha(y-m) + 2\alpha \int_0^\infty y\mathrm{d}F(y) - 2\alpha \int_m^\infty (y-m)\mathrm{d}F(y)$$
$$= 0$$

于是定理2.1的(iii)成立。

当 $y \leq m$ 时，
$$(1+\beta)\lambda - \alpha S^*_{\Psi_1}(y) + \alpha E S^*_{\Psi_1}(Y) + (1-\alpha)S^*_{\Psi_2}(y) - (1-\alpha)E S^*_{\Psi_2}(Y)$$
$$= 2\alpha \int_0^m (m-y)\mathrm{d}F(y) - 2\alpha(y - R^*(y) - E(Y - R^*(Y)))$$
$$\quad + 2(1-\alpha)(R^*(y) - ER^*(Y))$$
$$= 2\alpha \int_0^m (m-y)\mathrm{d}F(y) - 2\alpha y + 2\alpha \int_0^\infty y\mathrm{d}F(y)$$
$$\quad - 2\alpha \int_m^\infty (y-m)\mathrm{d}F(y)$$
$$= 2\alpha(m-y)$$
$$\geq 0$$

所以，定理 2.1 的(i)成立，又因为 $R^*(y) < y$，故不必验证定理 2.1 的(ii)。由定理 2.1 知，R^* 为最优，证毕。

2.4.4 案例分析 2

考虑风险函数 $\Psi_1 = (t^+)^2$，$\Psi_2 = t^2$，同样令 $P < \alpha(1+\beta)EY$，由于当 $m \to \infty$ 时，$\alpha(1+\beta)\int_m^\infty (y-m)\mathrm{d}F(y) \to 0 < P$，而当 $m \to 0$ 时，$\alpha(1+\beta)\int_m^\infty (y-m)\mathrm{d}F(y) \to \alpha(1+\beta)EY > P$，故存在 $m_0 > 0$，使得

$$P = \alpha(1+\beta)\int_{m_0}^\infty (y-m_0)\mathrm{d}F(y). \tag{2.8}$$

则相应的风险为：
$$\rho(R) = \alpha E[(Y - R(Y) - E(Y - R(Y)))^+]^2 + (1-\alpha)\mathrm{Var}R(Y)$$

并假定 $P < \alpha(1+\beta)EY$，则对于式(2.8)中的 m_0，若有

$$EY - \alpha \int_{m_0}^\infty (y - m_0)\mathrm{d}F(y) < m_0, \tag{2.9}$$

那么在集合 $\Re(0, y)$ 上，且 $\pi(R) \leq P$ 时，最优再保险形式为

$$R^*(y) = \begin{cases} 0, & 0 \leq y \leq m_0 \\ \alpha(y - m_0), & y \geq m_0 \end{cases}$$

注 1：当 $\alpha = 1$ 时，易知 m_0 满足式(2.9)。

注 2：当 Y 服从参数为 a 的指数分布，分布函数为 $F(y) = 1 - \exp(-ay)$，$y > 0$，$a > 0$。由式(2.8)易知，

$$m_0 = \frac{\ln(1+\beta)\alpha - \ln Pa}{a}$$

若有 $Pa > (1+\beta)[1 - \ln(1+\beta)\alpha + \ln Pa]$，则由式(2.8)知，

$$EY - \alpha \int_{m_0}^\infty (y - m_0)\mathrm{d}F(y) = \frac{1+\beta - Pa}{a(1+\beta)} < \frac{\ln(1+\beta)\alpha - \ln Pa}{a} = m_0,$$

也满足条件(2.9)。

证明：定义

$$Q = EY - \alpha \int_{m_0}^{\infty} (y - m_0) \mathrm{d}F(y) < m_0$$

取 $S_{\Psi_1}^*(y) = \begin{cases} 0, & 0 \leqslant y \leqslant E(Y - R^*(Y)) \\ 2(y - R^*(y) - E(Y - R^*(Y))), & y \geqslant E(Y - R^*(Y)) \end{cases}$

取 $S_{\Psi_2}^*(y) = 2(R^*(y) - ER^*(Y))$

由式(2.9)知 $Q < m_0$，令

$$(1 + \beta)\lambda = 2\alpha \int_0^{m_0} (m_0 - y)\mathrm{d}F(y) - 2\alpha \int_0^Q (Q - y)\mathrm{d}F(y) > 0 \quad (2.10)$$

易知 $S_{\Psi_1}^*(y)$，$S_{\Psi_2}^*(y)$ 满足式(2.3) 和式(2.4)，且

$$E(Y - R^*(Y)) = Q, \quad ES_{\Psi_1}^*(Y) = 2\int_Q^{\infty} (y - Q)\mathrm{d}F(y) - 2ER^*(Y)$$

因为 $m_0 > 0$，所以只需验证定理2.1的(i)和(iii)，当 $y > m_0$ 时，

$$(1 + \beta)\lambda - \alpha S_{\Psi_1}^*(y) + \alpha ES_{\Psi_1}^*(Y) + (1 - \alpha)S_{\Psi_2}^*(y) - (1 - \alpha)ES_{\Psi_2}^*(Y)$$

$$= (1 + \beta)\lambda - 2(y - \alpha(y - m_0) - Q) + 2\alpha \Big(\int_Q^{\infty} (y - Q)\mathrm{d}F(y)$$

$$- ER^*(Y)\Big) + 2\alpha(1 - \alpha)(y - m_0 - \int_{m_0}^{\infty} (y - m_0)\mathrm{d}F(y)$$

$$= (1 + \beta)\lambda - 2\alpha \int_0^{m_0} (m_0 - y)\mathrm{d}F(y) + 2\alpha \int_0^Q (Q - y)\mathrm{d}F(y) = 0$$

于是定理2.1的(iii)满足。

当 $y \leqslant m_0$ 时，

$$(1 + \beta)\lambda - \alpha S_{\Psi_1}^*(y) + \alpha ES_{\Psi_1}^*(Y) + (1 - \alpha)S_{\Psi_2}^*(y) - (1 - \alpha)ES_{\Psi_2}^*(Y)$$

$$= (1 + \beta)\lambda - 2\alpha(y - Q) + 2\alpha \left(\int_Q^{\infty} (y - Q)\mathrm{d}F(y) - ER^*(Y)\right)$$

$$+ 2(1 - \alpha)(-ER^*(Y))$$

$$= 2\alpha(m_0 - y) \geqslant 0$$

满足定理2.1的(i)，所以 R^* 为最优再保险。

2.4.5 效用测量下的最优再保险

这里我们仍然采取期望值保费计算原理，与前面不同的是本部分以效用最大作为再保险合同的衡量标准，与风险最小相对应，我们希望找出效用最大的再保险合同。本部分引进一个更普通广泛的测量效用的方式，用 $u: \mathbf{R} \to \mathbf{R}_+$ 来衡量效用的大小，使得保险人的效用最大。假设原保险人初始资金为 w，P 表示合同 R 的价格，则经过再保险后原保险人的剩余资金为 $w - X + R(X) - P$，则效用测量表

述为：
$$U(R) = Eu(w - X + R(X) - P), \quad (2.11)$$

称 $U(R)$ 为效用测量。如果 u 为凹函数，则相应的效用函数 $U(R)$ 也是凹函数。

定义 $\Re(0, y)$ 为所有使 $0 \leq R(y) \leq y$ 的 R：$[0, \infty) \to (-\infty, \infty)$ 的函数集合。

综上所述，本部分的目的是找出最佳的合同 R^*，使得在期望值计算原理下，$u(R^*) \geq u(R)$，其中 R^*，$R \in \Re(0, y)$，且 $P = (1+\beta)ER(Y)$。接下来，将给出 $\Re(0, y)$ 中，再保险合同价格依照期望值计算原理，最优合同要满足的充分条件。并给出特殊的效用测量函数，即取指数效用函数 $u(x) = 1 - e^{-kx}(k > 0)$，相应的效用为：

$$U(R) = E[1 - e^{-k(w-Y+R(Y)-P)}]$$

证明其最优合同的形式为：

$$R^*(y) = \begin{cases} 0, & 0 \leq y \leq m \\ y - m, & y \geq m \end{cases}, \quad (2.12)$$

即为停止损失再保险。

2.4.6 效用函数下的主要结果及证明

若设 u 为凹函数，u 在 t 处的次微分 $\partial u(t)$ 为一个单调的多元函数，$S_u(.)$ 为 $\partial u(t)$ 的一个次梯度，非增。易知 $S_u(.)$ 为一个 Borel 函数，且对于给定的函数 $R(y)$，$R^*(y)$ 有：

$$\begin{aligned}
&u(w - y + R^*(y) - P) - u(w - y + R(y) - P) \\
&\geq S_u(w - y + R^*(y) - P) \times [(R(y) - R^*(y)) \\
&\quad - (1 + \beta)E(R(Y) - R^*(Y))],
\end{aligned} \quad (2.13)$$

记

$$S^*(y) = S_u(w - y + R^*(y) - P),$$

显然 $S^*(y)$ 满足

$$\begin{aligned}
&\int_0^\infty (u(w - y + R^*(y) - P) - u(w - y + R(y) - P))dF(y) \\
&\geq \int_0^\infty S^*(y) \times [(R(y) - R^*(y)) - (1+\beta)E(R(Y) - R^*(Y))]dF(y),
\end{aligned}$$
$$(2.14)$$

注意条件(2.14)比条件(2.13)要弱，这意味着可能存在 $S^*(y)$ 满足式(2.14)，但 u 不一定是凸函数。

下面给出本部分的主要结果：

定理 2.2 令 $R^*(y)$：$[0, \infty) \to (-\infty, \infty)$，$DR^*(Y) > 0$，假设存在函数

$S^*(y)$ 满足式(2.14)。

(i) 对每一 $y \geq 0$ 使得 $R^*(y) = 0$,有
$$S^*(y) - (1+\beta)ES^*(Y) \geq 0;$$

(ii) 对每一 $y \geq 0$ 使得 $R^*(y) = y$,有
$$S^*(y) - (1+\beta)ES^*(Y) \leq 0;$$

(iii) 对每一 $y \geq 0$ 使得 $0 < R^*(y) < y$,有
$$S^*(y) - (1+\beta)ES^*(Y) = 0;$$

那么,在集 $\Re(0, y)$ 和条件 $P = (1+\beta)ER(Y)$ 下,$R^*(y)$ 使 $U(R)$ 最小,即为最优再保险合同。

证明:$U(R^*) - U(R) = Eu(w - Y + R^*(x) - P) - Eu(w - Y + R(x) - P)$

$= \int_0^\infty u(w - Y + R^*(x) - P) - u(w - Y + R(x) - P) \mathrm{d}F(y)$

$\geq \int_0^\infty S^*(y) \times [(R(y) - R^*(y)) - (1+\beta)E(R(Y) - R^*(Y))] \mathrm{d}F(y)$

$= \int_A (S^*(y) - (1+\beta)ES^*(Y))(R(Y) - R^*(Y)) \mathrm{d}F(y)$

$+ \int_B (S^*(y) - (1+\beta)ES^*(Y))(R(Y) - R^*(Y)) \mathrm{d}F(y)$

$+ \int_C (S^*(y) - (1+\beta)ES^*(Y))(R(Y) - R^*(Y)) \mathrm{d}F(y)$ (2.15)

这里,
$$A = \{y \geq 0, R^*(y) = 0\}, B = \{y \geq 0, 0 < R^*(y) < y\},$$
$$C = \{y \geq 0, R^*(y) = y\}.$$

在 A 上,由(i)知第一个积分非负;在 C 上,由(ii)和 $R(y) < y$ 知,第二个积分非负;在集 B 上,由(iii)知第二个积分为 0,于是 $U(R^*) - u(R) \geq 0$。因此,在 $\Re(0, y)$ 上,R^* 使得 $U(.)$ 最大,即 R^* 为最优的再保险合同。证毕。

记 $(y - m)_+ = \begin{cases} 0, & y < m \\ y - m, & y > m \end{cases}$,$y \wedge m = \begin{cases} x, & y < m \\ m, & y > m \end{cases}$,$s_y(m) = P(X > m)$

下面证明对于式(2.12)的再保险函数存在唯一的 m 满足条件(iii);根据条件 $0 < R^*(y) < y$,则在此条件下,$R^*(y) = y - m$,

记 $h(m) = u'(w - m - (1+\beta)E(Y-m)_+) - (1+\beta)Eu'(w - (Y \wedge m) - (1+\beta)E(Y-m)_+)$ 则

$h'(m) = u''[w - m - (1+\beta)E(Y-m)_+][-1 + (1+\beta)s_y(m)]$

$- (1+\beta)Eu''(w - (Y \wedge d) - (1+\beta)E(X-m)_+)[(1+\beta)s_y(m) - s_y(m)]$

$= u''[w - m - (1+\beta)E(Y-m)_+]\{-1 + 2(1+\beta)s_y(m) - (1+\beta)^2 s_y^2(m)\}$

$- (1+\beta)^2 s_y(m) \times \int_0^m u''[w - m - (1+\beta)E(Y-m)_+] \mathrm{d}F(y)$

$$= -u''[w - m - (1+\beta)E(Y-m)_+](1-(1+\beta)s_y(m))^2$$
$$- (1+\beta)^2 s_y(m) \times \int_0^m u''[w - m - (1+\beta)E(Y-m)_+]\mathrm{d}F(y)$$

又由于效用函数为凹函数，即 $u''(x) \leq 0$，则 $h'(m) \geq 0$，因此有唯一的 m 满足条件(iii)，又根据 $u''(x) \leq 0$ 知 $s^*(y)$ 单调递减，在满足条件(iii)的同时，条件(i)，(ii)得到满足。

2.4.7 推论及其证明

推论 2.1 考虑指数效用函数 $u(R) = 1 - \mathrm{e}^{-kR}(k>0)$，相应的效用为：
$$U(R) = E[1 - \mathrm{e}^{-k(w-X+R(X)-P)}]$$

则在集合 $\Re(0,y)$ 上，依照 $P = (1+\beta)ER(Y)$ 计算保费时，最优再保险形式为

$$R^*(y) = \begin{cases} 0, & 0 \leq y \leq m \\ y - m, & y \geq m \end{cases}, \tag{2.16}$$

其中：$m \geq 0$，满足：$\dfrac{\mathrm{e}^{km}}{1+\beta} = \int_0^m \mathrm{e}^{kx}\mathrm{d}F(x) + \mathrm{e}^{km}(1-F(m))$。

证明：$u'(R) = k\mathrm{e}^{-kR}(k>0)$，则 $u'(R) = k\mathrm{e}^{-kR}$，当 $0 < R^*(y) < y$ 时，
$$S^*(y) - (1+\beta)ES^*(Y) = k\mathrm{e}^{-k(w-m-(1+\beta)ER^*)} - (1+\beta)Ek\mathrm{e}^{-k(w-(x\wedge m)-(1+\beta)ER^*)}$$
$$= k\mathrm{e}^{-k(w-(1+\beta)ER^*)}\left[\mathrm{e}^{km} - (1+\beta)\int_0^m \mathrm{e}^{kx}\mathrm{d}F(y) + \int_m^\infty \mathrm{e}^{km}\mathrm{d}F(y)\right]$$
$$= k\mathrm{e}^{-k(w-(1+\beta)ER^*)}\left[\mathrm{e}^{km} - (1+\beta)\int_0^m \mathrm{e}^{kx}\mathrm{d}F(y) + 1 - F(m)\right]$$
$$= 0$$

满足定理2.2中的条件(iii) $u^*(y) - (1+\beta)Eu^*(Y) = 0$，又因为 $u'(t)$ 为凹函数，即 $u'(t)$ 单调递减，故条件(i)和条件(ii)同时满足。

2.5 标准差保费计算原理下的最优再保险

上一节主要分析了期望值原理下的最优再保险满足的充分条件及其效用最大需要满足的充分条件，在其他假定条件都不变的前提下，本部分我们讨论标准差原理下的最优再保险函数的具体形式以及需要满足的充分条件，这里最优衡量标准是与期望值保费计算原理下相同的风险测量，再保险函数仍然选择停止损失再保险函数。

2.5.1 标准差保费计算原理

本部分我们主要介绍标准差保费计算原理下最优再保险函数的选择，标准差保

费计算原理为：
$$\pi(R) = ER(Y) + \beta DR(Y), \quad (2.17)$$
并且其本金小于或等于 P 的合同，
$$P \geq ER(Y) + \beta DR(Y), \quad (2.18)$$
其中 $\beta > 0$，$DR(Y) = \sqrt{\mathrm{Var} R(Y)}$。

同样地，我们给定两个边界函数 $R_1(y)$，$R_2(y)$：$[0, \infty) \to (-\infty, +\infty)$，$R_1(y) \leq R_2(y)$ 对所有的 $y \geq 0$ 成立。定义 $\Re(R_1, R_2)$ 为所有使 $R_1(y) \leq R(y) \leq R_2(y)$，$R(y)$：$[0, \infty) \to (-\infty, +\infty)$ 的集合。

2.5.2 标准差保费计算原理下的再保险主要结果

下面通过定理 2.3 给出标准差保费原理下的最优再保险函数需要满足的条件。

定理 2.3 设 $S^*(\cdot)$，$S^{**}(\cdot)$ 满足式 (2.3) 和式 (2.4)，且 $DR^*(Y) > 0$。如果存在 S^*，S^{**}，$\lambda \geq 0$ 以及 R^*：$[0, \infty) \to (-\infty, \infty)$ 使得下述条件成立：

(i) 对每一 $y \geq 0$ 使得 $R^*(y) = R_1(y)$，有
$$\lambda - \alpha S^*(y) + \alpha ES^*(Y) + (1-\alpha)S^{**}(y) - (1-\alpha)ES^{**}(Y)$$
$$+ \frac{\lambda \beta R_1(y)}{DR^*(Y)} - \frac{\lambda \beta ER^*(Y)}{DR^*(Y)} \geq 0;$$

(ii) 对每一 $y \geq 0$ 使得 $R^*(y) = R_2(y)$ 及 $R_1(y) < R_2(y)$，有
$$\lambda - \alpha S^*(y) + \alpha ES^*(Y) + (1-\alpha)S^{**}(y) - (1-\alpha)ES^{**}(Y)$$
$$+ \frac{\lambda \beta R_2(y)}{DR^*(Y)} - \frac{\lambda \beta ER^*(Y)}{DR^*(Y)} \leq 0;$$

(iii) 对每一 $y \geq 0$ 使得 $R_1(y) < R^*(y) < R_2(y)$，有
$$\lambda - \alpha S^*(y) + \alpha ES^*(Y) + (1-\alpha)S^{**}(y) - (1-\alpha)ES^{**}(Y)$$
$$+ \frac{\lambda \beta R^*(y)}{DR^*(Y)} - \frac{\lambda \beta ER^*(Y)}{DR^*(Y)} = 0;$$

(iv) $\pi(R^*) \leq P$，$\lambda(\pi(R^*) - P) = 0$，

那么，在集合 $\Re(R_1, R_2)$ 和条件 $\pi(R) \leq P$ 下，$R^*(y)$ 使 $\rho(R)$ 最小，也即为最优再保险合同。

证明：考虑拉格朗日函数：
$$L_\lambda(R) = \rho(R) + \lambda(ER + \beta DR - P) \quad (2.19)$$
这里 $\lambda \geq 0$。在集合 $\Re(R_1, R_2)$ 中以及 $\pi(R) \leq P$ 限制条件下，要使 $\rho(R^*)$ 最小，只须同时满足 $\lambda(\pi(R^*) - P) = 0$ 和 $L_\lambda(R^*) \leq L_\lambda(R)$ 即可，其中 $R, R^* \in \Re(R_1, R_2)$。事实上，对任意的 $R \in \Re(R_1, R_2)$，当 $\lambda(\pi(R^*) - P) = 0$ 时，有
$$\rho(R^*) = L_\lambda(R^*) \leq L_\lambda(R) \leq \rho(R).$$

于是由定理 2.3 的条件(iv)知,对给定 $\lambda \geq 0$,只要证明在 $\Re(R_1, R_2)$ 上 R^* 使得 L_λ 最小即可。

易知,
$$L_\lambda(R) - L_\lambda(R^*) = \alpha \int_0^\infty \Psi(y - R(y) - E(Y - R(Y)))$$
$$- \Psi(y - R^*(y) - E(Y - R^*(Y)))\mathrm{d}F(y)$$
$$+ (1-\alpha)\int_0^\infty \Psi(R(y) - ER(Y)) - \Psi(R^*(y)$$
$$- ER^*(Y))\mathrm{d}F(y) + \lambda E(R(Y) - R^*(Y))$$
$$+ \lambda \beta \left[\sqrt{\int_0^\infty (R(y) - ER(Y))^2 \mathrm{d}F(y)} \right.$$
$$\left. - \sqrt{\int_0^\infty (R^*(y) - ER^*(Y))^2 \mathrm{d}F(y)} \right] \quad (2.20)$$

把式(2.3)和式(2.4)代入式(2.20),应用 Cauchy-Schwarts 不等式得:
$$L_\lambda(R) - L_\lambda(R^*)$$
$$\geq \alpha \int_0^\infty S^*(y) \times (-(R(y) - R^*(y)) + E(R(Y) - R^*(Y)))\mathrm{d}F(y)$$
$$+ (1-\alpha)\int_0^\infty S^{**}(y) \times ((R(y) - R^*(y))$$
$$- E(R(Y) - R^*(Y)))\mathrm{d}F(y) + \lambda E(R(Y) - R^*(Y))$$
$$+ \frac{\lambda \beta}{DR^*(Y)}\int_0^\infty (R^*(y) - ER^*(Y))(R(y) - R^*(y))\mathrm{d}F(y)$$
$$= \int_A \left[\lambda - \alpha S^*(y) + \alpha ES^*(Y) + (1-\alpha)S^{**}(y) \right.$$
$$\left. - (1-\alpha)ES^{**}(Y) + \frac{\lambda \beta R_1(y)}{DR^*(Y)} - \frac{\lambda \beta ER^*(Y)}{DR^*(Y)} \right]$$
$$\times [R(y) - R_1(y)]\mathrm{d}F(y)$$
$$+ \int_B \left[\lambda - \alpha S^*(y) + \alpha ES^*(Y) + (1-\alpha)S^{**}(y) \right.$$
$$\left. - (1-\alpha)ES^{**}(Y) + \frac{\lambda \beta R_1(y)}{DR^*(Y)} - \frac{\lambda \beta ER^*(Y)}{DR^*(Y)} \right]$$
$$\times [R(y) - R^*(y)]\mathrm{d}F(y)$$
$$+ \int_C \left[\lambda - \alpha S^*(y) + \alpha ES^*(Y) + (1-\alpha)S^{**}(y) \right.$$
$$\left. - (1-\alpha)ES^{**}(Y) + \frac{\lambda \beta R_1(y)}{DR^*(Y)} - \frac{\lambda \beta ER^*(Y)}{DR^*(Y)} \right]$$
$$\times [R(y) - R_2(y)]\mathrm{d}F(y)$$

这里，

$A=\{y\geq 0, R^*(y)=R_1(y)\}$，$B=\{y\geq 0, R_1(y)<R^*(y)<R_2(y)\}$，
$C=\{y\geq 0, R^*(y)=R_2(y), R_1(y)<R_2(y)\}$。

在 A 上，由条件(i)和 $R(y)\geq R_1(y)$ 知，第一个积分非负；在 C 上，由条件(ii)和 $R(y)<R_2(y)$ 知，第三个积分非负；在集 B 上，由条件(iii)知第二个积分为0，于是 $L_\lambda(R)-L_\lambda(R^*)\geq 0$。因此，在 $\Re(R_1,R_2)$ 上，R^* 使得 $L_\lambda(\cdot)$ 最小，即 R^* 为最优的再保险合同。证毕。

2.5.3 案例分析3

我们考虑一个风险函数 $\Psi(t)=t^2$，相应的风险为

$$\rho(R)=\alpha\mathrm{Var}(Y-R(Y))+(1-\alpha)\mathrm{Var}(R(Y)).$$

则在集合 $\Re(0,y)$ 上，依照 $\pi(R)=ER(Y)+\beta DR(Y)$ 计算保费时，最优再保险形式为

$$R^*(y)=\begin{cases} 0, & 0\leq y\leq M \\ (1-r)(y-M), & y\geq M \end{cases}, \quad (2.21)$$

其中，$M\geq 0$，$r\in[0,1]$。

证明：定义函数 $d,e:[0,1]\times\mathbf{R}_+\to[0,1]$：

$$d(u,w)=\sqrt{\mathrm{Var}[(1-u)(Y-w)]^+}, \quad e(u,w)=E[(1-u)(Y-w)]^+.$$

设 $r:[0,\widetilde{w}]\to[0,1]$ 满足 $r(0)>0$，$r(\widetilde{w})=1-\alpha$，对任意的 $w\in[0,\widetilde{w}]$，有

$$P=e(r(w),w)+\beta d(r(w),w) \quad (2.22)$$

且下列不等式成立：

$$d(r(0),0)>0,\quad E(Y)<\widetilde{w}+e(0,\widetilde{w}). \quad (2.23)$$

考虑等式：

$$\alpha E(Y)=\alpha w+\frac{\alpha}{1-r}e(r(w),w)-\frac{\alpha+r-1}{\beta(1-r)}d(r(w),w) \quad (2.24)$$

$$E(Y)=w+\frac{1}{1-r}e(r(w),w)-\frac{\alpha+r-1}{\alpha\beta(1-r)}d(r(w),w) \quad (2.25)$$

由式(2.23)知，当 $w=0$ 时，式(2.25)的右端小于 $E(Y)$，当 $w\to\widetilde{w}$ 时，式(2.25)右端将大于 $E(Y)$。由连续性知存在 $M\in(0,\widetilde{w})$ 使得式(2.25)成立，并以此 M 和 $r(M)$ 定义式(2.21)中的 R^*，由式(2.22)知 $P=ER^*(Y)+\beta DR^*(Y)$。现在就来验证定理2.3的条件。

令

$$\lambda=\frac{2(\alpha+r-1)}{\beta(1-r)}DR^*(Y),$$

$$S^*(y) = 2(y - R^*(y) - E(Y - R^*(Y))),$$
$$S^{**}(y) = 2(R^*(y) - ER^*(Y)).$$

显然，S^*、S^{**} 满足不等式(2.3)，式(2.4)。由式(2.24)得

$$\lambda - \left(2 + \frac{\lambda\beta}{DR^*(Y)}\right)ER^*(Y) = 2\alpha(M - EY) \tag{2.26}$$

当 $0 \leq y \leq M$ 时，$R^*(y) = 0$，即 $R^*(y) = R_1(y)$，此时

$$\lambda - \alpha S^*(y) + \alpha ES^*(Y) + (1-\alpha)S^{**}(y)$$
$$- (1-\alpha)ES^{**}(Y) + \frac{\lambda\beta R_1(y)}{DR^*(Y)} - \frac{\lambda\beta ER^*(Y)}{DR^*(Y)}$$
$$= \lambda - \left(2 + \frac{\lambda\beta}{DR^*(Y)}\right)ER^*(Y) - 2\alpha(y - EY) \geq 0,$$

其中 $0 \leq y \leq M$。于是定理2.3中的条件(i)成立。

由 λ，S^*，S^{**}，R^* 的定义，并结合式(2.24)，知当 $y > M$，$(1 - r(M))(y - M) < y$ 时，

$$\lambda - \alpha S^*(y) + \alpha ES^*(Y) + (1-\alpha)S^{**}(y)$$
$$- (1-\alpha)ES^{**}(Y) + \frac{\lambda\beta R^*(y)}{DR^*(Y)} - \frac{\lambda\beta ER^*(Y)}{DR^*(Y)}$$
$$= 2\left[\alpha E(Y) - \alpha w - \frac{\alpha}{1-r(M)}ER^*(Y) + \frac{\alpha + r - 1}{\beta(1-r)}DR^*(Y)\right] = 0,$$

故定理2.3的条件(iii)成立。同样，易知定理2.3的条件(ii)成立。由定理2.3知，式(2.21)定义的 R^* 为最优再保险合同。证毕。

2.5.4 案例分析4

下面我们研究当 $EY + \beta DY > P$ 时，有如下结论：

当 $EY + \beta DY > P$ 时，最优再保险合同依然为案例1中定义的 R^* 的形式，即式(2.21)所给出的形式。

证明：由式(2.25)得：

$$r = \frac{\alpha\beta\int_0^M (M-y)dF(y)}{\sqrt{\int_M^\infty (y-M)^2 dF(y) - \left[\int_M^\infty (y-M)dF(y)\right]^2}} - (1-\alpha).$$

故

$$P = \left[1 + (1-\alpha) - \frac{\alpha\beta\int_0^M (M-y)dF(y)}{\sqrt{\int_M^\infty (y-M)^2 dF(y) - \left[\int_M^\infty (y-M)dF(y)\right]^2}}\right]$$

$$\times \left[\int_M^\infty (y-M)\mathrm{d}F(y) + \beta\sqrt{\int_M^\infty (y-M)^2\mathrm{d}F(y) - \int_M^\infty (y-M)\mathrm{d}F(y)}\right].$$

令

$$h(M) = \left[1 + (1-\alpha) - \frac{\alpha\beta\int_0^M (M-y)\mathrm{d}F(y)}{\sqrt{\int_M^\infty (y-M)^2\mathrm{d}F(y) - \left[\int_M^\infty (y-M)\mathrm{d}F(y)\right]^2}}\right]$$

$$\times \left[\int_M^\infty (y-M)\mathrm{d}F(y) + \beta\sqrt{\int_M^\infty (y-M)^2\mathrm{d}F(y) - \int_M^\infty (y-M)\mathrm{d}F(y)}\right],$$

则知 $h(0)=[1+(1-\alpha)][EY+\beta DY]>P$。而当 M 足够大时，有 $h(M)<0<P$，根据函数 $h(M)$ 的连续性知存在 M 使得 $h(M)=P$。余下的证明同案例4，证毕。

2.6 一种新型风险下的最优再保险

本部分仍然考虑采用标准差保费计算原理，只是采取不同的风险测量方式，讨论了新型风险下的最优再保险的具体形式。

最优再保险问题是非寿险精算的重要课题之一，它关系到保险公司的偿付能力，最优再保险决策不仅包括选择再保险的形式，而且包括相关参数的求解及选择相应的自留风险和再保险限额。这里讨论了一般意义下的保险人的效用问题，把前人的结果推广到了更一般的形式，并在给定条件下通过定理证明，给出了相应的最优再保险决策。

设原保险人采取截方差风险测量 $E[Y-R(Y)-E(Y-R(Y))]_+^2$，这里 $a_+ = \max(0,a)$；再保险人采取方差风险测量 $E(R(Y)-ER(Y))^2$。在前人只考虑再保险人的模型上进行改进，考虑原保险人和再保险人的凸组合最小。这个凸组合表述为：

$$\rho(R) = \alpha E[Y-R(Y)-E(Y-R(Y))]_+^2$$
$$+ (1-\alpha)E(R(Y)-ER(Y))^2 \tag{2.27}$$

称 $\rho(R)$ 为风险函数。

它包括了一些学者所讨论的情形。当 $\alpha=1$，$\Psi_1(t)=t^2$ 时，恰好是 Pesonen M.(1984)所提出的原保险人风险波动 $D^2(Y-R)$ 达到最小为最优的情况。

第二个问题是保费原则，即如何计算再保险的保费。令 $\pi(R)$ 表示合同 R 的价格，原保险人准备用 P 数目的资本购买价格小于或等于 P 的再保险合同 R，即 $\pi(R) \leq P$。Kaluszka(2001)研究了在 $\pi(R)=(1+\beta)ER(Y)$ 价格准则下，原保险人方差风险最小的情况。Young(1999)研究了在 Wangs 计算准则下，效用函数期望达到最大时的最优问题。Gajek 和 Zagrodny(2000)研究了保险人方差风险最小的最优问题。更一般的情况可以参见 Buhlmann(1970)，Daykin 等(1993)。

这里考虑标准差的再保险保费原则，即

$$\pi(R) = ER(Y) + \beta DR(Y), \qquad (2.28)$$

并且其本金小于或等于 P 的合同，

$$P \geq ER(Y) + \beta DR(Y), \qquad (2.29)$$

其中 $\beta > 0$，$DR(Y) = \sqrt{\mathrm{Var} R(Y)}$。

通常我们给定两个边界函数 $R_1(y)$，$R_2(y)$：$[0, \infty) \to (-\infty, \infty)$ 使得 $R_1(y) \leq R_2(y)$ 对所有的 $y \geq 0$ 成立。定义 $\Re(R_1, R_2)$ 为所有使 $R_1(y) \leq R(y) \leq R_2(y)$ 的 $R: [0, \infty) \to (-\infty, \infty)$ 的集合。

综上所述，本部分的目的是找出最佳的合同 R^*，使得 $\pi(R^*) \leq P$，且 $\rho(R^*) \leq \rho(R)$，其中 R^*，$R \in \Re(R_1, R_2)$，且 $\pi(R) \leq P$。将给出 $\Re(R_1, R_2)$ 中，再保险合同价格依照标准差原理计算式(2.28)，最优合同要满足的充分条件。最终可得在式(2.27) 风险测量下其最优合同的形式为

$$R^*(y) = \begin{cases} 0, & 0 \leq y \leq M \\ (1-r)(y-M), & y \geq M \end{cases}, \qquad (2.30)$$

即为变换损失再保险，并证明了其存在性和参数的确定办法。

最优再保险问题是非寿险精算的重要课题之一，它关系到保险公司的偿付能力，最优再保险决策不仅包括选择再保险的形式，而且包括相关参数的求解及选择相应的自留风险和再保险限额。这里讨论了一般意义下的保险人的效用问题，把前人的结果推广到了更一般的形式，并在给定条件下通过定理证明，给出了相应的最优再保险决策。

2.6.1 最优再保险函数的充分条件

与前面相似，我们要求：

(A) $EY < \infty$；

(B) $ER_1^2(Y) < \infty$，$ER_2^2(Y) < \infty$；

(C) $E(Y - R(Y) - E(Y - R(Y)))_+ < \infty$，$E(R(Y) - ER(Y))^2 < \infty$。

易知：

$$\begin{aligned}
E({}^R(y) - ER(Y))^2 &- E(R^*(y) - ER^*(Y))^2 \\
&\geq 2\int_0^\infty (R^*(y) - ER^*(Y))[(R(y) - R^*(y)) \\
&\quad - E(R(Y) - R^*(Y))]dF(y),
\end{aligned} \qquad (2.31)$$

令

$$S^*(y) = \begin{cases} 0, & 0 \leq y \leq E(Y - R^*(Y)) \\ 2(y - R^*(y) - E(Y - R^*(Y))), & y \geq E(Y - R^*(Y)) \end{cases}$$

则
$$E(Y - R(Y) - E(Y - R(Y)))_+^2 - E(Y - R^*(Y) - E(Y - R^*(Y)))_+^2$$
$$\geq \int_0^\infty S^*(y) \times (-(R(y) - R^*(y)) + E(R(Y) - R^*(Y))) dF(y)$$
(2.32)

下面我们给出主要结果。

定理2.4 设 $DR^*(Y) > 0$。如果存在 $\lambda \geq 0$ 以及 $R^* : [0, \infty) \to (-\infty, \infty)$ 使得下述条件成立：

(i) 对每一 $y \geq 0$ 使得 $R^*(y) = R_1(y)$，有
$$\lambda - \alpha S^*(y) + \alpha E S^*(Y) + 2(1-\alpha)(R^*(y) - ER^*(Y))$$
$$+ \frac{\lambda \beta R_1(y)}{DR^*(Y)} - \frac{\lambda \beta ER^*(Y)}{DR^*(Y)} \geq 0;$$

(ii) 对每一 $y \geq 0$ 使得 $R^*(y) = R_2(y)$ 及 $R_1(y) < R_2(y)$，有
$$\lambda - \alpha S^*(y) + \alpha E S^*(Y) + 2(1-\alpha)(R^*(y)$$
$$- ER^*(Y)) + \frac{\lambda \beta R_2(y)}{DR^*(Y)} - \frac{\lambda \beta ER^*(Y)}{DR^*(Y)} \leq 0;$$

(iii) 对每一 $y \geq 0$ 使得 $R_1(y) < R^*(y) < R_2(y)$，有
$$\lambda - \alpha S^*(y) + \alpha E S^*(Y) + 2(1-\alpha)(R^*(y)$$
$$- ER^*(Y)) + \frac{\lambda \beta R^*(y)}{DR^*(Y)} - \frac{\lambda \beta ER^*(Y)}{DR^*(Y)} = 0;$$

(iv) $\pi(R^*) \leq P$, $\lambda(\pi(R^*) - P) = 0$,

那么，在集合 $\Re(R_1, R_2)$ 和条件 $\pi(R) \leq P$ 下，$R^*(y)$ 使 $\rho(R)$ 最小，也即为最优再保险合同。

证明： 考虑拉格朗日函数：
$$L_\lambda(R) = \rho(R) + \lambda(ER + \beta DR - P) \quad (2.33)$$

这里 $\lambda \geq 0$。在集合 $\Re(R_1, R_2)$ 中以及 $\pi(R) \leq P$ 限制条件下，要使 $\rho(R^*)$ 最小，须同时满足 $\lambda(\pi(R^*) - P) = 0$ 和 $L_\lambda(R^*) \leq L_\lambda(R)$ 即可，其中 $R, R^* \in \Re(R_1, R_2)$。事实上，对任意的 $R \in \Re(R_1, R_2)$，当 $\lambda(\pi(R^*) - P) = 0$ 时，有
$$\rho(R^*) = L_\lambda(R^*) \leq L_\lambda(R) \leq \rho(R).$$

于是由 (iv) 知，对给定 $\lambda \geq 0$，只要证明在 $\Re(R_1, R_2)$ 上 R^* 使得 L_λ 最小即可。

易知
$$L_\lambda(R) - L_\lambda(R^*)$$
$$= \alpha \int_0^\infty (y - R(y) - E(Y - R(Y))_+^2 - (y - R^*(y) - E(Y - R^*(Y)))_+^2 dF(y)$$

$$+ (1-\alpha)\int_0^\infty (R(y) - ER(Y))^2 - (R^*(y) - ER^*(Y))^2 \mathrm{d}F(y)$$
$$+ \lambda E(R(Y) - R^*(Y))$$
$$+ \lambda\beta\left[\sqrt{\int_0^\infty (R(y) - ER(Y))^2 \mathrm{d}F(y)} - \sqrt{\int_0^\infty (R^*(y) - ER^*(Y))^2 \mathrm{d}F(y)}\right]$$
(2.34)

把式(2.31)和式(2.32)代入式(2.34),应用 Cauchy-Schwarts 不等式得:
$L_\lambda(R) - L_\lambda(R^*)$
$$\geq \alpha\int_0^\infty S^*(y) \times (-(R(y) - R^*(y)) + E(R(Y) - R^*(Y)))\mathrm{d}F(y)$$
$$+ (1-\alpha)2\int_0^\infty (R^*(y) - ER^*(Y)) \times ((R(y) - R^*(y)) - E(R(Y) - R^*(Y)))\mathrm{d}F(y) + \lambda E(R(Y) - R^*(Y))$$
$$+ \frac{\lambda\beta}{DR^*(Y)}\int_0^\infty (R^*(y) - ER^*(Y))(R(y) - R^*(y))\mathrm{d}F(y)$$
$$= \int_A \left[\lambda - \alpha S^*(y) + \alpha ES^*(Y) + 2(1-\alpha)(R^*(y) - ER^*(Y)) + \frac{\lambda\beta R_1(y)}{DR^*(Y)} - \frac{\lambda\beta ER^*(Y)}{DR^*(Y)}\right]$$
$$\times [R(y) - R_1(y)]\mathrm{d}F(y)$$
$$+ \int_B \left[\lambda - \alpha S^*(y) + \alpha ES^*(Y) + 2(1-\alpha)(R^*(y) - ER^*(Y)) + \frac{\lambda\beta R_2(y)}{DR^*(Y)} - \frac{\lambda\beta ER^*(Y)}{DR^*(Y)}\right]$$
$$\times [R(y) - R^*(y)]\mathrm{d}F(y)$$
$$+ \int_C \left[\lambda - \alpha S^*(y) + \alpha ES^*(Y) + 2(1-\alpha)(R^*(y) - ER^*(Y)) + \frac{\lambda\beta R^*(y)}{DR^*(Y)} - \frac{\lambda\beta ER^*(Y)}{DR^*(Y)}\right]$$
$$\times [R(y) - R_2(y)]\mathrm{d}F(y)$$

这里,
$A = \{y \geq 0, R^*(y) = R_1(y)\}$, $B = \{y \geq 0, R_1(y) < R^*(y) < R_2(y)\}$,
$C = \{y \geq 0, R^*(y) = R_2(y), R_1(y) < R_2(y)\}$.

在A上,由条件(i)和$R(y) \geq R_1(Y)$知,第一个积分非负;在C上,由条件(ii)和$R(y) < R_2(y)$知,第三个积分非负;在集B上,由条件(iii)知第二个积分为0,于是$L_\lambda(R) - L_\lambda(R^*) \geq 0$。因此,在$\Re(R_1, R_2)$上,$R^*$使得$L_\lambda(.)$最小,即$R^*$为

最优的再保险合同。证毕。

Daykin(1993)和Personen(1984)已经得出在$\pi_r(R) = (1+\beta)ER(Y)$计算价格标准下,最优再保险合同形式为停止再保险形式,即$R = (Y-b)_+$,其中a_+表示$\max(a, 0)$。

2.6.2 最优再保险函数的具体形式

下面来验证当风险为

$$\rho(R) = \alpha E(Y - R(Y) - E(Y - R(Y)))_+^2 + (1-\alpha)E(R(Y) - ER(Y))^2.$$

在集合$\Re(0, y)$上,依照$\pi(R) = ER(Y) + \beta DR(Y)$计算保费时,最优再保险形式为

$$R^*(y) = \begin{cases} 0, & 0 \leq y \leq M \\ (1-r)(y-M), & y \geq M \end{cases}, \quad (2.35)$$

其中,$M \geq 0$, $r \in [0, 1]$。

定义函数$Q: [0, 1] \times \mathbf{R}_+ \to \mathbf{R}_+$

$$Q(r, m) = \int_0^m y \mathrm{d}F(y) + \int_m^\infty (ry + (1-r)m) \mathrm{d}F(y) \quad (2.36)$$

考虑下面等式:

$$P = (1-r)\left[\int_m^\infty (y-m)\mathrm{d}F(y) + \beta\left(\sqrt{\int_0^\infty (R(y) - ER(Y))^2 \mathrm{d}F(y)}\right.\right.$$
$$\left.\left. - \sqrt{\int_0^\infty (R^*(y) - ER^*(Y))^2 \mathrm{d}F(y)}\right)\right] \quad (2.37)$$

$$\int_0^m (m-y)\mathrm{d}F(y) - \int_0^{Q(r,m)} (Q(r, m) - y)\mathrm{d}F(y)$$
$$= \frac{2(\alpha + r - 1)}{\beta(1-r)}\left(\sqrt{\int_0^\infty (R(y) - ER(Y))^2 \mathrm{d}F(y)}\right.$$
$$\left. - \sqrt{\int_0^\infty (R^*(y) - ER^*(Y))^2 \mathrm{d}F(y)}\right) \quad (2.38)$$

定理2.5 设$P, \beta > 0$, $DY > 0$,则存在r, m满足式(2.37)和式(2.38),且对于满足式(2.37)和式(2.38)的r, m定义形式(2.35)的再保险函数为风险(2.27)测量下的最优再保险函数。

由式(2.37)知,当$m \to \infty$, $r \to 0$时,(2.37)式的右端$\to EY + \beta DY > P$,当$r \to 1$时,(2.37)式右端$\to 0$。由连续性知$\forall m > 0$, $\exists 0 < r(m) < 1$使得式(2.37)成立。由于$EY + \beta DY > P$,知$r(m)$关于m递减,把$r(m)$代入到式(2.38)得

$$\int_0^m (m-y)\mathrm{d}F(y) - \int_0^{Q(r(m), m)} (Q(r(m), m) - y)\mathrm{d}F(y)$$

$$= \frac{2(\alpha + r(m) - 1)}{\beta(1 - r(m))} \left(\sqrt{\int_0^\infty (R(y) - ER(Y))^2 dF(y)} \right.$$

$$\left. - \sqrt{\int_0^\infty (R^*(y) - ER^*(Y))^2 dF(y)} \right) \tag{2.39}$$

一方面对于式(2.36)定义的 $Q(r, m)$ 关于 r, m 连续，且当 $m \to 0$ 时，$Q(r, m)$ 趋于一个正数，因此式(2.39)左端趋于一个负数，而当 $m \to 0$ 时式(2.39)右端趋于一个正数。另一方面，当 $m \to 0$，则 $r(m) \to 0$，式(2.39)右端趋于 0，此时 $(Q(r(m), m) < m$，则式(2.39)左端趋于一个正数。因此肯定存在 $m \in (0, \infty)$ 使得式(2.39)成立。

并以满足式(2.37)、式(2.39)的 M 和 $r(M)$ 定义式(2.35)中的 R^*，由式(2.37)知，$P = ER^*(Y) + \beta DR^*(Y)$。现在来验证定理 2.5 的条件。注意：

$$Q(r, m) = \int_0^m y dF(y) + \int_m^\infty (ry + (1-r)m) dF(y)$$

$$= \int_0^\infty y dF(y) - \int_m^\infty (1-r)y - (1-r)m dF(y)$$

$$= EY - ER^*(Y) < m$$

$$ES^*(Y) = \int_0^{Q(r,m)} (y - Q(r, m)) dF(y)$$

$$+ 2\int_{Q(r,m)}^\infty (y - Q(r, m)) dF(y) - 2ER^*(Y),$$

则当 $0 \leqslant y \leqslant M$ 时，$R^*(y) = 0$，对定理 2.4 中的条件(i)，因为此时即 $R^*(y) = R_1(y)$，此时 $S^*(y)$ 有两种可能：①$Q(r, m) \leqslant y \leqslant m$；②$0 \leqslant y \leqslant Q(r, m)$，由 λ, S^*, R^* 的定义，代入验证两种情况下，均有

$$\lambda - \alpha S^*(y) + \alpha ES^*(Y) + (1-\alpha)S^{**}(y)$$

$$- (1-\alpha)ES^{**}(Y) + \frac{\lambda \beta R_1(y)}{DR^*(Y)} - \frac{\lambda \beta ER^*(Y)}{DR^*(Y)} \geqslant 0$$

于是定理 2.4 中的条件(i)成立。

当 $y > M$，$(1 - r(M))(y - M) < y$ 时，代入得，

$$\lambda - \alpha S^*(y) + \alpha ES^*(Y) + 2(1-\alpha)(R^*(y)$$

$$- ER^*(Y)) + \frac{\lambda \beta R^*(y)}{DR^*(Y)} - \frac{\lambda \beta ER^*(Y)}{DR^*(Y)} = 0$$

故定理 2.4 的条件(iii)成立。同样，易知定理 2.4 的条件(ii)成立。

由定理 2.4 知，式(2.35)定义的 R^* 为最优再保险合同。证毕。

2.7 最优成数再保险决策模型研究

本部分我们仍然采取标准差保费计算原理，根据标准差保费计算原理，给出了

由 n 种索赔次数相关的相关险种构成的总体最优成数再保险函数。成数再保险的最大优点在于手续简单,使得分保实务和账务处理省时省力。它主要适用于新创办的保险公司、汽车险、航空险、保额和业务质量平均的业务等。不确定性是保险行业的基本特征,风险的索赔次数和索赔额都是随机的,我们要求成数再保险的自留额,首先就要模拟索赔的不确定性得到风险的索赔分布。但在精算实务中,特别是在非寿险中,往往难以获得足够的样本信息,或者观测到的样本数据不符合理论要求。在这种情况下,就需要加入精算师和决策者的主观判断,这为应用贝叶斯理论提供了广阔的空间。同时当有新的数据产生时,还应该利用新获得的数据来修正原来的推断以避免意外发生。

2.7.1 问题概述

再保险是指保险人在原保险合同的基础上,通过签订分保合同,将其所承担的部分风险和责任向其他保险人进行分保的行为。当保险公司面临巨灾风险时,通过再保险转移风险是必要的。习惯上,分出保险业务的保险人称为原保险人,接受分保业务的保险人称为再保险人。原保险人购买再保险必然会减少期望收益和降低风险,这就意味着原保险人要在收益和风险之间权衡以得到最优的再保险策略。国内外不少文章针对最优再保险决策问题作了研究。常用的两类再保险函数分别为成数再保险和停止损失再保险两种形式,本部分考虑成数再保险形式,探讨一组相关险种的成数再保险的最优决策问题。最优再保险决策问题就归结于成数再保险中相应参数的选取问题。

本节假设险种之间的相关性由索赔次数分布的相关性体现。我们对总保费及再保费均采用均值计算原理。在假设保险人的收益风险一定的基础上使其期望收益达到最大来求出最优解。

本节构建了相关模型并推导出了最优解,给出了一个涉及车辆损失险、第三者责任险及无过失责任险这三种险种的最优成数再保险决策安排的实例。

2.7.2 基本模型及最优再保险函数

我们考虑由 n 种风险构成的模型,分别表示 n 种不同的保险业务。假设这些保险业务之间的索赔次数是相关的。令 $\{x_{ij}, j \geq 1\}$ 表示 i 种风险的第 j 次索赔额,$i = 1, 2, \cdots, n$。并假定对固定的 i,X_{ij},$j = 1, 2, \cdots, n$ 是相互独立同分布,且为非负的随机变量,其分布函数为 $F_i(x)$,当 $x \leq 0$ 时 $F_i(x) = 0$,当 $x > 0$ 时 $0 < F_i(x) < 1$,$i = 1, 2, \cdots, n$,均值 $EX_i = \mu_i$,方差 $\mathrm{Var} X_i = \sigma_i^2$,在此设 $\mu_i > 0$,$\sigma_i^2 > 0$,并假定其矩母函数存在,并进一步假设当 $i \neq j$ 时 X_i,X_j 相互独立,即不同保险业务间每次的索赔额是相互独立的。令

$$S_i = \sum_{j=1}^{N_i} X_{ij}, \quad i = 1, 2, \cdots, n \tag{2.40}$$

其中 N_i 是第 i 种风险在一个时期内的索赔次数。设 $N' = (N_1, N_2, \cdots, N_n)$ 是相关 Poisson 分布的随机向量，均值 $EN' = (\lambda_1, \lambda_2, \cdots, \lambda_n) \triangleq \lambda$，$\text{Var}N' = (\lambda_{ij})_{n \times n} \triangleq \Sigma$，在此设 Σ 是正定矩阵。

假设保险费按标准差保费原理计算，附加系数为 β，则第 i 个风险的保费为 $P_i = ES_i + \beta DS_i$，其中 $DS_i = \sqrt{\text{Var}S_i}$。保险公司采用再保险的方式来降低风险，再保险部分为 $R(S_i)$，自留风险为 $S_i - R(S_i)$，因此，保险公司自留总风险为

$$S = \sum_{i=1}^{n} [S_i - R(S_i)] \tag{2.41}$$

设再保险费仍按标准差保费原理计算，附加系数为 β，那么，风险 $R(S_i)$ 的保费为

$$P(R(S_i)) = ER(S_i) + \beta DR(S_i) \tag{2.42}$$

此时，保险公司的总收益为

$$C = \sum_{i=1}^{n} \{P_i - P[R(S_i)] - [S_i - R(S_i)]\} \tag{2.43}$$

如果采用成数再保险形式，并设第 i 个险种的分保比例为 a_i，$0 < a_i < 1$，$i = 1, 2, \cdots, n$，那么

$$R(S_i) = a_i \sum_{j=1}^{N_i} X_{ij}, \tag{2.44}$$

计算可得总收益期望为：

$$EC = \sum_{i=1}^{n} \{P_i - P[R(S_i)] - E[S_i - R(S_i)]\}$$
$$= \beta \sum_{i=1}^{n} \{DS_i - DR(S_i)\}$$
$$= \beta \sum_{i=1}^{n} (1 - a_i) \sqrt{\lambda_i \sigma_i^2 + \lambda_{ii}^2 \mu_i^2}$$

总收益的方差为

$$\text{Var}C = \text{Var} \sum_{i=1}^{n} \{P_i - P[R(S_i)] - [S_i - R(S_i)]\}$$
$$= \text{Var} \sum_{i=1}^{n} [S_i - R(S_i)] \tag{2.45}$$
$$= \sum_{i=1}^{n} \text{Var}\{S_i - R(S_i)\} + 2 \sum_{1 \leq i < j \leq n} \text{Cov}\{(S_i - R(S_i), S_j - R(S_j))\}$$

$$\text{Cov}\{(S_i - R(S_i), S_j - R(S_j))\}$$
$$= E(S_i - R(S_i))(S_j - R(S_j)) - E(S_i - R(S_i))E(S_j - R(S_j))$$

$$\begin{aligned}
&= E\{E(S_i - R(S_i))(S_j - R(S_j)) \mid N_i N_j\} \\
&\quad - E\{E(S_i - R(S_i)) \mid N_i\} E\{E(S_j - R(S_j)) \mid N_j\} \\
&= (1 - a_i)\mu_i (1 - a_j)\mu_j E(N_i N_j) - (1 - a_i)\lambda_i \mu_i (1 - a_j)\lambda_j \mu_j \\
&= (1 - a_i)\mu_i (1 - a_j)\mu_j (\text{Cov}(N_i, N_j) + EN_i EN_j) \\
&\quad - (1 - a_i)\lambda_i \mu_i (1 - a_j)\lambda_j \mu_j \\
&= (1 - a_i)\mu_i (1 - a_j)\mu_j (\lambda_{ij} + \lambda_i \lambda_j) - (1 - a_i)\lambda_i \mu_i (1 - a_j)\lambda_j \mu_j \\
&= (1 - a_i)\mu_i (1 - a_j)\mu_j \lambda_{ij}
\end{aligned} \quad (2.46)$$

将式(2.46)代入式(2.45)可得方差：

$$\text{Var}C = \sum_{i=1}^{n} (1 - a_i)^2 (\lambda_i \sigma_i^2 + \lambda_{ii}^2 \mu_i^2) + 2 \sum_{1 \le i < j \le n} (1 - a_i)\mu_i (1 - a_j)\mu_j \lambda_{ij} \quad (2.47)$$

令 $1 - a_i = l_i$, $i = 1, 2, \cdots, n$，则自留比例向量 $l' = (l_1, l_2, \cdots, l_n)$，记

$$\Omega = \begin{pmatrix} \lambda_1 \sigma_1^2 & & \\ & \ddots & \\ & & \lambda_n \sigma_n^2 \end{pmatrix}$$

$$M = \begin{pmatrix} \mu_1 & & \\ & \ddots & \\ & & \mu_n \end{pmatrix}$$

$$K = (\lambda_1 \sigma_1^2 + \lambda_{11}^2 \mu_1^2, \lambda_2 \sigma_2^2 + \lambda_{22}^2 \mu_2^2, \cdots, \lambda_n \sigma_n^2 + \lambda_{nn}^2 \mu_n^2)$$

则有 $EC = \beta K l$，$\text{Var}C = l'\Omega l + l' M \Sigma M l$。

保险公司要得到一个最优的再保险合同 $R(S_i)$，即在适当选取 a_i 后，能使总收益最大时总风险最小。这是一个非线性的双目标规划问题，且这两个目标相互冲突，模型求解有困难。通常的解决办法是控制其中的一个目标值，使另一个目标达到最优。具体地说，是在既定的风险下使期望收益达到极大，或者是在确保公司预期收益一定的条件下使其风险最小。这里考虑前者，给出一般的模型如下：

$$\begin{cases} \min \text{Var}C = l'\Omega l + l' M \Sigma M l \\ \text{s. t. } EC = \beta K l = c \end{cases} \quad (2.48)$$

模型(2.48)可用拉格朗日方法进行求解。拉格朗日函数为

$$L(l_1, l_2, \cdots, l_n, \eta) = 2\beta K l - \eta(l'\Omega l + l' M \Sigma M l - c) \quad (2.49)$$

令 l 为满足下面方程组的解

$$\begin{cases} \dfrac{\partial L}{\partial l} = 2\beta K - 2\eta(\Omega + M \Sigma M) l = 0 \\ l'\Omega l + l' M \Sigma M l = c \end{cases} \quad (2.50)$$

易证 $\Omega + M \Sigma M$ 为正定矩阵，在 $\Omega + M \Sigma M$ 为正定矩阵的情况下，求得

$$l = \sqrt{\dfrac{c}{K'(M\Sigma'M)^{-1}K}} \, (M\Sigma M)^{-1} K \quad (2.51)$$

又由于 $l_i = 1 - a_i$，所以最优解为

$$a_i = 1 - l_i, \quad i = 1, 2, \cdots, n \tag{2.52}$$

2.7.3 案例分析5

考虑某保险公司的车辆损失险、第三者责任险、无过失责任险这三种保险业务，显然这三种业务的索赔次数是具有相关性的。假设在某个时间间隔内，这个险种的索赔次数均服从 Poisson 分布，分别为 $N_1 = K_1 + K_0$，$N_2 = K_2 + K_0$，$N_3 = K_3 + K_0$，其中 K_1、K_2、K_3 与 K_0 相互独立，并服从参数分别为 λ_1、λ_2、λ_3、λ_0 的 Poisson 分布。在这种假设下，经计算可得协方差矩阵：

$$\Sigma = \begin{pmatrix} \lambda_1 + \lambda_0 & \lambda_0 & \lambda_0 \\ \lambda_0 & \lambda_2 + \lambda_0 & \lambda_0 \\ \lambda_0 & \lambda_0 & \lambda_3 + \lambda_0 \end{pmatrix}$$

对于这三种保险业务的索赔额，可假设每个险种每次的索赔额之间是相互独立同分布的，且各险种之间的索赔额也是相互独立的。设这三种险种每次的索赔额分别服从参数为 (1,1)、(2,1)、(3,1) 的 Gamma 分布，各自的概率密度函数分别为

$$f_1(x) = e^{-x}, \quad x > 0;$$
$$f_2(x) = xe^{-x}, \quad x > 0;$$
$$f_3(x) = x^2 e^{-x}, \quad x > 0,$$

则 $\mu_1 = \sigma_1^2 = 1$；$\mu_2 = \sigma_2^2 = 2$；$\mu_3 = \sigma_3^2 = 3$。那么根据第二部分所得结果，若取 $c = 0.1$，$\lambda_1 = \lambda_2 = \lambda_3 = \dfrac{1}{2}$，$\lambda_0 = 1$，可计算得到最优的各险种分保比例分别为（精确到小数点后两位）：$a_1 = 0.42$，$a_2 = 0.51$，$a_3 = 0.62$。

2.8 一般风险测量下的最优再保险

前面分别讨论了期望值原理下的最优再保险和标准差计算原理下的最优再保险，并给出了最优再保险函数需要满足的充分条件，本部分将对保费计算原理进行一般性的推广，给出任意以期望和方差为函数的矩保费计算原理下的最优再保险函数需要满足的充分条件。

2.8.1 一般保费计算原理

常见的保费计算原理有：

期望值保费计算原理：$\pi(R) = (1 + \beta)ER$；

标准差保费计算原理：$\pi(R) = ER + \beta DR$；

方差保费计算原理：$\pi(R) = ER + \beta D^2 R$；

混合保费计算原理：$\pi(R) = ER + \dfrac{\beta D^2 R}{ER}$；

修正方差保费计算原理：$\pi(R) = ER + \alpha DR + \dfrac{\beta D^2 R}{ER}$；

均值保费计算原理：$\pi(R) = \sqrt{ER^2} = \sqrt{(ER)^2 + D^2 R}$；

二次效用期望值原理：$\pi(R) = ER + \gamma - \sqrt{\gamma^2 + D^2 R}$。

这里 $\alpha, \beta, \gamma > 0$，$DR$ 为再保险 $R(Y)$ 的标准差。显然，设 $f(x, t)$ 为变量 t 的非增、连续可导的凹函数，为变量 x 的增函数，且 $f(\pi(R), 0) = \pi(R)$，$f_2(x, t) = \dfrac{\partial f(x, t)}{\partial t}$，且有 $-f_2(x, t) \geq 0$，则前面提到的所有保费计算原理均可以归纳为函数 $ER(X) = f(\pi(R), DR(X))$。

2.8.2 问题描述

基于期望值保费计算原理和标准差保费计算原理的假设，上述问题可以描述为

$$\min \alpha E \Psi_1(Y - R(Y) - E(Y - R(Y))) + (1 - \alpha) E \Psi_2(R(Y) - ER(Y))$$

$$ER(Y) = f(\pi(R), DR(Y)), \quad R_1(y) \leq R(Y) < R_2(y)$$

其余的要求与期望值保费计算原理和标准差保费计算原理下的最优再保险相同。

2.8.3 主要结果

下面通过定理 2.6 给出期望值原理下的最优再保险函数需要满足的条件。

定理 2.6 设 $S^*_{\Psi_1}(y)$，$S^*_{\Psi_2}(y)$ 满足式 (2.3) 和式 (2.4)，如果存在 $\lambda \geq 0$，以及 $R^*(y): [0, \infty) \to (-\infty, +\infty)$ 使得下述条件成立：

(i) 对每一 $y \geq 0$ 使得 $R^*(y) = R_1(y)$，有

$$\lambda + \alpha S^*_{\Psi_1}(y) + \alpha E S^*_{\Psi_1}(Y) + (1 - \alpha) S^*_{\Psi_2}(y) - (1 - \alpha) E S^*_{\Psi_2}(Y) + \dfrac{\lambda f_2(P, DR^*) ER^*(Y)}{DR^*(Y)} - \dfrac{\lambda f_2(P, DR^*) R^*(Y)}{DR^*(Y)} \geq 0;$$

(ii) 对每一 $y \geq 0$ 使得 $R^*(y) = R_2(y)$，以及 $R_1(y) < R_2(y)$，有

$$\lambda + \alpha S^*_{\Psi_1}(y) + \alpha E S^*_{\Psi_1}(Y) + (1 - \alpha) S^*_{\Psi_2}(y) - (1 - \alpha) E S^*_{\Psi_2}(Y) + \dfrac{\lambda f_2(P, DR^*) ER^*(Y)}{DR^*(Y)} - \dfrac{\lambda f_2(P, DR^*) R^*(Y)}{DR^*(Y)} \leq 0;$$

(iii) 对每一 $y \geq 0$ 使得 $R_1(y) < R^*(y) < R_2(y)$，以及 $R_1(y) < R_2(y)$，有

$$\lambda + \alpha S^*_{\Psi_1}(y) + \alpha E S^*_{\Psi_1}(Y) + (1 - \alpha) S^*_{\Psi_2}(y) - (1 - \alpha) E S^*_{\Psi_2}(Y) +$$

$$\frac{\lambda f_2(P, DR^*)ER^*(Y)}{DR^*(Y)} - \frac{\lambda f_2(P, DR^*)R^*(Y)}{DR^*(Y)} = 0$$

$$(\text{iv}) ER^* \leq f(P, DR^*)$$

那么，在集合 $\Re(R_1, R_2)$ 和条件 $\pi(R) \leq P$ 下，$R^*(y)$ 使得 $\rho(R)$ 最小，即为最优再保险合同。

证明：考虑拉格朗日函数：

$$L_\lambda(R) = \rho(R) + \lambda(E(R) - f(P, DR))$$

这里 $\lambda \geq 0$，在集合 $\Re(R_1, R_2)$ 中以及 $\pi(R) \leq P$ 限制条件下，要使得 $\rho(R^*)$ 最小，只须同时满足 $\lambda(ER^* - f(P, DR^*)) = 0$ 和 $L_\lambda(R^*) \leq L_\lambda(R)$ 即可，其中 $R, R^* \in \Re(R_1, R_2)$。事实上，对任意的 $R \in \Re(R_1, R_2)$，当 $\lambda(\pi(R^*) - f(P, DR^*)) = 0$ 时，有

$$\rho(R^*) = L_\lambda(R^*) \leq L_\lambda(R) \leq \rho(R)$$

根据条件(iv)知，对给定 $\lambda \geq 0$，只要证明在 $\Re(R_1, R_2)$ 上 R^* 使得 L_λ 最小即可。易知，

$$L_\lambda(R) - L_\lambda(R^*) = \alpha \int_0^\infty \Psi_1[y - R(y) - E(Y - R(Y))] - \Psi_1[y - R^*(y) - E(Y - R^*(Y))] dF(y) + (1 - \alpha) \int_0^\infty \Psi_2[R(y) - ER(Y)] - \Psi_2[R^*(y) - ER^*(Y)] dF(y) + \lambda(-f(P, DR) + f(P, DR^*))$$

由于函数 f 为凸函数，则有

$$(-f(P, DR) + f(P, DR^*)) \geq -f_2(P, DR^*)[DR - DR^*]$$

根据前面的假设和柯西-希瓦兹不等式可得上面的结果。

2.8.4 案例分析6

设保费计算原理为 $\pi(R) = (1 + \beta)ER$，风险函数 $\Psi_1 = t^2$，$\Psi_2 = t^2$，相应的风险为

$$\rho(R) = \alpha \text{Var}(Y - R(Y)) + (1 - \alpha) \text{Var} R(Y),$$

并假定 $P < \alpha(1+\beta)EY$，设 $R_1 = 0$，$R_2 = y$，则在集合 $\Re(0, y)$ 上由 $\pi(R) = (1+\beta)ER(Y)$ 计算保费时，最优再保险函数形式为

$$R^*(y) = \begin{cases} 0, & 0 \leq y \leq m \\ \alpha(y - m), & y \geq m \end{cases} \quad (2.53)$$

证明：定义

$$P = \alpha(1+\beta)EY \int_m^\infty (y - m) dF(y) \quad (2.54)$$

易知当 $m \to 0$ 时，式(2.54)右端为 $\alpha(1+\beta)EY > P$；而当 $m \to \infty$ 时，式(2.54)右

端为 0。于是存在 $m > 0$ 使得式(2.54)成立，也即满足定理2.6的条件(iv)，取
$$S_{\Psi_1} = 2(y - R^*(y) - E(Y - R^*(Y))), \ S_{\Psi_2} = 2(R^*(y) - ER^*(Y)),$$
$$\lambda = 2\alpha \int_0^m (m - y) dF(y) > 0,$$

则当 $y > m$ 时，

$$\lambda - \alpha S_{\Psi_1}^*(y) + \alpha E S_{\Psi_1}^*(Y) + (1 - \alpha) S_{\Psi_2}^*(y) - (1 - \alpha) E S_{\Psi_2}^*(Y)$$
$$+ \frac{\lambda f_2(P, DR^*) ER^*(Y)}{DR^*(Y)} - \frac{\lambda f_2(P, DR^*) R^*(Y)}{DR^*(Y)}$$
$$= 2\alpha \int_0^m (m - y) dF(y) - 2\alpha(y - R^*(y)$$
$$\quad E(Y \ R^*(Y))) + \alpha S_{\Psi_1}^*(Y)$$
$$\quad + 2(1 - \alpha)(R^*(y) - ER^*(Y)) - (1 - \alpha) S_{\Psi_2}^*(Y)$$
$$= 2\alpha \int_0^m (m - y) dF(y) - 2\alpha y + 2R^*(y) + 2\alpha EY - 2ER^*(Y)$$
$$= 2\alpha \int_0^m (m - y) dF(y) - 2\alpha y + 2\alpha(y - m)$$
$$\quad + 2\alpha \int_0^\infty y dF(y) R^*(y) - 2\alpha \int_m^\infty (y - m - y) dF(y)$$
$$= 0$$

于是定理2.6的(iii)成立。

当 $y \leq m$ 时，

$$\lambda + \alpha S_{\Psi_1}^*(y) + \alpha E S_{\Psi_1}^*(Y) + (1 - \alpha) S_{\Psi_2}^*(y) - (1 - \alpha) E S_{\Psi_2}^*(Y)$$
$$+ \frac{\lambda f_2(P, DR^*) ER^*(Y)}{DR^*(Y)} - \frac{\lambda f_2(P, DR^*) R^*(Y)}{DR^*(Y)}$$
$$= 2\alpha \int_0^m (m - y) dF(y) - 2\alpha(y - R^*(y) - E(Y - R^*(Y)))$$
$$\quad + 2(1 - \alpha R^*(y) - ER^*(Y)$$
$$= 2\alpha \int_0^m (m - y) dF(y) - 2\alpha y + 2\alpha \int_0^\infty y dF(y) - 2\alpha \int_m^\infty (y - m) dF(y)$$
$$= 2\alpha(m - y)$$
$$\geq 0$$

所以，定理2.6的条件(i)成立，又因为 $R^*(y) < y$，故不必验证定理2.6的条件(ii)。由定理2.6知，R^* 为最优，证毕。

2.8.5 案例分析7

令 $\pi(R) = (1 + \beta) ER$，考虑风险函数 $\Psi_1 = (t^+)^2$，$\Psi_2 = t^2$，并假定 $P < \alpha(1 +$

$\beta)EY$,若 $EY - \alpha\int_{m_0}^{\infty}(y - m_0)\mathrm{d}F(y) < m_0$,那么在集合 $\Re(0, y)$ 上,且 $\pi(R) \leq P$ 时,最优再保险形式为

$$R^*(y) = \begin{cases} 0, & 0 \leq y \leq m_0 \\ \alpha(y - m_0), & y \geq m_0 \end{cases}$$

当 $m \to \infty$ 时,有 $\alpha(1+\beta)\int_m^{\infty}(y - m)\mathrm{d}F(y) \to 0 < P$,而当 $m \to 0$ 时,$\alpha(1+\beta)\int_m^{\infty}(y - m)\mathrm{d}F(y) \to \alpha(1+\beta)EY > P$,故存在 $m_0 > 0$,使得

$$P = \alpha(1+\beta)EY\int_{m_0}^{\infty}(y - m)\mathrm{d}F(y). \tag{2.55}$$

则相应的风险为

$$\rho(R) = \alpha E\left[(Y - R(Y) - E(Y - R(Y))_+\right]^2 + (1-\alpha)\mathrm{Var}R(Y)$$

并假定 $P < \alpha(1+\beta)EY$,则对于式(2.55) 中的 m_0,若有

$$EY - \alpha\int_{m_0}^{\infty}(y - m_0)\mathrm{d}F(y) < m_0, \tag{2.56}$$

那么在集合 $\Re(0, y)$ 上,且 $\pi(R) \leq P$ 时,最优再保险形式为

$$R^*(y) = \begin{cases} 0, & 0 \leq y \leq m_0 \\ \alpha(y - m_0), & y \geq m_0 \end{cases}$$

证明:定义

$$Q = EY - \alpha\int_{m_0}^{\infty}(y - m_0)\mathrm{d}F(y) < m_0$$

取 $S_{\Psi_1}^*(y) = \begin{cases} 0, & 0 \leq y \leq E(Y - R^*(Y)) \\ 2(y - R^*(y) - E(Y - R^*(Y))), & y \geq E(Y - R^*(Y)) \end{cases}$

取 $S_{\Psi_2}^*(y) = 2(R^*(y) - ER^*(Y))$

由式(2.56) 知 $Q < m_0$,令

$$\lambda = 2\alpha\int_0^{m_0}(m_0 - y)\mathrm{d}F(y) - 2\alpha\int_0^Q(Q - y)\mathrm{d}F(y) > 0 \tag{2.57}$$

易知 $S_{\Psi_1}^*(y)$,$S_{\Psi_2}^*(y)$ 满足式(2.3) 和式(2.4),且

$$E(Y - R^*(Y)) = Q, \quad ES_{\Psi_1}^*(Y) = 2\int_Q^{\infty}(y - Q)\mathrm{d}F(y) - 2ER^*(Y)$$

因为 $m_0 > 0$,所以我们只需验证定理 2.6 的条件(i) 和条件(iii),当 $y > m_0$ 时,

$$\lambda - \alpha S_{\Psi_1}^*(y) + \alpha ES_{\Psi_1}^*(Y) + (1-\alpha)S_{\Psi_2}^*(y) - (1-\alpha)ES_{\Psi_2}^*(Y)$$
$$+ \frac{\lambda f_2(P, DR^*)ER^*(Y)}{DR^*(Y)} - \frac{\lambda f_2(P, DR^*)R^*(Y)}{DR^*(Y)}$$

$$= \lambda - \alpha S_{\Psi_1}^*(y) + \alpha E S_{\Psi_1}^*(Y) + (1-\alpha) S_{\Psi_2}^*(y) - (1-\alpha) E S_{\Psi_2}^*(Y)$$

$$= \lambda - 2\alpha(y - \alpha(y - m_0) - Q) + 2\alpha \left[\int_Q^\infty (y-Q) \mathrm{d}F(y) - E R^*(Y) \right]$$

$$+ 2\alpha(1-\alpha) \left(y - m - \int_m^\infty (y-m) \mathrm{d}F(y) \right)$$

$$= \lambda - 2\alpha \int_0^m (m-y) \mathrm{d}F(y) + 2\alpha \left(\int_0^Q (Q-y) \mathrm{d}F(y) \right) = 0$$

于是定理 2.6 的条件 (iii) 满足

当 $y \leqslant m_0$ 时,

$$\lambda - \alpha S_{\Psi_1}^*(y) + \alpha E S_{\Psi_1}^*(Y) + (1-\alpha) S_{\Psi_2}^*(y) - (1-\alpha) E S_{\Psi_2}^*(Y)$$

$$+ \frac{\lambda f_2(P, DR^*) E R^*(Y)}{DR^*(Y)} - \frac{\lambda f_2(P, DR^*) R^*(Y)}{DR^*(Y)}$$

$$= \lambda - \alpha S_{\Psi_1}^*(y) + \alpha E S_{\Psi_1}^*(Y) + (1-\alpha) S_{\Psi_2}^*(y) - (1-\alpha) E S_{\Psi_2}^*(Y)$$

$$= \lambda - 2\alpha(y-Q) + 2\alpha \left(\int_Q^\infty (y-Q) \mathrm{d}F(y) - E R^*(Y) \right) + 2(1-\alpha)(-E R^*(Y))$$

$$= 2\alpha(m_0 - y) \geqslant 0$$

满足定理 2.6 的条件 (i), 所以 R^* 为最优再保险。

2.8.6 案例分析 8

接下来我们讨论标准差保费计算原理, 即 $\pi(R) = ER(Y) + \beta DR(Y)$

设

$$\widetilde{m} = \sup\left\{ m: P < \alpha \left[\int_m^\infty (y-m) \mathrm{d}F(y) \right] \right.$$

$$\left. + \beta \sqrt{\int_m^\infty (y-m)^2 \mathrm{d}F(y) - \left[\int_m^\infty (y-m) \mathrm{d}F(y) \right]^2} \right\}$$

设 $d, e: [0,1] \times R_+ \to [0,1]$, 则

$$d(u, m) = \sqrt{\mathrm{Var}[(1-u)(Y-m)]_+}, \quad e(u, m) = E[(1-u)(Y-m)]_+$$

下面证明对于每一个 $m \in [0, \widetilde{m})$, 存在唯一的 $r(m)$ 使得下式成立

$$P = e(r(m), m) + \beta d(r(m), m)$$

事实上, 对于任意的 $r \in [0, \widetilde{m})$, 当 $r \to 1-\alpha$, 式子右端大于 P, 当 $r \to 1$, 式子右端小于 P, 因此肯定存在唯一的 $r(m)$ 使得上式成立。根据定义得 $r(0) < 1$, $r(m) > 1-\alpha$, 且有当 $m \to \widetilde{m}$ 时, 有 $r(m) \to 1-\alpha$。

易得:

$$d(r(0), 0) > 0, \quad EY < \widetilde{m} + e(0, \widetilde{m})$$

考虑下式

$$EY = m + \frac{r}{1-r(m)} e(r(m), m) - \frac{\alpha + r(m) - 1}{\alpha \beta (1 - r(m))} d(r(m), m)$$

显然当 $m \to 0$ 时，式子右端小于 EY，当 $m \to \widetilde{m}$ 时，式子右端大于 EY，因此存在唯一的 $m \in [0, \widetilde{m})$ 使得上述式子成立。

设保费计算原理为 $\pi(R) = ER(Y) + \beta DR(Y)$，风险函数 $\Psi_1 = t^2$，$\Psi_2 = t^2$，相应的风险为

$$\rho(R) = \alpha \mathrm{Var}(Y - R(Y)) + (1-\alpha)\mathrm{Var}R(Y),$$

并假定 $P < \alpha(1+\beta)EY$，设 $R_1 = 0$，$R_2 = y$，则在集合 $\Re(0, y)$ 上有 $\pi(R) = (1+\beta)ER(Y)$ 计算保费时，最优再保险函数形式为：

$$R^*(y) = \begin{cases} 0, & 0 \leq y \leq m \\ (1 - r(m))(y - m), & y \geq m \end{cases}$$

这里 m 满足上述式子。

证明：这里采取标准差保费计算原理 $P = ER^*(Y) + \beta DR^*(Y)$，下面我们来验证是否满足定理的条件。

定义：

$$\lambda = \frac{2(\alpha + r(m) - 1)}{\beta(1 - r(m))} DR^*,$$

$$S_{\Psi_1} = 2(y - R^*(y) - E(Y - R^*(Y))), \quad S_{\Psi_2} = 2(R^*(y) - ER^*(Y)),$$

(2.58)

根据式(2.58) 得

$$\lambda - \left(2 + \frac{\lambda \beta}{DR^*}\right) ER^*(Y) = 2\alpha(m - EY)$$

当 $0 \leq y \leq m$，有 $R^*(y) = 0$。

2.9 本章小结

最优再保险问题是非寿险精算的重要课题之一，它关系到保险公司的偿付能力，最优再保险决策不仅包括选择再保险的形式，而且包括相关参数的求解及选择相应的自留风险和再保险限额。本章分别在期望值保费计算原理和标准差保费计算原理下讨论了一般意义下的保险人和再保险人双方的风险问题，将前人的研究结果推广到了更一般的形式，并在给定的条件下通过定理证明和数值求解，给出了相应的最优再保险决策。

通过赋予不同的权重，本章综合考虑了原保险人和再保险人双方的利益，给出了期望值原理下的最优再保险需要满足的充分条件，并通过具体的案例给出了定理的应用方法和相应的参数确定方法。

第 3 章　哈密尔顿 - 雅克比 - 贝尔曼方程下的最优投资和再保险

3.1　最优投资和再保险概述

在经济社会快速发展的今天，个人和企业都面临着不可预测的风险，虽然人们不能避免风险的发生，但是可以未雨绸缪，在风险来临之前，通过购买保险实现风险的分散，保险虽然不能趋吉避凶，但会雪中送炭。当投保人投保后，就将相应的风险转移给保险公司，保险公司需要对风险做相应的分析处理，正确地处理风险会帮助保险公司获得较大的利润，从而能更好地承担更多的风险，处理不当，则有可能造成公司的破产。因此，为保证保险公司获得长远的可持续发展，保险公司需要采取各种措施减少风险，同时要不断提高自己的支付能力，从而获得公司的稳定发展。

由于在投保人支付保费后，风险若未发生，则不需要立刻支付索赔，因此保险公司会有大量的闲置资金，如果不进行投资只能存入银行，由于货币政策的波动，利息收入不足以应对保险的赔偿责任，所以必须通过投资获得收益，来弥补货币政策的风险。

2015 年修订的《保险法》第一百零六条规定：保险公司的资金运用必须稳健，遵循安全性原则。

保险公司的资金运用限于下列形式：

① 银行存款；

② 买卖债券、股票、证券投资基金份额等有价证券；

③ 投资不动产；

④ 国务院规定的其他资金运用形式。

合理地将闲置资金进行投资可以增加保险公司的盈余，从而提高公司的支付能力，使得公司财务稳健发展，但是所有的风险市场的投资都有较大的波动性，如若将资金全部放在无风险市场上，较低的收益水平无法满足相应的赔偿需求，若将较高的比例配置在风险市场，则造成资金的流动性差，若投资到不熟悉或者风险较高的领域，则有可能会造成项目的失败，因此如何将闲置资金在风险市场和无风险市场有效配置是保险公司在投资过程中面临的重要问题。合理的投资形式，一方面可以保持保险企业的财务稳定性和赔付的可靠性、及时性；另一方面可以避免资金的过分集中从而影响产业结构的合理性。

再保险是保险公司分散风险的另外一种有效方法，通过再保险，原保险公司可以和再保险公司共同承担超出其赔付能力的保单，若没有再保险，一旦遇到大的索赔额，原保险公司就会面临破产的风险，因此合理的再保险对公司的长期稳定发展起着重要的作用。但是再保险过程中，保险公司需要向被保险公司支付相应的保费，因此如何选择最优的再保险函数，比例再保险过程中如何确定再保险比例，停止损失再保险过程中如何确定公司的自留额度才能使得风险最小或者效用最大都是保险公司要考虑的问题。

将再保险与投资相结合是当今每个保险公司都要面临的问题，最优再保险以及最优投资已成为金融数学的热点问题之一，越来越多的学者对此问题都进行了深入研究，并得到了丰富的成果，架起了数学与金融学，数学与保险学之间的桥梁，大大推动了金融数学的发展。

3.2 国内外研究现状

Lundberg 最早提出了风险理论，他早期研究的结果是当今风险理论的基础，目前，有大量的文献对其结果做了不同方式的推广，提出了更为丰富的风险模型，如方差风险模型，泊松风险模型，VaR(Value at Risk)风险模型，跳-扩散风险模型，等等。另外一个有意义的推广就是将随机过程引入到风险过程中，讨论了最小破产概率、最大效用期望以及再保险保费的确定、险种的开发。再保险过程中的破产概率的相关结果可以参考 Gerber(1979)，Grandell(1991, 1997)，Schmidli(2001)，David(1997)，Yang and Zhang(2005) 等人的研究成果。

目前，投资问题已经引起了越来越多专家学者们的注意，随机控制理论已经渗透到再保险的各个领域，利用随机控制理论分析再保险过程中的相关问题已取得了大量结果。控制理论已经成为研究再保险过程中的各类问题的有力工具，利用随机控制理论可以更有效地研究保险过程中的最小破产概率，最大效用期望等相关问题。

Browne(1995) 研究了在资本服从 Black-Scholes 模型下，如何进行风险投资和无风险投资使得破产概率最小的跳-扩散风险模型，得到了最小破产概率具体的表达式。Cao 和 Zeng(2012) 在资本服从经典布朗运动的前提下，将市场分为风险市场和无风险市场，讨论了保险人如何购买比例再保险，如何向风险市场和无风险市场投资的问题，通过求解相应的哈密尔顿 - 雅克比 - 贝尔曼方程，给出了再保险和投资的最优决策及相应的破产概率的最小值。Yang 和 Zhang(2005)分别在理赔额服从指数分布、Gamma 分布、Pareto 分布时，讨论了再保险过程中的投资问题，并给出了最小破产概率的数值解，讨论了各参数对破产概率的影响。

Schmidli(2001)利用哈密尔顿 - 雅克比 - 贝尔曼方程得到了比例再保险函数和超额损失再保险函数下的最优策略，证明了方程解的存在性及判定方法，在索赔额服从指数分布和 Pareto 分布时，给出了相应破产概率的数值解。随后在 2008 年，Schmidli 将投资引入到再保险过程中，根据相应的破产概率满足的哈密尔顿- 雅克比-贝尔曼方程得到了基于投资-再保险的最优策略，并通过具体的例子验证了方程解的存在性和递增性。DeFinetti(2009)讨论了分红策略下的再保险问题，Gerber(1998)深入地研究了边界分红的上下界问题，提出了阈值分红的概念。杨步清和叶中行(2000)研究了方差风险下的最优比例再保险，应用微分方程理论得到了相应的微分方程，给出了方差风险最小情况下的比例再保险的最优比例。Taksar(1995)讨论了超额损失再保险函数下的最优红利问题，得到分红有上限和无上限两种情形下的最优自留风险额。

最大效用是再保险的最优衡量标准之一，许多学者从不同的角度讨论了效用期望最大化的最优再保险问题，Cao 和 Wan(2009)讨论了指数效用和乘方效用函数下，如何进行再保险和如何进行风险投资和无风险投资，使得最终期望效用最大化的最优策略，得到了期望效用的具体值，并通过计算机模拟验证了理论与实际的吻合性。跳 - 扩散过程中的布朗运动是研究再保险效用的重要工具，许多学者在资本服从几何布朗运动的前提下讨论了再保险过程中的投资收益问题，Cao 和 Xu(2010)在投资收益服从对数正态分布的前提下讨论了再保险的定价问题，给出了如何对再保险进行定价使得投资收益率以一定的概率超过给定值的方法，文中分别站在再保险人和原保险人的角度，谈论了比例再保险函数和停止损失再保险函数的定价问题。

然而，再保险过程中面临着许多无法估计的政治和经济因素，因此许多学者在再保险过程中引入了随机利率下的再保险和投资问题，这使得理论结果与实际问题更加接近。

风险和效用始终是保险公司面临的两个最重要的问题，当面临巨额风险的时候，保险公司一般通过再保险来降低风险，再保险是指保险公司分散风险的重要途径，再保险(reinsurance)也称分保，是保险人在原保险合同的基础上，通过签订分保合同，将其所承保的部分风险转让给其他保险人，再保险过程中，分出风险的公司成为原保险人，接受业务的公司成为再保险人，原保险人通过向再保险人缴纳相应的保费，当索赔一旦发生，再保险人按照合同的约定，承担相应的风险。

再保险问题已经成为保险精算中的热门话题，Kaluszka(2001)讨论了期望-方差保费计算原理下的最优再保险；Young(1999，a，b)在Wang's保费计算原理下讨论了保险人的期望最大化问题，Cao和Zhang(2007)讨论了一般风险测量下的最优再保险问题，Kaluszka(2005)讨论了均值-方差保费计算原理下的最优再保险投资问题，Browne(1995)研究了带Poisson跳跃的广义跳-扩散模型有红利支付下欧式期权的保险精算定价问题。Gajek和Zagrodny(2000)，Gerber(1979)讨论了再保险函数及风险测量的相关问题，更一般性的再保险风险理论可以参考Buhlmann(1970)，Daykin(1993)的研究。

不同目标函数下的最优问题一直是保险研究中的热门问题，Promislow和Yong(2005)在经典带干扰模型的基础上给出了破产概率表达式及Lundberg不等式。

本研究最大的不同在于在资本过程服从布朗运动的假设下引入了再保险，此外还采用了不同的最优标准。我们假设保险人的卖空是被禁止的而且保险人可以通过购买比例再保险来降低风险，基于上述假设，本研究利用漂移布朗运动和哈密尔顿-雅克比-贝尔曼理论讨论指数效用的期望最大化问题，通过对相应的哈密尔顿-雅克比-贝尔曼方程求解，并给出了最优比例再保险比例的最优决策。

3.3 随机控制理论

随机最优控制已广泛用于管理、金融等领域，其主要依托Bellman动态规划原理(The Theory of Dynamic Programming)。下面介绍连续时随机控制的基本理论，更多的内容可参考Flemming和Soner(1993)。

首先引入一个引理，设 $f = \sup\limits_{u \in \mathbf{R}^k}\varphi(t, X_t, u_t)$ 为一个目标函数，定义随机微分方程

$$\begin{cases} dX_t^u = u(t, X_t, u_t)dt + \sigma(t, X_t, u_t)dW \\ X_{t0} = x \end{cases} \quad (3.1)$$

这里 $X_t \in \mathbf{R}^d$，u 表示决策。

定义

$$LV(t, X_t, u_t) = \frac{\partial f}{\partial t}(t, X_t, u_t) + \sum_{i=1}^{d} b_i(t, X_t, u_t)\frac{\partial f}{\partial x_i} + \sum_{i,j=1}^{d} a_{ij}(t, X_t, u_t)\frac{\partial^2 f}{\partial x_i \partial x_j} \quad (3.2)$$

这里 $a_{ij} = \frac{1}{2}(\sigma\sigma^T)_{ij}$，可称式(3.2)为式(3.1)的微分算子。

引理3.1 设 $T = \inf\{s: s \geq t, X_s \notin D\}$，这里 D 为带有光滑边界，且 $t \leq T$ 的有界区域，则随机控制模型的最优控制

$$V(t, x, u) = E\left[\int_t^{T \wedge T_s} F(s, X_s^{t,x}, u_s)\mathrm{d}x + \varphi(X_{T \wedge T}^{t,x})\right] \quad (3.3)$$

满足

$$\frac{\partial V}{\partial t} + \sup_{u \in \mathbf{R}^k}[F(t, x, u) + LV(t, x, u)] = 0 \quad (3.4)$$

3.4 布朗运动刻画资本过程和风险运营过程模型

随着保险公司业务种类的增多，传统的风险模型已经出现了它的局限性，越来越多的模型中引入了布朗运动刻画资本运行过程。本章通过漂移布朗运动刻画保费过程 C 如下：

$$\mathrm{d}C(t) = a\mathrm{d}t - b\mathrm{d}W^0(t) \quad (3.5)$$

这里，a 和 b 均为正整数，$W^0(t)$ 为标准布朗运动。显然，用布朗运动刻画的风险过程是实际情况的一个近似，假设保费以固定的速率 $c_0 = (1+\theta)a$ 连续支付，这里 $\theta > 0$ 为安全系数。设 $R: \mathbf{R}^+ \to \mathbf{R}^+$ 表示再保险函数，假设保险人通过购买比例再保险来降低风险，设 Y 表示所有的风险，$R(Y)$ 表示再保险函数，则 $R(Y) = qY$，这里 q 表示再保险的比例。与保费支付给保险公司类似，再保险保费以固定的速率 $c_1 = (1+\eta)aq$ 支付给再保险公司，$R(Y) = qY$，显然 η 越大，再保险保费越高，剩余资金越少。根据式(3.5)，剩余过程为

$$\mathrm{d}R(t) = c_0\mathrm{d}t - \mathrm{d}C(t) - c_1\mathrm{d}t = (\theta - \eta q)a\mathrm{d}t + b(1-q)\mathrm{d}W^0(t) \quad (3.6)$$

此外，假设保险人将剩余的资金投到风险市场和无风险市场(银行等)中去以获得最大利润。设 $S_0(t)$ 表示无风险市场的价格过程，则

$$\mathrm{d}S_0(t) = r_0 S_0(t)\mathrm{d}t, \quad r_0 > 0$$

决策 α 用随机过程 $q(t)$ 来描述，这里 $q(t)$ 表示在 t 时刻再保险的比例，$X(t)$ 表示将决策 α 应用到式(3.6)后，则 $X(t)$ 的动态过程为

$$\mathrm{d}X(t) = \{r_0 X(t) + [\theta - \eta q(t)]a\}\mathrm{d}t + b[1 - q(t)]\mathrm{d}W^0(t) \quad (3.7)$$

当满足 $0 \leq q(t) \leq 1$，认为决策 α 是可行的，定义 α_s 为所有可行决策组成的集合，记作 α_s。

3.5 指数效用函数

设效用函数 $u(x)$ 为单调递增的凹函数($u''(x) < 0$)。对于决策 α，定义保险人

在 t 时刻资金数量为 x 的效用为
$$V_\alpha(t, x) = E[u(X(T)) \mid X(t) = x]$$
我们的目标是找到函数的最优值
$$V(t, x) = \sup_{\alpha \in \bar{\alpha}_s} V_\alpha(t, x) \tag{3.8}$$
及最优的决策 $q^*(t)$ 使得 $V_{\alpha^*}(t, x) = V(t, x)$。

设保险人采取指数效用函数
$$u(x) = \lambda_0 - \frac{\gamma}{m} e^{-mx} \tag{3.9}$$
这里 $\gamma > 0$, $m > 0$。指数效用函数式(3.9)在保险精算中起着重要的作用，零效用给出的公平保费完全依靠保险公司的剩余水平。

3.6 指数效用函数下的最优比例再保险

为了解决上述问题，我们利用 Browne(1995) 在文献 *Optimal Investment Polices for a Firm with a Random Risk Process*：*Exponential Vtility and Minimizing the Probability of Ruin* 中提到的动态规划方法，根据文献中的讨论，得知若最优值函数 V 及偏导数 V_t, V_x 和 V_{xx} 在 $R_1^+ \times R_1$ 连续，则 V 满足下列哈密尔顿-雅克比-贝尔曼方程：

$$V_t + \max_{0 \leq q \leq 1} \left\{ [r_0 x + (\theta - \eta q)a] V_x + \frac{1}{2}(1-q)^2 b^2 V_{xx} \right\} = 0, \quad (t, x) \in [0, T) \times \mathbf{R} \tag{3.10}$$

且满足边界条件
$$V(T, x) = u(x) \tag{3.11}$$

下面可求解带有边界条件(3.11)的方程(3.10)，假设方程(3.10)的最大值在控制区域的内部达到，即对于所有的 $(t, x) \in [0, T) \times \mathbf{R}$ 最优 $q^*(t, x) \in [0, 1]$，对式(3.10)求导，令导数为零，得

$$q^0(t, x) = 1 + \frac{a\eta}{b^2} \frac{V_x}{V_{xx}} \tag{3.12}$$

注意 $q^0(t, x) < 1$，如果 $q^0(t, x) \geq 0$，则 $q^*(t, x)$ 的形式与 $q^0(t, x)$ 一致，上述讨论可得下面引理，在解决方程(3.10)的过程中将会用到。

引理 3.2 设 $A_1 = \{(t, x) \in [0, T) \times \mathbf{R}: 0 < q^0(t, x) < 1\}$，$V$ 为方程

$$V_t + (r_0 x + \theta a - \eta a) V_x - \frac{1}{2} \cdot \frac{a^2 \eta^2}{b^2} \cdot \frac{V_x^2}{V_{xx}} = 0, \quad (t, x) \in A_1 \tag{3.13}$$

的解，且 $V(T, x) = u(x)$，$V(t, x)$ 为变量 x 的凹增函数，则 V 在 A_1 上满足带有边界条件(3.11)的哈密尔顿-雅克比-贝尔曼方程(3.10)。

证明：显然在 A_1 中式(3.10)关于 q 最大值在 $q^0(t, x)$ 如式(3.9)的情况下取得，代入到方程(3.10)，得方程(3.13)的左端。

下面利用以上的引理来求解带有边界条件(3.11)的方程(3.10)的解。设 $q^*(t, x)$ 为方程(3.10)的左端的最大值，即 $0 < q^*(t, x) < 1$，如果 $0 < q^*(t, x)$ 前面的讨论说明 $q^*(t, x)$ 的形式与式(3.12)中 $q^0(t, x)$ 的形式相同，代入方程(3.10)的左端得方程(3.13)，与 Browne(1995) 式子(79) 的求解方法类似，我们希望找到形式如下：

$$V(t, x) = \lambda_0 x - \frac{\gamma}{m} \exp\left\{- mxe^{r_0(T-t)} - \frac{1}{2}\frac{a^2\eta^2}{b^2} \times (T - t) + h(T - t)\right\}$$
(3.14)

这里，$h(x)$ 为使得式(3.14)满足方程(3.13)的合适的函数，将式(3.14)代入方程(3.13)，得

$$h'(T - t) = ma(\eta - \theta)e^{r_0(T-t)}$$

积分，得

$$h(T - t) = h_1(T - t) + K_1$$

这里

$$h_1(T - t) = ma(\eta - \theta)\frac{e^{r_0(T-t)} - 1}{r_0},$$
(3.15)

当最终形式给出时，k 将会被确定，因此，可得方程(3.11)的解

$$V(t, x) = \lambda_0 x - \frac{\gamma}{m} \exp\left\{- mxe^{r_0(T-t)} - \frac{1}{2}\frac{a^2\eta^2}{b^2}(T - t) + h_1(T - t) + K_1\right\}$$
(3.16)

根据边界条件得 $K_1 = 0$，根据式(3.12)，式(3.13)和式(3.15)，显然

$$q^*(t, x) = 1 - \frac{a\eta}{mb^2}e^{-r_0(T-t)}$$
(3.17)

根据式(3.17)中 $q^*(t, x)$ 的形式，得

$$0 < q^0(t, x) < 1: \begin{cases} a\eta \leq mb^2, \text{ 或者} \\ mb^2 < a\eta < mb^2 e^{rT} \text{ 且} \\ t < T - \frac{\ln(a\eta) - \ln(mb^2)}{r_0} \end{cases}$$
(3.18)

进而，得 $q^0(t, x) < 0$：$\begin{cases} a\eta > mb^2 e^{rT}，或 \\ mb^2 < a\eta < mb^2 e^{rT} 且 \\ t > T - \dfrac{\ln(a\eta) - \ln(mb^2)}{r_0} \end{cases}$

当 $q^0(t, x) < 0$，则取 $q^*(t, x) = 0$ 代入到式(3.10)可得下面引理3.3。

引理3.3 设 $A_2 = \{(t, x) \in [0, T] \times \mathbf{R}: q^0(t, x) < 0\}$，$V$ 为方程

$$V_t + (r_0 x + \theta a)V_x - \frac{1}{2}b^2 V_{xx} = 0, \quad (t, x) \in A_2 \qquad (3.19)$$

的解，且 $V(T, x) = u(x)$，$V(t, x)$ 为变量 x 凹的增函数，则 V 在 A_2 上满足带有边界条件(3.11)的哈密尔顿-雅克比-贝尔曼方程(3.10)。

证明：显然在 A_2 中式(3.10)关于 q 的最大值在 $q^0(t, x) = 0$ 处取得，代入到方程(3.10)，得方程(3.19)的左端。

与 Browne(1995) 中式(79)的求解方法类似，我们希望得到形式如下：

$$V(t, x) = h(t)\left(\lambda_0 - \frac{\gamma}{m}e^{-mx}\right) \qquad (3.20)$$

将式(3.20)代入到方程(3.19)中得 $h(t) = e^{\lambda(T-t)} + K_2$，此外在 $[0, T] \times \mathbf{R}$ 上，式(3.20)中的 V 满足带有边界条件(3.11)的方程(3.10)，得 $K_2 = 0$。

3.7 指数效用函数下的最优比例再保险主要结果

定理3.1 期望效用函数下，带有边界条件(3.11)的方程(3.10)有唯一的解 $V(t, x)$，解 $V(t, x)$ 以及相应的 $q*(t, x)$ 形式如下：

① 当 $a\eta \leq mb^2$ 或者 $mb^2 < a\eta < mb^2 e^{rT}$ 且 $t < T - \dfrac{\ln(a\eta) - \ln(mb^2)}{r_0}$ 时，有 $q*(t, x) = 1 - \dfrac{a\eta}{mb^2}e^{-r_0(T-t)}$，$V(t, x)$ 的形式同式(3.14)，且 $K_1 = 0$。

② 当 $a\eta > mb^2$ 或者 $mb^2 < a\eta < mb^2 e^{rT}$ 且 $t > T - \dfrac{\ln(a\eta) - \ln(mb^2)}{r_0}$ 时，有 $q^0(t, x) < 0$，则取 $q*(t, x) = 0$，则 $V(t, x)$ 的形式同式(3.20)，且 $K_2 = 0$。

3.8 指数效用函数下的最优比例再保险及投资

与前面讨论的问题最大的不同在于，在资本和投资过程服从布朗运动的假设下

引入投资。为了使得分析更加符合实际，这里可把市场分为风险市场和无风险市场，进一步考虑投向风险市场和无风险市场的资金比例，假设保险人的卖空是被禁止的而且保险人可以通过购买比例再保险来降低风险，基于上述假设我们利用漂移布朗运动和哈密尔顿-雅克比-贝尔曼理论讨论指数效用和乘方效用的期望最大化问题，通过对相应的哈密尔顿-雅克比-贝尔曼方程求解，给出了最优比例再保险以及风险市场和无风险市场投资比例的最优决策。

3.8.1 投资模型

假设保险人将剩余的资金投到风险市场和无风险市场(银行等)中以获得最大利润。设 $S_0(t)$ 表示无风险市场的价格过程，则

$$\mathrm{d}S_0(t) = r_0 S_0(t)\mathrm{d}t, \quad r_0 > 0$$

在风险市场，股票价格为离散的随机过程，为了简化模型，我们用连续的变量和连续的时间去近似它，一般地，金融学者用几何布朗运动来模拟股票的价格，实践证明这种近似是非常有效的，因此被广泛地应用到金融市场，目前布朗运动是现代金融市场的核心理论，$S_1(t)$ 为风险市场的价格过程，且服从几何布朗运动，

$$\mathrm{d}S_1(t) = S_1(t) r_1 \mathrm{d}t + \sigma S_1 \mathrm{d}W^1(t), \quad r_1 > r_0 \tag{3.21}$$

这里 r_1 为期望收益率，σ 为波动系数，$W^1(t)$ 为标准布朗运动。决策 α 用随机过程 $(q(t), l(t))$ 来描述，这里 $q(t)$ 表示在 t 时刻再保险的比例，$l(t)$ 表示在 t 时刻投资到风险市场的比例，$X(t)$ 表示将决策 α 应用到方程(3.7)后的资金数量，则 $X(t)$ 的动态过程为：

$$\begin{aligned}\mathrm{d}X(t) &= [r_0(1-l(t))X(t) + \theta - \eta q(t))a]\mathrm{d}t + b(1-q(t))\mathrm{d}W^0(t) \\ &\quad + r_1 l(t) X(t)\mathrm{d}t + \sigma l(t) X(t)\mathrm{d}W^1(t) \\ &= [r_0 X(t) + (\theta - \eta q(t))a]\mathrm{d}t + b(1-q(t))\mathrm{d}W^0(t) + (r_1 - r_0)l(t)X(t)\mathrm{d}t \\ &\quad + \sigma l(t) X(t)\mathrm{d}W^1(t)\end{aligned} \tag{3.22}$$

当满足 $0 \leq q(t) \leq 1$，$0 \leq l(t) \leq 1$，决策 α 认为是可行的，定义 α_s 为所有可行决策组成的集合，记作 α_s。

3.8.2 再保险-投资模型

设保险人采取指数效用函数

$$u(x) = \lambda_0 - \frac{\gamma}{m}\mathrm{e}^{-mx} \tag{3.23}$$

这里 $\gamma > 0$，$m > 0$。指数效用函数(3.6)在保险精算中起着重要的作用，零效用给出的公平保费完全依靠保险公司的剩余水平(Gerber, 1979)。

为了解决上述问题，可利用 Browne(1995) 中提到的动态规划方法，根据论文中的讨论，我们得知若最优值函数 V 及偏导数 V_t，V_x 和 V_{xx} 在 $R_1^+ \times R_1$ 连续，则 V 满足下列哈密尔顿-雅克比-贝尔曼方程

$$V_t + \max_{0 \leq q \leq 1} \left\{ (r_0 x + (\theta - \eta q) a) V_x + \frac{1}{2}(1-q)^2 b^2 V_{xx} \right\}$$
$$+ \max_{0 \leq l \leq 1} \left\{ (r_1 - r_0) l x V_x + \frac{1}{2} \sigma^2 l^2 V_{xx} \right\} = 0, \quad (t, x) \in [0, T) \times \mathbf{R}$$

(3.24)

且满足边界条件

$$V(T, x) = u(x) \tag{3.25}$$

3.8.3 指数效用下的再保险-投资模型相关结果

下面我们求解带有边界条件(3.25)的方程(3.24)，假设方程(3.24)的最大值在控制区域的内部达到，即对于所有的 $(t, x) \in [0, T) \times \mathbf{R}$ 最优 $q^*(t, x) \in [0, 1]$，最优 $l^*(t, x) \in [0, 1]$。式(3.24)分别对 q 和 l 求导，令导数为零，得

$$q^0(t, x) = 1 + \frac{a\eta}{b^2} \frac{V_x}{V_{xx}} \tag{3.26}$$

$$l^0(t, x) = \frac{(r_0 - r_1) V_x}{x \sigma^2 V_{xx}} \tag{3.27}$$

注意 $q^0(t, x) < 1$。如果 $q^0(t, x) \geq 0$，则 $q^*(t, x)$ 的形式与 $q^0(t, x)$ 一致，如果 $q^0(t, x) \leq 0$，则令 $q^*(t, x)$ 为 0。同样地，若 $l^0(t, x) > 0$，则 $l^*(t, x)$ 的形式与 $l^0(t, x)$ 一致，如果 $l^0(t, x) > 1$，则令 $l^*(t, x)$ 为 1。

上述讨论可得下面 4 个引理，在解决方程(3.24)的过程中将会用到。

引理 3.4 设 $\mathfrak{A}_1 = \{(t, x) \in [0, T) \times \mathbf{R}: 0 < q^0(t, x) < 1, 0 < l^0(t, x) < 1\}$，$V$ 为方程

$$V_t + (r_0 x + \theta a - \eta a) V_x - \frac{1}{2} \left(\frac{a^2 \eta^2}{b^2} + \frac{(r_1 - r_0)^2}{\sigma^2} \right) \frac{V_x^2}{V_{xx}} = 0, \quad (t, x) \in A_1$$

(3.28)

的解，且 $V(T, x) = u(x)$，$V(t, x)$ 为变量 x 凹的增函数，则 V 在 $\mathfrak{A}_1$ 上满足带有边界条件(3.25)的哈密尔顿-雅克比-贝尔曼方程(3.24)。

证明：显然在 $\mathfrak{A}_1$ 中式(3.24)关于 q 和 l 的最大值在 $q^0(t, x)$ 如式(3.26)，$l^0(t, x)$ 如式(3.27)的情况下取得，将它们代入到方程(3.24)，得方程(3.28)的左端。

引理3.5 设 $\mathfrak{A}_2 = \{(t, x) \in [0, T) \times \mathbf{R}: q^0(t, x) < 0, 0 < l^0(t, x) < 1\}$，$V$ 为方程

$$V_t + (r_0 x + \theta a)V_x + \frac{1}{2}b^2 V_{xx} - \frac{1}{2}\frac{(r_1 - r_0)^2}{\sigma^2}\frac{V_x^2}{V_{xx}} = 0, \quad (t, x) \in A_2 \quad (3.29)$$

的解，且 $V(T, x) = u(x)$，$V(t, x)$ 为变量 x 凹的增函数，则 V 在 $\mathfrak{A}_2$ 上满足带有边界条件(3.25)的哈密尔顿-雅克比-贝尔曼方程(3.24)。

证明： 与引理3.4的证明过程类似，显然在 $\mathfrak{A}_2$ 中式(3.24)关于 q 和 l 的最大值在 $q^0(t, x) = 0$，$l^0(t, x)$ 如式(3.9)处取得，将它们代入方程(3.24)，得方程(3.29)的左端。

引理3.6 设 $\mathfrak{A}_3 = \{(t, x) \in [0, T) \times \mathbf{R}: 0 < q^0(t, x) < 1, l^0(t, x) > 1\}$，$V$ 为方程

$$V_t + (r_1 x + \theta a - \eta a)V_x - \frac{1}{2}\frac{a^2\eta^2}{b^2}\frac{V_x^2}{V_{xx}} + \frac{1}{2}\sigma^2 x^2 V_{xx} = 0, \quad (t, x) \in A_3 \quad (3.30)$$

的解，且 $V(T, x) = u(x)$，$V(t, x)$ 为变量 x 凹的增函数，则 V 在 $\mathfrak{A}_3$ 上满足带有边界条件(3.25)的哈密尔顿-雅克比-贝尔曼方程(3.24)。

证明： 显然在 $\mathfrak{A}_3$ 中式(3.24)关于 q 和 l 的最大值在 $q^0(t, x)$ 如式(3.26)，$l^0(t, x) = 1$ 处取得，将它们代入方程(3.24)，得方程(3.30)的左端。

引理3.7 设 $\mathfrak{A}_4 = \{(t, x) \in [0, T) \times \mathbf{R}: q^0(t, x) < 0, l^0(t, x) > 1\}$，$V$ 为方程

$$V_t + (r_1 x + \theta a)V_x + \frac{1}{2}b^2 V_{xx} + \frac{1}{2}\sigma^2 x^2 V_{xx} = 0, \quad (t, x) \in A_4 \quad (3.31)$$

的解，且 $V(T, x) = u(x)$，$V(t, x)$ 为变量 x 凹的增函数，则 V 在 $\mathfrak{A}_4$ 上满足带有边界条件(3.25)的哈密尔顿-雅克比-贝尔曼方程(3.24)。

证明： 与引理3.6的证明过程相同，显然在 $\mathfrak{A}_4$ 中方程(3.24)关于 q 和 l 的最大值在 $q^0(t, x) = 0$，$l^0(t, x) = 1$ 处取得，将它们代入方程(3.24)，得方程(3.31)的左端。

下面可利用上面的4个引理来求解带有边界条件(3.25)的方程(3.24)的解，设 $(q^*(t, x), l^*(t, x))$ 为方程(3.7)的左端的最大值，这里有4种可能，即 $(0 < q^*(t, x) < 1, 0 < l^*(t, x) < 1)$，$(q^*(t, x) < 0, 0 < l^*(t, x) < 1)$，$(0 < q^*(t, x) < 1, l^*(t, x) > 1)$，$(q^*(t, x) < 0, l^*(t, x) > 1)$。

如果 $(0 < q^*(t, x) < 1, 0 < l^*(t, x) < 1)$，前面的讨论说明 $q^*(t, x)$ 的形式与式(3.26)中 $q^0(t, x)$ 的形式相同，且 $l^*(t, x)$ 的形式与式(3.27)中 $l^0(t, x)$ 的形式相同。将它们代入方程(3.24)的左端，得方程(3.28)，与 Browne(1995)中

式(79)的求解方法类似,我们希望找到形式如下:

$$V(t, x) = \lambda_0 x - \frac{\lambda}{m} \exp\left\{-mxe^{r_0(T-t)} - \frac{1}{2}\left(\frac{a^2\eta^2}{b^2} + \frac{(r_1 - r_0)^2}{\sigma^2}\right) \times (T - t) + h(T - t)\right\}$$
(3.32)

这里 $h(x)$ 为使得式(3.32)满足方程(3.28)的合适的函数,将式(3.32)代入方程(3.28)得

$$h'(T - t) = ma(\eta - \theta)e^{r_0(T-t)}$$

积分,得

$$h(T - t) = h_1(T - t) + k$$

这里

$$h_1(T - t) = ma(\eta - \theta)\frac{e^{r_0(T-t)} - 1}{r_0}, \quad (3.33)$$

当最终形式给出时,k 将会被确定,因此,可得方程(3.28)的解

$$V(t, x) = \lambda_0 x - \frac{\gamma}{m} \exp\left\{-mxe^{r_0(T-t)} - \frac{1}{2}\left(\frac{a^2\eta^2}{b^2} + \frac{(r_1 - r_0)^2}{\sigma^2}\right) \times (T - t) + h_1(T - t) + k\right\}$$
(3.34)

根据式(3.26)、式(3.27)和式(3.34),显然

$$(q^*(t, x), l^*(t, x)) = \left(1 - \frac{a\eta}{mb^2}e^{-r_0(T-t)}, \frac{r_1 - r_0}{mx\sigma^2}e^{-r_0(T-t)}\right) \quad (3.35)$$

由于 x 表示保险人的资金,可假设 $x \geq M$,M 为一正数,是合理的。根据式(3.35)中 $q^*(t, x)$ 和 $l^*(t, x)$ 的形式,得

$$0 < q^0(t, x) < 1: \begin{cases} a\eta \leq mb^2, \text{ 或} \\ mb^2 < a\eta < mb^2 e^{rt} \text{ 且} \\ t < T - \dfrac{\ln(a\eta) - \ln(mb^2)}{r_0} \end{cases} \quad (3.36)$$

$$q^0(t, x) < 0: \begin{cases} a\eta > mb^2 e^{rt}, \text{ 或} \\ mb^2 < a\eta < mb^2 e^{rt} \text{ 且} \\ t > T - \dfrac{\ln(a\eta) - \ln(mb^2)}{r_0} \end{cases} \quad (3.37)$$

$$0 < l^0(t, x) < 1: \begin{cases} r_1 - r_0 \leq Mm\sigma^2, \text{ 或} \\ Mm\sigma^2 < r_1 - r_0 < Mm\sigma^2 e^{rt} \text{ 且} \\ t < T - \dfrac{\ln(r_1 - r_0) - \ln Mm\sigma^2}{r_0} \end{cases} \quad (3.38)$$

$$l^0(t,x) > 1: \begin{cases} r_1 - r_0 > Mm\sigma^2 e^{rt}, \text{ 或} \\ Mm\sigma^2 < r_1 - r_0 < Mm\sigma^2 e^{rt} \text{ 且} \\ t > T - \dfrac{\ln(r_1 - r_0) - \ln Mm\sigma^2}{r_0} \end{cases} \quad (3.39)$$

最后，需要验证引理3.4中的条件 $0 < q^0(t,x) < 1$ 和 $0 < l^0(t,x) < 1$ 满足的条件，根据式(3.35)和式(3.37)，可得

$$\begin{cases} (\text{I}) a\eta \leqslant mb^2, \ r_1 - r_0 \leqslant Mm\sigma^2; \\ (\text{II}) a\eta \leqslant mb^2, \\ Mm\sigma^2 < r_1 - r_0 < Mm\sigma^2 e^{rt} \\ t < T - \dfrac{\ln(r_1 - r_0) - \ln Mm\sigma^2}{r_0}; \\ (\text{III}): mb^2 < a\eta < mb^2 e^{rt}, \\ t < T - \dfrac{\ln(a\eta) - \ln(mb^2)}{r_0}, \\ r_1 - r_0 \leqslant Mm\sigma^2; \\ (\text{IV}): mb^2 < a\eta < mb^2 e^{rt}, \\ t < T - \dfrac{\ln(a\eta) - \ln(mb^2)}{r_0}, \\ Mm\sigma^2 < r_1 - r_0 < Mm\sigma^2 e^{rt}, \\ t < T - \dfrac{\ln(r_1 - r_0) - \ln Mm\sigma^2}{r_0} \end{cases} \quad (3.40)$$

此外，在 $[0,T] \times \mathbf{R}$ 上，情形(I)中，式(3.34)中的 V 满足带有边界条件(3.25)的方程(3.24)，得 $k = 0$。对于情形(II)，(III)，(IV)，式(3.34)中的 V 满足带有边界条件(3.25)的方程(3.24)，k 将在后面被确定。

第二种情形($q^0(t,x) < 0, \ 0 < l^0(t,x) < 1$)，根据引理3.5，方程(3.24)的解通过式(3.29)求得，再次应用 Browne(1995) 中的方法，得解为

$$V_{t,x} = \lambda_0 - \frac{\gamma}{m} \exp\left\{ \left(-mxe^{r_0(T-t)} - \frac{1}{2} \frac{(r_1-r_0)^2}{\sigma^2} \times (T-t) + h_2(T-t)\right)\right\} \quad (3.41)$$

这里，

$$h_2(T-t) = -m\theta a \frac{e^{r_0(T-t)} - 1}{r_0} + \frac{1}{4} m^2 b^2 \frac{e^{2r_0(T-t)} - 1}{r_0}$$

则根据式(3.26)、式(3.27)以及式(3.34)中的 V，得最优决策为

$$(q*(t, x), l*(t, x)) = \left(0, \frac{(r_1 - r_0)}{mx\sigma^2}e^{-r_0(T-t)}\right) \quad (3.42)$$

根据式(3.35)，得

$$q^0(t, x) < 0, \quad 0 < l^0(t, x) < 1;$$

$$\begin{cases} (\mathrm{I}) a\eta > mb^2 e^{rT}, \ r_1 - r_0 \leqslant Mm\sigma^2; \\ (\mathrm{II}) a\eta > mb^2, \\ Mm\sigma^2 < r_1 - r_0 < Mm\sigma^2 e^{rT}, \\ t < T - \dfrac{\ln(r_1 - r_0) - \ln Mm\sigma^2}{r_0} \\ (\mathrm{III}): mb^2 < a\eta < mb^2 e^{rT}, \\ t > T - \dfrac{\ln(a\eta) - \ln(mb^2)}{r_0}, \\ r_1 - r_0 \leqslant Mm\sigma^2; \\ (\mathrm{IV}): mb^2 < a\eta < mb^2 e^{rT}, \\ t > T - \dfrac{\ln(a\eta) - \ln(mb^2)}{r_0}, \\ Mm\sigma^2 < r_1 - r_0 < Mm\sigma^2 e^{rT}, \\ t < T - \dfrac{\ln(r_1 - r_0) - \ln Mm\sigma^2}{r_0} \end{cases} \quad (3.43)$$

当 $a\eta > mb^2 e^{rT}$ 和 $Mm\sigma^2 < r_1 - r_0 < Mm\sigma^2 e^{rT}$，根据式(3.32)和式(3.41)中的 V 在 $T = T - \dfrac{\ln(r_1 - r_0) - \ln Mm\sigma^2}{r_0}$ 处连续，选择式(3.32)中的 k，得

$$k = a\eta mb^2 - \frac{3}{4}a^2\eta^2 - \frac{1}{4}m^2 b^4 + \frac{1}{2}a^2\eta^2(\ln(r_1 - r_0) - \ln Mm\sigma^2) \quad (3.44)$$

当 $mb^2 < a\eta < mb^2 e^{rT}$ 时，根据式(3.32)和式(3.41)中 V 在 $T - \dfrac{\ln(a\eta) - \ln(mb^2)}{r_0}$ 处连续，我们选择式(3.15)中的 k，得

$$k = a\eta mb^2 - \frac{3}{4}a^2\eta^2 - \frac{1}{4}m^2 b^4 + \frac{1}{2}a^2\eta^2 \frac{\ln(a\eta) - \ln(mb^2)}{r_0} \quad (3.45)$$

此外，r_0 是无风险市场的期望收益率，r_1 为风险市场的期望收益率，一般地，$0 < r_0, r_1 < 1$。因式(3.40)中的情形(II)和情形(IV)不存在，则式(3.43)中的情形

(II) 和情形(IV) 不存在。根据式(3.39) 知，在指数效用方程(3.23) 下 $l^0(t, x)$ 不会大于1。所以，我们可以简化一下计算，即在指数效用方程(3.23) 下，只需要考虑情形 $(0 < q^*(t, x) < 1, 0 < l^*(t, x) < 1)$ 和 $(q^*(t, x) < 0, 0 < l^*(t, x) < 1)$。

3.8.4 指数效用下的再保险-投资模型主要结果

上面的结果总结为定理如下：

定理 3.2 在期望效用函数下，带有边界条件(3.25) 的方程(3.24) 有唯一的解 $V(t, x)$，解 $V(t, x)$ 以及相应的 $(q*(t, x), l*(t, x))$ 形式如下：

(i) 若 $a\eta \leq mb^2$, $r_1 - r_0 \leq Mm\sigma^2$, 则 $V(t, x)$ 的形式如式(3.34)，且 $k = 0$, $(q*(t, x), l*(t, x))$ 如式(3.35)。

(ii) 若 $a\eta \leq mb^2$, $Mm\sigma^2 < r_1 - r_0 < Mm\sigma^2 e^{rT}$, 式(3.34) 中的 k 如式(3.44)，且 $V(t, x)$ 的形式如式(3.34)，当 $0 < t < T - \dfrac{\ln(r_1 - r_0) - \ln Mm\sigma^2}{r_0}$, $(q*(t, x), l*(t, x))$ 如式(3.35)。

(iii) 若 $mb^2 < a\eta < mb^2 e^{rT}$, $r_1 - r_0 \leq Mm\sigma^2$, 式(3.34) 中的 k 如式(3.44)，且 $V(t, x)$ 的形式如式(3.34)，当 $0 < t < T - \dfrac{\ln(a\eta) - \ln(mb^2)}{r_0}$, $(q*(t, x), l*(t, x))$ 如式(3.35)。

(iv) 若 $mb^2 < a\eta < mb^2 e^{rT}$, $Mm\sigma^2 < r_1 - r_0 < Mm\sigma^2 e^{rT}$, 则 $V(t, x)$ 的形式如式(3.34)，$0 < t < \min\left[\left(T - \dfrac{\ln(r_1 - r_0) - \ln Mm\sigma^2}{r_0}\right), T - \dfrac{\ln(a\eta) - \ln(mb^2)}{r_0}\right]$。当 $T - \dfrac{\ln(r_1 - r_0) - \ln Mm\sigma^2}{r_0} > T - \dfrac{\ln(a\eta) - \ln(mb^2)}{r_0}$, 则式(3.34) 中的 k 如式(3.44)，当 $T - \dfrac{\ln(r_1 - r_0) - \ln Mm\sigma^2}{r_0} < T - \dfrac{\ln(a\eta) - \ln(mb^2)}{r_0}$, 则式(3.34) 中的 k 如式(3.45)，$(q*(t, x), l*(t, x))$ 如式(3.18)。

(v) 若 $a\eta > mb^2 e^{rT}$ 且 $Mm\sigma^2 < r_1 - r_0 < Mm\sigma^2 e^{rT}$, 则 $V(t, x)$ 的形式如式(3.24)，当 $t < T - \dfrac{\ln(a\eta) - \ln(mb^2)}{r_0}$, 且 $(q*(t, x), l*(t, x))$ 如式(3.42)。

(vi) 若 $mb^2 < a\eta < mb^2 e^{rT}$, $r_1 - r_0 < Mm\sigma^2$, 则 $V(t, x)$ 的形式如式(3.41)，$t > T - \dfrac{\ln(r_1 - r_0) - \ln Mm\sigma^2}{r_0}$, 且 $(q*(t, x), l*(t, x))$ 如式(3.42)。

(vii)：若 $mb^2 < a\eta < mb^2 e^{rT}$，$Mm\sigma^2 < r_1 - r_0 < Mm\sigma^2 e^{rT}$，则 $V(t, x)$ 的形式如式(3.41)，当 $T - \dfrac{\ln(a\eta) - \ln(mb^2)}{r_0} < t < T - \dfrac{\ln(r_1 - r_0) - \ln Mm\sigma^2}{r_0}$，且 $(q*(t, x), l*(t, x))$ 如式(3.42)。

如上面提到的，情况(ii)，(iv)，(vi)，(vii)几乎不可能出现。

3.8.5 指数效用下的再保险-风险投资模型主要结果

设保险人仅仅将资金投到风险市场，即 $r_0 = 0$，则有以下推论：

推论 1 设 $r_0 = 0$，则函数 $V(t, x)$ 的最优值以及相应的 $(q*(t, x), l*(t, x))$ 形式如下：

(i) 若 $a\eta \leq mb^2$，$r_1 \leq Mm\sigma^2$，则

$$V_{t,x} = \lambda_0 x - \frac{\gamma}{m} - \frac{1}{2}\left(\frac{a^2\eta^2}{b^2} + \frac{(r_1 - r_0)^2}{\sigma^2}\right) \times (T - t) \tag{3.46}$$

$$(q*(t, x), l*(t, x)) = \left(1 - \frac{a\eta}{b^2}, \frac{r_1}{mx\sigma^2}\right) \tag{3.47}$$

(ii) 若 $a\eta > mb^2$，$r_1 \leq Mm\sigma^2$，则

$$V_{t,x} = \lambda_0 x - \frac{\gamma}{m}\exp\left\{-mx - \frac{1}{2}\frac{r_1^2}{\sigma^2} \times (T - t) + h_2^0(T - t)\right\}, \tag{3.48}$$

这里，

$$h_2^0(T - t) = -m\theta a(T - t)r_0 + \frac{1}{2}m^2 b^2(T - t) \tag{3.49}$$

且

$$(q*(t, x), l*(t, x)) = \left(0, \frac{r_1}{mx\sigma^2}\right) \tag{3.50}$$

3.8.6 次数效用

设保险人采取次数效用函数

$$u(x) = x^\alpha \tag{3.51}$$

这里设 $\theta = 0$，$\eta = 0$，则式(3.7)变为

$$V_t + \max_{0 \leq q \leq 1}\left\{(r_0 x + \frac{1}{2}(1-q)^2 b^2 V_{xx}\right\} + \max_{0 \leq l \leq 1}\left\{(r_1 - r_0)lxV_x + \frac{1}{2}\sigma^2 l^2 x^2 V_{xx}\right\} = 0,$$
$$(t, x) \in [0, T) \times \mathbf{R} \tag{3.52}$$

边界条件为

$$V(T, x) = u(x) \tag{3.53}$$

由于 $V_{xx} < 0$，得 $q^0(t, x) = 1$，$l^0(t, x)$ 形式与式(3.10)相同。

3.8.7 次数效用函数下的最优比例再保险-投资相关结果

注意，当 $q^0(t, x) = 1$，则引理3.5和引理3.7不存在，引理3.4和引理3.6可以描述如下：

引理3.2* 设 $\mathfrak{A}_1^* = (t, x) \in [0, T) \times \mathbf{R} : q^0(t, x) = 1, 0 < l^0(t, x) < 1$，$V$为方程

$$V_t + r_0 x V_x - \frac{1}{2} \frac{(r_1 - r_0)^2}{\sigma^2} \frac{v_x^2}{v_{xx}} = 0, \ (t, x) \in \mathfrak{A}_1^* \tag{3.54}$$

的解，且 $V(T, x) = u(x)$，$V(t, x)$ 为变量 x 凹的增函数，则 V 在 $\mathfrak{A}_1^*$ 上满足带有边界条件(3.25)的哈密尔顿-雅克比-贝尔曼方程(3.24)。

引理3.8 设 $\mathfrak{A}_2^* = \{(t, x) \in [0, T) \times \mathbf{R} : q^0(t, x) = 1, l^0(t, x) > 1\}$，$V$为方程

$$V_t + r_1 x V_x + \frac{1}{2} \sigma^2 x^2 V_{xx} = 0, \ (t, x) \in \mathfrak{A}_2^* \tag{3.55}$$

的解，且 $V(T, x) = u(x)$，$V(t, x)$ 为变量 x 凹的增函数，则 V 在 $\mathfrak{A}_2^*$ 上满足带有边界条件(3.25)的哈密尔顿-雅克比-贝尔曼方程(3.24)。

证明过程与上面相同。

下面根据上面的两个定理求解带有边界条件(3.25)的哈密尔顿-雅克比-贝尔曼方程(3.24)。设 $(q*(t, x), l*(t, x))$ 为方程(3.24)的左端的最大值，对于 $(q*(t, x), l*(t, x))$ 有两种可能，即 $(q*(t, x) = 1, 0 < l*(t, x) < 1)$ 和 $(q*(t, x) = 1, l*(t, x) > 1)$。

若 $(q*(t, x) = 1, 0 < l*(t, x) < 1)$，根据前面的讨论知，$l*(t, x)$ 的形式与式(3.27)中 $l^0(t, x)$ 相同。代入方程(3.25)的左端，得方程(3.54)，再次应用 Browne(1995) 研究中的方法，我们希望找到形式如下的解：

$$V(t, x) = h(t) x^\alpha \tag{3.56}$$

将式(3.56)代入式(3.54)，得

$$h(t) = e^{\lambda(T-t)}, \ \lambda = \frac{\alpha (r_1 - r_0)^2}{2(\alpha - 1) \sigma^2} \tag{3.57}$$

因此，最优决策为：

$$(q*(t, x), l*(t, x)) = \left(1, \frac{(r_1 - r_0)}{1 - \alpha \sigma^2}\right) \tag{3.58}$$

若$(q*(t,x)=1, l*(t,x)>1)$，根据前面的讨论知$l^0(t,x)=1$，代入方程(3.52)的左端，得方程(3.55)，再次应用Browne(1995)中的方法，我们希望找到形式如下的解：

$$V(t,x) = h(t)x^\alpha \quad (3.59)$$

将式(3.59)代入式(3.55)，得

$$h(t) = e^{\lambda(T-t)}, \quad \lambda = -r_1 - \frac{1}{2}\alpha(\alpha-1)\sigma^2 \quad (3.60)$$

因此，最优决策为

$$(q*(t,x), l*(t,x)) = (1, 1) \quad (3.61)$$

这里$q*=1$表示再保险人承担所有的风险，保险人不承担任何风险。这在保险领域中非常普遍，在这种情况下，保险人在保险过程中仅仅充当了中间人的作用。换句话说，保险人希望能够与政策的制定者建立良好的合作关系。

3.8.8 次数效用函数下的最优比例再保险-投资主要结果

定理3.3 在次数效用下，带有边界条件(3.25)的方程(3.24)有唯一的解$V(t,x)$，解$V(t,x)$以及相应的$(q*(t,x), l*(t,x))$形式如下：

(i) 若$\dfrac{r_1-r_0}{\sigma^2(1-\alpha)}<1$，则$V(t,x)$如式(3.56)，且$h(t)$如式(3.57)，$(q*(t,x), l*(t,x))$如式(3.42)。

(ii) 若$\dfrac{r_1-r_0}{\sigma^2(1-\alpha)}>1$，则$V(t,x)$如式(3.56)，且$h(t)$如式(3.60)，$(q*(t,x), l*(t,x))$如式(3.61)。

3.9 本章小结

本章分别讨论了仅考虑再保险的情形下如何购买再保险使得期末指数效用和次数效用期望最大化的问题，并给出了比例再保险的最优比例及期末效用的具体值。随后同时将再保险和投资引入到决策过程中，在资本过程服从独立的布朗运动的前提下，通过求解相应的哈密尔顿-雅克比-贝尔曼方程，得出了如何购买比例再保险，如何向风险市场投资，使得期末指数效用和次数效用的期望值最大，并给出了期末效用期望的最终值。然而从保险公司的角度出发，保险人不可能时刻调整自己的决策。但是所得结果在政策改变的任何时刻，都可以作为决策的依据。$q^*=1$表示再保险人承担所有的风险，保险人不承担任何风险。这在保险领域中是非常普遍的，在这种情况下，保险人在保险过程中仅仅充当了中间人的作用。换句话说，保险人希望能够与政策的制定者建立良好的合作关系。由于保险公司收取保费后，一般并不需要立刻提供理赔，而是在未来时间，当保险标的发生保险事故后才会理赔，因此保险公司在此期间会将剩余资本投资到风险市场和无风险市场，如货币、证券、基金等多个市场开展业务用来增强经济实力，保险在各个市场的资产配置直接影响到公司的收益和风险，如何将资本进行资源分配和利用，如何选择再保险函数的形式，使得风险最小，效用最大，因此基于风险和效用的多目标规划的最优再保险和投资策略是下一步将要讨论的问题。

第4章 哈密尔顿-雅克比-贝尔曼方程下的最小破产概率

4.1 引 言

保险业发展到今天，已经有300多年的历史了，保险的起源来自海上保险，最初产生于海上运输的需要。远在公元前2000年，航行在地中海的商人在遇海难时，为避免船只和货物同归于尽，便抛弃一部分货物，损失由各方分摊，形成"一人为大家，大家为一人"的共同海损分摊原则，成为海上保险的萌芽。最早的保险单，是热那亚商人勒克维伦于1347年10月23日开立的承担"圣克维拉"号船从热那亚至马乔卡的航程保险单。时至今日，保险已经与银行一样成为人们生活的一部分。在全球500强的企业中，保险公司占到50家，且发展势头迅猛，越来越多的企业与个人利用保险抵御风险。

然而，在世界各国，包括发达国家，不乏保险公司破产的例子。在1978—1994年，16年的时间内，先后共有648家保险公司破产，1997年以来日韩还有大批的保险公司在陆续破产，保险公司的稳定发展与人们的生活息息相关，保险公司的破产将会引发金融危机，进而影响整个社会的稳定，因此，研究保险公司的破产概率对经济社会的发展具有重要意义。

保险作为风险的承担者，在它直接承保的大量业务中，不可避免地会有一些巨额责任保险，特别是随着现代化生产和科学技术的高度发展，财产的价值越来越昂贵，保险人承担了前所未有的巨额风险。例如，一架大型喷气客机，仅机身就达千万美元，再加上乘客责任保险，保险金额高达几亿美元；卫星保险、核电站保险、大型海上石油钻井平台保险的保险金额则更大。同时，由于生产的扩大、财富的增加、人口的集中，一次大的自然灾害如洪水、地震、飓风或意外事故所造成的损失可达几亿、几十亿，甚至几百亿美元，这都是一家保险公司或一国保险市场的资金或财力所不能承担得了的，因为任何一笔巨额的赔款，都将会导致一家保险公司破产。

此外，目前国内各大保险公司近两年来高额保单逐年递增，一次性投保个人险的总保额屡创新高，保险公司大额保单呈现稳中有升的态势。高额保单的频繁出现，巨大的自然灾害的发生都会导致巨额的赔款，严重影响了保险公司的财务稳定发展。

再保险的产生，主要是基于保险人分散风险的需要。如果说保险是社会的稳定器，那么再保险则是保险经营的稳定器，从而也是社会的稳定器。而通过再保险，则可以将巨额的保险责任转分给几个再保险人，而再保险人再通过转分保，实现风险在全球范围内的分散。这样，一旦巨额损失发生，由于有众多的保险人承担，其损失对各保险人带来的财务冲击就小很多。

例如，1988年9月，被称为"世纪飓风"的吉尔伯特飓风，在短短的几天内横扫加勒比海和其他几个中美洲国家，造成经济损失80亿美元。由于办理了分保，每家保险公司所受的影响不大。标准-普尔公司的最新报告显示，尽管美国的保险公司在9·11事件中遭受了巨大损失（估计保险赔偿额将超过300亿美元），但是由于有全球的再保险巨头作其后盾，美国保险公司的经营状况并没有受到根本性的损伤，世界排名前55名的保险公司和再保险公司都将参与赔偿，其中世界第一大再保险公司——慕尼黑再保险公司预计将赔付19.5亿美元，世界第二大再保险公司——瑞士再保险公司至少要赔付12.5亿美元，这场灾难导致的巨额赔偿将由全球整个保险业承担。

风险理论是保险业制定决策的重要依据，在保险业中得到了广泛的应用，保险公司在制定险种、确定保费、投资收益过程中都会选择那些风险较小的项目，风险理论的一个重要内容就是破产概率，从破产概率的角度分析再保险及再保险过程中的相关问题对保险公司有着重大意义，将破产概率控制在较小的范围内，是每个保险公司追求的目标，如何将破产概率与投资收益结合起来也是当前的一个热门话题。

1903年，破产理论首次出现在瑞典精算师Filip Lundberg的博士论文中，目前已成为风险理论的基础，后来陆续出现了非寿险破产概率的研究，预测保险公司在经营时间内的破产概率，对保险公司的决策制定有重要的意义，同时可以促进保险公司的稳定经营。通过分析破产概率，可以决定是否对某项目进行投资，新的险种是否真正能给公司带来相应的利润，同时可以通过调节保费及各投资市场的比例降低公司的破产概率。

4.2 破产理论的研究现状

从Lundberg首次提出破产概率至今，破产理论的研究已有一百多年的历史，最初的破产概率理论是基于Poisson过程提出的，事实证明：Poisson过程与实际过程的吻合度不高，不能真实地反映其实际背景，随后Cramer发展了严格的随机过程理论，Hans Gerber提出了利用鞅方法研究破产概率，大大丰富了破产概率的成果。另外，大量学者针对风险过程中遇到的不同问题，对破产概率模型进行了调整和修正，建立了较为成熟的破产概率模型，得到了一系列有用的结果，目前破产概率理论的研究引起了大量学者的兴趣，详见 Gerber(1979)，Grandell(1993)，Asmussen(2000) 等人的研究成果。目前，研究破产概率的两个主要方法是 Hans Gerber 的鞅方法和 William Feller 的更新方程，利用这两种方法可以得到破产概率的上下界及近似表达式。

将破产概率与再保险和投资收益相结合是当今的一个热门话题，利用再保险可以分散风险，扩大经营范围，将剩余资金进行有效投资可以为保险公司带来更多的利润，这些都是保险公司长期稳定经营的重要因素。在本章的保险模型中，我们充分考虑了再保险和投资因素。不同目标函数下的最优问题一直是保险研究中的热门问题，这里我们选择破产概率最小作为最优标准。本章在资本服从布朗运动的前提下，引入再保险和投资问题，此外还采取破产概率最小作为最优衡量标准，通过购买比例再保险来降低风险，为了使得分析更加符合实际，这里我们考虑风险市场和无风险市场，进一步考虑投向风险市场和无风险市场的资金比例。基于上述假设利用漂移布朗运动和哈密尔顿-雅克比-贝尔曼理论讨论破产概率最小化的相关问题，通过对相应的哈密尔顿-雅克比-贝尔曼方程求解，给出了最优比例再保险和风险市场和无风险市场投资比例的最优决策。

本章首先介绍了本书所要研究的主要风险模型，然后结合本书的研究对象，对目前人们已经取得的研究成果进行了一个简单的回顾，同时重点介绍本书相应的成果。

4.3 最小破产概率

破产理论是风险理论中非常重要的一个问题，对于保险公司而言，破产概率可以作为综合保费和索赔过程的保险公司稳定性的一个指标，是风险管理的一个有用工具，它可以作为保险公司一个十分有用的早期风险的警示手段，所以对破产理论的研究也具有很重要的意义。

定义 $\tau_\alpha = \inf\{t: X(t) < 0\}$ 为第一次使得保险公司的剩余资金变为负数的时间，设最初剩余资本为 x，用 $\psi_\alpha(x) = P(\tau_\alpha < \infty \mid X(0) = x)$ 刻画破产概率，且定义最小破产概率为

$$\psi(x) = \inf_{\alpha \in \alpha_s} \psi_\alpha(x)$$

4.4 基于比例再保险的最小破产概率

本部分考虑破产概率最小下的最优比例再保险，采取破产概率最小作为最优衡

量标准,通过购买比例再保险来降低风险。基于上述假设,可利用漂移布朗运动和哈密尔顿-雅克比-贝尔曼理论讨论破产概率最小化问题,通过对相应的哈密尔顿-雅克比-贝尔曼方程求解,给出了最优比例再保险决策。我们建立保费的随机过程,在保费和投资过程服从布朗运动的假设下,通过引入再保险建立相应的动态模型。

4.4.1 模型介绍

据 Promislow 和 Young(2005),可通过漂移布朗运动刻画保费过程 C 如下:

$$dC(t) = adt - bdW^0(t) \tag{4.1}$$

这里,a 和 b 均为正整数,$W^0(t)$ 为标准布朗运动。显然,用布朗运动刻画的风险过程是实际情况的一个近似,假设保费以固定的速率 $c_0 = (1+\theta)a$ 连续支付,这里 $\theta > 0$ 为安全系数。设 $I: I^+ \to I^+$ 表示再保险函数,我们假设保险人通过购买比例再保险来降低风险,设 Y 表示所有的风险,$R(Y)$ 表示再保险函数,$I(Y) = qY$,这里 q 表示再保险的比例。与保费支付给保险公司类似,再保险保费以固定的速率 $c_1 = (1+\eta)aq$ 支付给再保险公司,$R(Y) = qY$,显然 η 越大,再保险保费越高,剩余资金越少。根据式(4.1),剩余过程为

$$dR(t) = c_0 dt - dC(t) - c_1 dt = (\theta - \eta)adt + b(1-q)dW^0(t) \tag{4.2}$$

此外,我们还假设保险人将剩余的资金投到无风险市场(银行等)中去以获得最大利润。设 $S_0(t)$ 表示无风险市场的价格过程,则

$$dS_0(t) = r_0 S_0(t)dt, \quad r_0 > 0$$

决策 α 用随机过程 $0 \leq q(t) \leq 1$ 来描述,这里 $q(t)$ 表示在 t 时刻再保险的比例,$X(t)$ 表示将决策 α 应用到式(4.2)后,资金的过程 $X(t)$ 的动态过程为

$$dX(t) = [r_0 X(t) + ((\theta - \eta q(t))a)]dt + b(1 - q(t))adW^0(t) \tag{4.3}$$

决策 α 认为是可行的,当满足 $0 \leq q(t) \leq 1$ 时,定义所有的可行决策组成的集合为 α_s。

4.4.2 最小破产概率及相关引理

定义 $\tau_\alpha = \inf\{t: X(t) < 0\}$ 为第一次使得保险公司的剩余资金变为负数的时间,设最初剩余资本为 x,用 $\psi_\alpha(x) = P(\tau_\alpha < \infty \mid X(0) = x)$ 刻画破产概率,且定义最小破产概率为

$$\psi(x) = \inf_{\alpha \in \alpha_s} \psi_\alpha(x) \tag{4.4}$$

我们的目标是得到最小破产概率 $\psi(x)$ 及其最优的决策 $q^*(t)$,

$$\psi(x) = \psi_{q^*}$$

为了解决上述问题,我们利用 Fleming 和 Soner(1993)中提到的动态规划方

法，根据文献的讨论，得知若最优值函数 ψ 和它的一阶导数 $\psi'(x)$ 及二阶导数 $\psi''(x)$ 在 $R_1^+ \times R_1$ 上连续，则 ψ 满足下列哈密尔顿-雅克比-贝尔曼方程：

$$\min_{0 \leq q \leq 1} \left\{ (r_0 x + (\theta - \eta q)a) \psi'(x) + \frac{1}{2} (1-q)^2 b^2 \psi''(x) \right\} = 0 \quad (4.5)$$

且边界条件为

$$\psi(0) = 1, \quad \psi(\infty) = 0. \quad (4.6)$$

下面求解带有边界条件(4.6)的式(4.5)的解及其相应的值函数。

首先给出以下定理，该定理在求解式(4.5)和式(4.6)中起着重要的作用。

引理 4.1 定义 $\psi(x)$ 如式(4.4)，则

$$\psi(x) = 0, \quad x \geq \frac{(\eta - \theta)a}{r_0} \quad (4.7)$$

相应的最优决策 $q^* = 1$。

证明：根据最初剩余 $x \geq \frac{(\eta - \theta)a}{r_0}$，式(4.3)取 $q^*(t) = 1$，则破产永不发生，即 $\psi(x) = 0$。

根据引理 4.1，我们可以排除使得 $\psi(x) = 0, x \in \left[\frac{(\eta - \theta)a}{r_0}, \infty\right)$。

设存在 ψ 满足在区间 $\left[0, \frac{(\eta - \theta)a}{r_0}\right]$ 上有 $\psi'(x) < 0$ 和 $\psi''(x) > 0$，且有 $\psi(x) = 0, x \in \left[\frac{(\eta - \theta)a}{r_0}, \infty\right), \psi(0) = 1$。式(4.5)对变量 q 求导，令导数等于 0，可得

$$q^0(x) = 1 + \frac{\eta a}{b^2} \frac{\psi'(x)}{\psi''(x)} \quad (4.8)$$

注意 $q^0(x) < 1$，若 $q^0(x) \geq 0$，则取 $q^*(x)$ 等于 $q^0(x)$；若 $q^0(x) < 0$，令 $q^*(x) = 0$。

上述讨论过程可得下面两个引理，这两个引理将在求解方程(4.5)中用到。

引理 4.2 设 $\mathcal{U}_1 = \left\{ 0 < x < \frac{(\eta - \theta)a}{r_0} : 0 < q^0(x) < 1 \right\}$，设 ψ 为

$$\begin{cases} (r_0 x + \theta a - \eta a) \psi'(x) - \frac{1}{2} \frac{a^2 \eta^2}{b^2} \frac{\psi'^2(x)}{\psi''(x)} = 0, & 0 < x < \frac{(\eta - \theta)a}{r_0} \\ \psi(x) = 0, \quad x > \frac{(\eta - \theta)a}{r_0} \\ \psi(0) = 1 \end{cases} \quad (4.9)$$

的解，若 $\psi(x)$ 为区间 $\left[0, \frac{(\eta - \theta)a}{r_0}\right]$ 上的单调递减的凸函数，则 ψ 满足带有边界

条件(4.6)的式(4.5)。

证明：显然，在区间 $\mathfrak{A}_1$ 上，式(4.5)关于变量 q 的最小值在 $q^0(x)$，如式(4.8)处取得。将它们代入式(4.5)，可得式(4.9)的左部。

引理4.3 设 $\mathfrak{A}_2 = \{0 < x < \dfrac{(\eta-\theta)a}{r_0} : q^0(x) < 0\}$，设 ψ 为

$$\begin{cases} (r_0 x + \theta a)\psi'(x) + \dfrac{1}{2}b^2\psi''(x) = 0, & 0 < x < \dfrac{(\eta-\theta)a}{r_0} \\ \psi(x) = 0, & x > \dfrac{(\eta-\theta)a}{r_0} \\ \psi(0) = 1 \end{cases} \quad (4.10)$$

的解，若 $\psi(x)$ 为区间 $\left[0, \dfrac{(\eta-\theta)a}{r_0}\right]$ 上的单调递减的凸函数，则 ψ 满足带有边界条件(4.7)的式(4.6)。

由于引理4.3的证明过程和引理4.2的证明过程类似，这里我们不再给出其证明过程。下面我们根据上述两定理求解带有边界条件(4.6)的式(4.5)的解。

设 $q^*(x)$ 为式(4.5)左端取得最小值的决策。对于 $q^*(x)$，这里有两种可能，即 $0 < q^*(x) < 1$ 和 $q^*(x) = 0$。下面我们在 $q^0(x)$ 上述两种情况下，分别在集合 $\mathfrak{A}_1$，$\mathfrak{A}_2$ 中求 $\psi(x)$ 的最小值。

若 $0 < q^*(x) < 1$，此时为引理4.2的形式，式(4.5)的解如下：

$$\psi(x) = C_1\left(1 - \dfrac{r_0 x}{(\eta-\theta)a}\right)^{\frac{a^2\eta^2/b^2}{2r_0}+1}, \quad 0 < x < \dfrac{(\eta-\theta)a}{r_0} \quad (4.11)$$

且 $\psi(x) = 0$，$x > \dfrac{(\eta-\theta)a}{r_0}$，这里常数 C_1 随后被确定。相应地，

$$q^*(x) = 1 - \dfrac{2}{\eta a}b^2(\eta a - \theta a - r_0 x) \quad (4.12)$$

为了求解带有边界条件(4.6)的式(4.5)的解，引理4.2要求式(4.8)的 $q^*(x)$ 在区间 $(0, 1)$ 上，即

$$x > \beta_1 = \dfrac{(\eta-\theta)a}{r_0} - \dfrac{a\eta}{2b^2 r_0} \quad (4.13)$$

显然 $\beta_1 < \dfrac{(\eta-\theta)a}{r_0}$。若 $\beta_1 < 0$，则 $\beta_1 < 0 < \dfrac{(\eta-\theta)a}{r_0}$，有 $0 < q^*(x) < 1$；若 $\beta_1 > 0$，当 $\beta_1 < x < \dfrac{(\eta-\theta)a}{r_0}$ 时，有 $0 < q^*(x) < 1$，此时为引理4.2的情形；当 $x < \beta_1$ 时，有 $q^*(x) < 0$，此时为引理4.3的情形。

式(4.10)的解为

$$\psi(x) = 1 - C_2 \int_0^x \left[\exp\left(\int_0^z g_2(y)\,dy \right) \right] \tag{4.14}$$

这里

$$g_2(y) = \frac{r_0 y^2 + 2\theta a y}{b^2} \tag{4.15}$$

这里常数C_2将在随后给出。

根据函数$\psi(x)$在$x=\beta_1$处连续,下面可确定式(4.11)中的常数C_1和式(4.14)中的常数C_2,得

$$C_2 = \frac{r_0(2 r_0 b^2 + a^2 \eta^2)}{2 r_0 b^2((\eta-\theta)a - r_0\beta_1) \exp\int_0^{\beta_1} g_2(y)dy + r_0(2 r_0 b^2 + a^2 \eta^2) \int_0^{\beta_1} \exp\{\int_0^z g_2(y)dy\}dz} \tag{4.16}$$

$$C_1 = \frac{2 b^2 (\eta-\theta)a\, C_2 \exp\int_0^{\beta_1} g_2(y)dy}{(2 r_0 b^2 + a^2 \eta^2)\left[1 - \frac{r_0 x}{(\eta-\theta)a}\right]^{\frac{a^2 \eta^2/b^2}{2 r_0}}} \tag{4.17}$$

4.4.3 主要结果

总结上述讨论结果可得如下定理:

定理 4.1 对于边界条件为式(4.6)的方程(4.5)的问题,存在连续可导的函数$\psi(x)$及其相应的最优再保险决策$q^*(x)$如下:

(i) 当$x \geq \frac{(\eta-\theta)a}{r_0}$时,有$\psi(x)=0$;

(ii) 当$0 < x < \frac{(\eta-\theta)a}{r_0}$时,$\beta_1$如式(4.13)。若$\beta_1 < 0$,则有$\psi(x)$如式(4.11),$C_1$如式(4.17);$q^*(x)$如式(4.12);

(iii) 当$0 < x < \frac{(\eta-\theta)a}{r_0}$时,$\beta_1$如式(4.13)。若$\beta_1 > 0$,则当$\beta_1 < x < \frac{(\eta-\theta)a}{r_0}$时,有$\psi(x)$如式(4.11),$C_1$如式(4.18);$q^*(x)$如式(4.12);

(iv) 当$0 < x < \frac{(\eta-\theta)a}{r_0}$时,$\beta_1$如式(4.13)。若$\beta_1 > 0$,则当$x < \beta_1$时,有$\psi(x)$如式(4.14),$C_2$如式(4.16);$q^*(x)=0$。

4.5 基于比例再保险和投资的最小破产概率：独立的布朗运动

4.4 节讨论了基于比例再保险的最小破产概率问题，但是没有考虑投资的问题，本部分在资本服从布朗运动的前提下，引入再保险和投资问题，同样将破产概率最小作为最优衡量标准，通过购买比例再保险来降低风险，为了使得分析更加符合实际，这里先考虑风险市场和无风险市场，进一步再考虑投向风险市场和无风险市场的资金比例。基于上述假设可利用漂移布朗运动和哈密尔顿-雅克比-贝尔曼理论讨论指数效用和乘方效用的期望最大化问题，通过对相应的哈密尔顿-雅克比-贝尔曼方程求解，给出了最优比例再保险及风险市场和无风险市场投资比例的最优决策。建立了保费的随机过程、风险市场的资本过程、无风险市场的资本过程，在保费和投资过程服从布朗运动的假设下，通过引入再保险和投资建立了相应的动态模型。

4.5.1 模型介绍

与仅考虑最优比例再保险的破产概率一样，本部分仍然通过漂移布朗运动刻画保费过程 C 如下：

$$dC(t) = adt - bdW^0(t)$$

剩余过程为

$$dR(t) = c_0 dt - dC(t) - c_1 dt = (\theta - \eta q) adt + b(1-q)dW^0(t) \tag{4.18}$$

不同的是，我们还假设保险人将剩余的资金投到风险市场和无风险市场（银行等）中去以获得最大利润。设 $S_0(t)$ 表示无风险市场的价格过程，则

$$dS_0(t) = r_0 S_0(t) dt, \quad r_0 > 0$$

在风险市场，股票价格为离散的随机过程，为了简化模型，我们用连续的变量和连续的时间去近似它，一般地，金融学者用几何布朗运动来模拟股票的价格，实践证明这种近似是非常有效的，因此被广泛地应用到金融市场，目前布朗运动是现代金融市场的核心理论，$S_1(t)$ 为风险市场的价格过程，则它服从几何布朗运动，

$$dS_1(t) = S_1(t) r_1 dt + \sigma S_1 dW^1(t), \quad r_1 > r_0 \tag{4.19}$$

这里 r_1 为期望收益率，σ 为波动系数，$W^1(t)$ 为标准布朗运动，决策 α 用随机过程 $0 \leq q(t) \leq 1, 0 \leq l(t) \leq 1$ 来描述，这里 $q(t)$ 表示在 t 时刻再保险的比例，$l(t)$ 表示在 t 时刻投资到风险市场的比例，$X(t)$ 表示将决策 α 应用到式(4.18)后资金的过程，$X(t)$ 的动态过程为

$$dX(t) = [r_0(1-l(t))X(t) + \theta - \eta q(t))a]dt + b(1-q(t))dW^0(t)$$
$$+ r_1 l(t))X(t)dt + \sigma l(t))X(t)dW^1(t)$$
$$= [r_0 X(t) + (\theta - \eta q(t))a]dt + b(1-q(t))dW^0(t) + (r_1 - r_0)l(t)X(t)dt$$
$$+ \sigma l(t)X(t)dW^1(t) \tag{4.20}$$

决策 α 认为是可行的,当满足 $0 \leq q(t) \leq 1$,$0 \leq l(t) \leq 1$,定义所有的可行决策组成的集合为 α_s。

我们的目标是得到最小破产概率 $\psi(x)$ 及其最优的决策 $\alpha^* = (q^*(t), l^*(t))$,使得

$$\psi(x) = \psi_{\alpha^*}$$

为了解决上述问题,我们利用 Fleming 和 Soner(1993) 中提到的动态规划方法。

4.5.2 最小破产概率

定义 $\tau_\alpha = \inf\{t: X(t) < 0\}$ 为第一次使得保险公司的剩余资金变为负数的时间,设最初剩余资本为 x,用 $\psi_\alpha(x) = P(\tau_\alpha < \infty \mid X(0) = x)$ 刻画破产概率,且定义最小破产概率为

$$\psi(x) = \inf_{\alpha \in \alpha_s} \psi_\alpha(x) \tag{4.21}$$

我们的目标是得到最小破产概率 $\psi(x)$ 及其最优的决策 $\alpha^* = (q^*(t), l^*(t))$,使得

$$\psi(x) = \psi_{\alpha^*}$$

根据文献的讨论,我们得知若最优值函数 ψ 和它的一阶导数 $\psi'(x)$ 和二阶导数 $\psi''(x)$ 在 $R_1^+ \times R_1$ 上连续,则 ψ 满足下列哈密尔顿 - 雅克比 - 贝尔曼方程:

$$\min_{0 \leq q \leq 1}\left\{(r_0 x + (\theta - \eta q)a)\psi'(x) + \frac{1}{2}(1-q)^2 b^2 \psi''(x)\right\}$$
$$+ \min_{0 \leq l \leq 1}\left\{(r_1 - r_0)lx\psi'(x) + \frac{1}{2}\sigma^2 l^2 \psi''(x)\right\} = 0 \tag{4.22}$$

且边界条件为

$$\psi(0) = 1, \quad \psi(\infty) = 0 \tag{4.23}$$

接下来求解带有边界条件(4.23)的式(4.22)的解及其相应的值函数。首先我们给出下面定理,该定理在求解式(4.22)和式(4.23)中起着重要的作用。

定理4.2 设 $\psi(x)$ 如式(4.21)所示,则

$$\psi(x) = 0, \quad x \geq \frac{(\eta - \theta)a}{r_0} \tag{4.24}$$

相应的最优决策 α^* 为

$$(q^*, l^*) = (1, 0) \tag{4.25}$$

证明：根据最初剩余，$x \geq \dfrac{(\eta-\theta)a}{r_0}$，根据式(4.20)得到：当 $q^*(t) = 1$，$l^*(t) = 0$ 时，破产永不发生，即 $\psi(x) = 0$。

根据定理 4.2，我们可以将函数 $\psi(x)$ 排除，使得 $\psi(x) = 0$，$x \in \left[\dfrac{(\eta-\theta)a}{r_0}, \infty\right)$。

设存在 ψ 满足在区间 $\left[0, \dfrac{(\eta-\theta)a}{r_0}\right]$ 上有 $\psi'(x) < 0$ 和 $\psi''(x) > 0$，且有 $\psi(x) = 0$，$x \in \left[\dfrac{(\eta-\theta)a}{r_0}, \infty\right)$ 和 $\psi(0) = 1$。式(4.22)分别对变量 q 和 l 求导，令导数等于 0，可得，

$$q^0(x) = 1 + \frac{\eta a}{b^2} \frac{\psi'(x)}{\psi''(x)} \tag{4.26}$$

$$l^0(x) = \frac{r_1 - r_0}{x\sigma^2} \frac{\psi'(x)}{\psi''(x)} \tag{4.27}$$

注意，$q^0(x) < 1$，若 $q^0(x) \geq 0$，则取 $q^*(x)$ 等于 $q^0(x)$；若 $q^0(x) < 0$，令 $q^*(x) = 0$，若 $l^0(x) \leq 1$。同理，若 $0 < l^0(x) < 1$，则取 $l^*(x)$ 等于 $l^0(x)$；若 $l^0(x) > 1$，令 $l^*(x) = 1$。

上述讨论过程可得下面 4 个引理，这 4 个引理将在求解式(4.22)中用到。

引理4.4 设 $\mathfrak{A}_1 = \left\{0 < x < \dfrac{(\eta-\theta)a}{r_0} : 0 < q^0(x) < 1, 0 < l^0(x) < 1\right\}$，$\psi$ 为

$$\begin{cases} (r_0 x + \theta a - \eta a)\psi'(x) - \dfrac{1}{2}\left[\dfrac{a^2\eta^2}{b^2} + \dfrac{(r_1 - r_0)^2}{\sigma^2}\right]\dfrac{\psi'^2(x)}{\psi''(x)} = 0, \ 0 < x < \dfrac{(\eta-\theta)a}{r_0} \\ \psi(x) = 0, \ x > \dfrac{(\eta-\theta)a}{r_0} \\ \psi(0) = 1 \end{cases}$$

$$\tag{4.28}$$

的解。若 $\psi(x)$ 为区间 $\left[0, \dfrac{(\eta-\theta)a}{r_0}\right]$ 上的单调递减的凸函数，则 ψ 满足带有边界条件(4.22)的式(4.23)。

证明：显然，在区间 $\mathfrak{A}_1$ 上，式(4.22)关于变量 q 和 l 的最小值在 $q^0(x)$ 如式(4.26)和 $l^0(x)$ 如式(4.27)处取得。将它们代入式(4.22)，可得式(4.28)的

左部。

引理4.5 设 $\mathfrak{A}_2 = \{0 < x < \frac{(\eta-\theta)a}{r_0} : 0 < q^0(x) < 1, l^0(x) > 1\}$，$\psi$ 为

$$\begin{cases} (r_1 x + \theta a - \eta a)\psi'(x) - \frac{1}{2}\frac{a^2\eta^2}{b^2}\frac{\psi'^2(x)}{\psi''(x)} + \frac{1}{2}\sigma^2 x^2 \psi''(x) = 0, \quad 0 < x < \frac{(\eta-\theta)a}{r_0} \\ \psi(x) = 0, \quad x > \frac{(\eta-\theta)a}{r_0} \\ \psi(0) = 1 \end{cases}$$

(4.29)

的解，若 $\psi(x)$ 为区间 $\left[0, \frac{(\eta-\theta)a}{r_0}\right]$ 上的单调递减的凸函数，则 ψ 满足带有边界条件(4.22)的式(4.23)。

证明： 显然，在区间 $\mathfrak{A}_2$ 上，式(4.2)关于变量 q 和 l 的最小值在 $q^0(x)$ 如式(4.26)和 $l^0(x) = 1$ 处取得。将它们代入式(4.22)可得式(4.29)的左部。

引理4.6 设 $\mathfrak{A}_3 = \{0 < x < \frac{(\eta-\theta)a}{r_0} : q^0(x) < 0, 0 < l^0(x) < 1\}$，$\psi$ 为

$$\begin{cases} (r_0 x + \theta a)\psi'(x) + \frac{1}{2}b^2 \psi''(x) - \frac{1}{2}\frac{(r_1-r_0)^2}{\sigma^2}\frac{\psi'^2(x)}{\psi''(x)} = 0, \quad 0 < x < \frac{(\eta-\theta)a}{r_0} \\ \psi(x) = 0, \quad x > \frac{(\eta-\theta)a}{r_0} \\ \psi(0) = 1 \end{cases}$$

(4.30)

的解，若 $\psi(x)$ 为区间 $\left[0, \frac{(\eta-\theta)a}{r_0}\right]$ 上的单调递减的凸函数，则 ψ 满足带有边界条件(4.22)的式(4.23)。

引理4.7 设 $\mathfrak{A}_4 = \{0 < x < \frac{(\eta-\theta)a}{r_0} : q^0(x) < 0, l^0(x) > 1\}$，$\psi$ 为

$$\begin{cases} (r_1 x + \theta a)\psi'(x) + \frac{1}{2}[b^2 + \sigma^2]\psi''(x) = 0, \quad 0 < x < \frac{(\eta-\theta)a}{r_0} \\ \psi(x) = 0, \quad x > \frac{(\eta-\theta)a}{r_0} \\ \psi(0) = 1 \end{cases}$$

(4.31)

的解，若 $\psi(x)$ 为区间 $\left[0, \frac{(\eta-\theta)a}{r_0}\right]$ 上的单调递减的凸函数，则 ψ 满足带有边界

条件(4.22) 的式(4.23)。

由于引理4.6和引理4.7的证明过程与引理4.4和引理4.5的证明过程类似，这里不再给出其证明过程。

下面根据上述4个引理求解带有边界条件(4.23) 的式(4.22) 的解。

设$(q^*(x), l^*(x))$ 为式(4.22) 左端取得最小值的决策。对于$(q^*(x), l^*(x))$，这里有4种可能，即$(0 < q^*(x) < 1, 0 < l^*(x) < 1)$，$(0 < q^*(x) < 1, l^*(x) = 1)$，$(q^*(x) = 0, 0 < l^*(x) < 1)$，$(q^*(x) = 0, l^*(x) = 1)$。下面在$q^0(x)$ 和 $l^0(x)$ 上述4种情况下，分别在集合$\mathfrak{A}_1$，$\mathfrak{A}_2$，$\mathfrak{A}_3$ 和 $\mathfrak{A}_4$ 中求$\psi(x)$ 的最小值。

若$0 < q^*(x) < 1$, $0 < l^*(x) < 1$，此时为引理4.1的形式，式(4.28)的解如下：

$$\psi(x) = C_1 \left[1 - \frac{r_0 x}{(\eta - \theta)a}\right]^{\frac{a^2 \eta^2 / b^2 + (r_1 - r_0)^2 / b^2}{2r_0} + 1}, \quad 0 < x < \frac{(\eta - \theta)a}{r_0} \quad (4.32)$$

且$\psi(x) = 0$, $x > \frac{(\eta - \theta)a}{r_0}$，这里常数$C_1$随后被确定。相应地，$q^0(x)$, $l^0(x)$ 为

$$(q^*(x), l^*(x)) = \left(1 - \frac{2\eta a}{\frac{a^2 \eta^2}{b^2} + \frac{(r_1 - r_0)^2}{b^2}} (\eta a - \theta a - r_0 x), \right.$$

$$\left. \frac{2 b^2 (r_1 - r_0)}{a^2 \eta^2 \sigma^2 + b^2 (r_1 - r_0)^2 x} (\eta a - \theta a - r_0 x) \right) \quad (4.33)$$

为了求解带有边界条件(4.23)的式(4.22)的解，引理4.4要求式(4.33)的$q^0(x)$ 在区间$(0, 1)$上，即

$$x > \beta_1 = \frac{(\eta - \theta)a}{r_0} - \frac{a^2 \eta^2 + b^2 (r_1 - r_0)^2 / \sigma^2}{2a\eta r_0} \quad (4.34)$$

式(4.33) 的$l^0(x)$ 在区间$(0, 1)$，即

$$x > \beta_2 = \frac{(\eta - \theta)a}{r_0} - \frac{(\eta - \theta)a \left[(r_1 - r_0)^2 + a^2 \eta^2 \sigma^2 \frac{1}{b^2}\right]}{r_0 \left[(r_1 - r_0)^2 + a^2 \eta^2 \sigma^2 \frac{1}{b^2}\right]} \quad (4.35)$$

显然β_1, $\beta_2 < \frac{(\eta - \theta)a}{r_0}$，且$\beta_2 > 0$。若$\beta_1 < 0$，则$\beta_1 < 0 < \beta_2 < \frac{(\eta - \theta)a}{r_0}$；若$0 < x < \beta_2$，则有$0 < q^0(x) < 1$, $l^0(x) > 1$，此时为引理4.5的情形，式(4.29)的解为

$$\psi(x) = 1 - C_2 \int_0^x \left[\exp\left(\int_0^z g_2(y) \mathrm{d}y \right) \right] \mathrm{d}z \qquad (4.36)$$

这里,

$$g_2(y) = \frac{(r_1 x + \theta a - \eta a) + \sqrt{(r_1 x + \theta a - \eta a)^2 + a^2 \eta^2 \sigma^2 y^2 \frac{1}{b^2}}}{\sigma^2 y^2} \qquad (4.37)$$

这里常数 C_2 将在随后给出,且最小值函数为

$$(q^*(x), l^*(x)) = \left(1 + \frac{\eta a}{b^2 g_2(x)}, \frac{(r_1 - r_0)}{x \sigma^2 g_2(x)} \right) \qquad (4.38)$$

若 $\beta_2 < x < \frac{(\eta - \theta)a}{r_0}$,则 $0 < q^0(x) < 1$, $0 < l^0(x) < 1$,此时为引理 4.1 的情形,破产概率函数如式(4.32),常数 C_1 随后被确定,最小决策如式(4.33)。

根据函数 $\psi(x)$ 在 $x = \beta_2$ 处连续,接下来可确定式(4.32)中的常数 C_1 和式(4.36)中的常数 C_2,得

$$C_1 = \frac{2 C_2 a(\eta - \theta) \exp \int_0^{\beta_2} g_2(y) \mathrm{d}y}{\frac{a^2 \eta^2}{b^2} + \frac{(r_1 - r_0)^2}{\sigma^2} + 2 r_0} \left(1 - \frac{r_0 \beta_2}{(\eta - \theta)a} \right)^{\frac{a^2 \eta^2 \frac{1}{b^2} + (r_1 - r_0)^2 \frac{1}{\sigma^2}}{2 r_0}} \qquad (4.39)$$

$$C_2 = \int_0^{\beta_2} \exp \left\{ \int_0^z g_2(y) \mathrm{d}y \right\} \mathrm{d}z + \frac{2(\eta a - \theta a - r_0 \beta_2)}{\frac{a^2 \eta^2}{b^2} + \frac{(r_1 - r_0)^2}{\sigma^2} + 2 r_0} \qquad (4.40)$$

另外,当 $\beta_1 > 0$,这里有两种可能性: $0 < \beta_1 < \beta_2 < \frac{(\eta - \theta)a}{r_0}$ 和 $0 < \beta_2 < \beta_1 < \frac{(\eta - \theta)a}{r_0}$。若 $0 < \beta_1 < \beta_2 < \frac{(\eta - \theta)a}{r_0}$,根据式(4.34)和式(4.35),可得当 $0 < x < \beta_1$ 时,有 $q^0(x) < 0$, $l^0(x) > 1$,可得式(4.31)。求解式(4.31),在区间 $(0, \beta_1)$ 上可得

$$\psi(x) = 1 - C_4 \int_0^x \left[\exp\left(\int_0^z g_4(y) \mathrm{d}y \right) \right] \mathrm{d}z \qquad (4.41)$$

$$g_4(y) = \frac{2(r_1 y + \theta a)}{b^2 + \sigma^2 y^2} \qquad (4.42)$$

常数 C_4 随后将被确定,最优决策函数为

$$(q^*(x), l^*(x)) = \left(1 + \frac{\eta a}{b^2 g_4(x)}, \frac{(r_1 - r_0)}{x \sigma^2 + g_4(x)} \right) \qquad (4.43)$$

当 $\beta_1 < x < \beta_2$，则 $0 < q^0(x) < 1$，$l^0(x) > 1$，可得式(4.29)，最小破产概率如式(4.36)，这里常数 C_2 随后将被确定，最小决策如式(4.38)。当 $\beta_2 < x < \dfrac{(\eta-\theta)a}{r_0}$ 时，$0 < q^0(x) < 1$，$0 < l^0(x) < 1$，可得式(4.28)，最小破产概率如式(4.33)，根据函数 $\psi(x)$ 在 $x = \beta_2$ 处连续，得 C_1 如式(4.39)，C_2 如式(4.40)。

当 $0 < x < \beta_1$ 时，根据函数 $\psi(x)$ 在 $x = \beta_1$ 处连续，下面确定式(4.41)中的常数 C_4，得

$$C_4 = \dfrac{C_2 \int_0^{\beta_1} \exp\left\{\int_0^z g_2(y)\,\mathrm{d}y\right\}\mathrm{d}z}{\int_0^{\beta_1} \exp\left(\int_0^z g_4(y)\,\mathrm{d}y\right)\mathrm{d}z} \tag{4.44}$$

这里常数 C_2 如式(4.20)，且最小决策函数为

$$(q^*(x), l^*(x)) = \left(1 + \dfrac{\eta a}{b^2 g_3(x)},\ \dfrac{(r_1 - r_0)}{x\sigma^2 + g_3(x)}\right) \tag{4.45}$$

当 $0 < \beta_2 < \beta_1 < \dfrac{(\eta-\theta)a}{r_0}$ 时，得 $0 < x < \beta_2$，此时 $q^0(x) < 0$，$l^0(x) > 1$，可得式(4.31)。当 $\beta_2 < x < \beta_1$ 时，此时 $q^0(x) < 0$，$0 < l^0(x) < 1$，可得式(4.30)。求解式(4.30)，在区间 (β_1, β_2) 可得

$$\psi(x) = 1 - C_3 \int_0^x \left[\exp\left(\int_0^z g_3(y)\,\mathrm{d}y\right)\right]\mathrm{d}z \tag{4.46}$$

这里，

$$g_3(y) = \dfrac{(r_0 y + \theta a) + \sqrt{(r_0 y + \theta a)^2 + (r_1 - r_0)^2 b^2 \dfrac{1}{\sigma^2}}}{b^2} \tag{4.47}$$

当 $\beta_1 < x < \dfrac{(\eta-\theta)a}{r_0}$ 时，此时为引理4.1的情形，破产概率如式(4.32)，这里常数 C_1 将随后被确定，最优决策如式(4.33)，根据函数 $\psi(x)$ 在 $x = \beta_1$ 处连续，可确定式(4.32)中的常数 C_1 和式(4.40)中 C_2，得

$$C_1 = \dfrac{2 C_3 a(\eta - \theta) \exp\int_0^{\beta_1} g_3(y)\,\mathrm{d}y}{\dfrac{a^2 \eta^2}{b^2} + \dfrac{(r_1 - r_0)^2}{\sigma^2} + 2 r_0} \times \left(1 - \dfrac{r_0 \beta_1}{(\eta - \theta)a}\right)^{\dfrac{a^2 \eta^2 \dfrac{1}{b^2} + (r_1 - r_0)^2 \dfrac{1}{\sigma^2}}{2 r_0}} \tag{4.48}$$

$$C_2 = \int_0^{\beta_1} \exp\left\{\int_0^z g_2(y)\,\mathrm{d}y\right\}\mathrm{d}z + \frac{2(\eta a - \theta a - r_0 \beta_1)}{\dfrac{a^2\eta^2}{b^2} + \dfrac{(r_1-r_0)^2}{\sigma^2} + 2r_0} \tag{4.49}$$

根据函数 $\psi(x)$ 在 $x=\beta_2$ 处连续，可确定式(4.21)中的常数 C_4，得

$$C_4 = \frac{C_3 \int_0^{\beta_1} \exp\left\{\int_0^z g_3(y)\,\mathrm{d}y\right\}\mathrm{d}z}{\int_0^{\beta_1} \exp\left\{\int_0^z g_4(y)\,\mathrm{d}y\right\}\mathrm{d}z} \tag{4.50}$$

4.5.3 主要结果

总结上述讨论结果可得如下定理：

定理 4.3 对于边界条件为式(4.23)的方程(4.22)的问题，存在连续可导的函数 $\psi(x)$ 及其相应的最优再保险及投资决策 $(q^*(x), l^*(x))$ 如下：

(i) 当 $x \geq \dfrac{(\eta-\theta)a}{r_0}$ 时，有 $\psi(x)=0$；

(ii) 当 $0<x<\dfrac{(\eta-\theta)a}{r_0}$ 时，β_1 如式(4.34)，β_2 如式(4.35)；若 $\beta_1<0$，则当 $0<x<\beta_2$ 时，有 $\psi(x)$ 如式(4.36)，且 $g_2(y)$ 如式(4.37) 和 C_2 如式(4.40)，$(q^*(x), l^*(x))$ 如式(4.38)；当 $\beta_2<x<\dfrac{(\eta-\theta)a}{r_0}$ 时，有 $\psi(x)$ 如式(4.32)，C_1 如式(4.39)，$(q^*(x), l^*(x))$ 如式(4.33)；

(iii) 当 $0<x<\dfrac{(\eta-\theta)a}{r_0}$ 时，β_1 如式(4.34)，β_2 如式(4.35)；若 $\beta_1<0$，$\beta_1<\beta_2$，则当 $0<x<\beta_1$ 时，有 $\psi(x)$ 如式(4.41)，且 $g_4(y)$ 如式(4.42)，C_4 如式(4.44)，$(q^*(x), l^*(x))$ 如式(4.43)；当 $\beta_1<x<\beta_2$ 时，有 $\psi(x)$ 如式(4.36)，且 $g_2(y)$ 如式(4.37)，C_2 如式(4.40)，$(q^*(x), l^*(x))$ 如式(4.38)；当 $\beta_2<x<\dfrac{(\eta-\theta)a}{r_0}$ 时，有 $\psi(x)$ 如式(4.32)，C_1 如式(4.39)，$(q^*(x), l^*(x))$ 如式(4.33)；

(iv) 当 $0<x<\dfrac{(\eta-\theta)a}{r_0}$ 时，β_1 如式(4.34)，β_2 如式(4.35)；若 $\beta_1>0$，$\beta_2<\beta_1$，则当 $0<x<\beta_2$ 时，有 $\psi(x)$ 如式(4.41)，且 $g_4(y)$ 如式(4.42)，C_4 如式(4.50)，$(q^*(x), l^*(x))$ 如式(4.43)；当 $\beta_2<x<\beta_1$ 时，有 $\psi(x)$ 如式(4.46)，

且 $g_3(y)$ 如式(4.47)，C_3 如式(4.49)，$(q^*(x), l^*(x))$ 如式(4.45)；当 $\beta_1 < x < \dfrac{(\eta-\theta)a}{r_0}$ 时，有 $\psi(x)$ 如式(4.32)，C_1 如式(4.48)，$(q^*(x), l^*(x))$ 如式(4.33)。

4.6 相关布朗运动下的最小破产概率模型

本部分我们将上述互相独立的布朗运动扩展到相关布朗运动中，介绍在相关布朗运动下的最优再保险问题。

4.6.1 模型

与前面讨论的问题不同在于，这里我们假设布朗运动 $W^0(t)$ 和 $W^1(t)$ 为两个相关的标准布朗运动，ρ 为相关布朗运动的相关系数。

策略 α 仍然用随机过程 $(q(t), l(t))$ 来刻画，这里 $q(t)$ 表示 t 时刻的再保险比例，$l(t)$ 表示 t 时刻投资到风险市场的投资比例。设 $X(t)$ 表示经过策略 α 之后资本 $X(t)$ 的如下运行过程：

$$\begin{aligned} dX(t) &= [r_0(1-l(t))X(t) + (\theta - \eta q(t))a]dt + b(1-q(t))dW^0(t) \\ &\quad + r_1 l(t) X(t) dt + \sigma l(t) X(t) dW^1(t) \\ &= [r_0 X(t) + (\theta - \eta q(t))a]dt + b(1-q(t))dW^0(t) + (r_1 - r_0) l(t) X(t) dt \\ &\quad + \sigma l(t) X(t) dW^1(t) \end{aligned} \quad (4.51)$$

策略 α 被认为是可行的，若对于任意的时刻 t 均有 $0 \leqslant q(t) \leqslant 0$，$0 \leqslant l(t) \leqslant 0$，定义 α_s 表示所有可行的策略。

4.6.2 相关布朗运动下的最小破产概率

根据前面的讨论，在相关布朗运动的前提下，破产概率函数 $\psi(x)$ 则满足下列哈密尔顿-雅克比-贝尔曼方程：

$$\min_{0 \leqslant q \leqslant 0,\ 0 \leqslant l \leqslant 1} \left\{ (r_0 x + (\theta - \eta q)a) + (r_1 - r_0) lx) \psi'(x) + \frac{1}{2}[(1-q)^2 b^2 + \sigma^2 l^2 x^2 + 2\rho b(1-q)\sigma lx] \psi''(x) \right\} = 0 \quad (4.52)$$

边界函数为

$$\psi(0) = 1,\ \psi(\infty) = 0 \quad (4.53)$$

4.6 相关布朗运动下的最小破产概率模型

下面求解带有边界条件(4.53)的方程(4.52)的解及其相应的值函数。

首先给出下面定理,该定理在求解式(4.52)和式(4.53)中起着重要的作用。

定理 4.4 设 $\psi(x)$ 如式(4.21),则

$$\psi(x) = 0, \quad x \geq \frac{(\eta - \theta)a}{r_0} \tag{4.54}$$

相应的最优决策 α^*

$$(q^*, l^*) = (1, 0) \tag{4.55}$$

证明:根据最初剩余 $x \geq \frac{(\eta - \theta)a}{r_0}$,根据式(4.51)可得当 $q^*(t) = 1$,$l^*(t) = 0$ 时,破产永不发生,即 $\psi(x) = 0$。

根据定理 4.4,可以将函数排除 $\psi(x)$,使得 $\psi(x) = 0$,$x \in \left[\frac{(\eta - \theta)a}{r_0}, \infty\right)$。

设存在 ψ 满足在区间 $\left[0, \frac{(\eta - \theta)a}{r_0}\right]$ 上有 $\psi'(x) < 0$ 和 $\psi''(x) > 0$,且有 $\psi(x) = 0$,$x \in \left[\frac{(\eta - \theta)a}{r_0}, \infty\right)$ 和 $\psi(0) = 1$。式(4.52)分别对变量 q 和 l 求导,令导数等于0,可得

$$q^0(x) = 1 + \frac{\eta a\sigma - (r_1 - r_0)\rho b}{\sigma b^2(1 - \rho^2)} \frac{\psi'(x)}{\psi''(x)} \tag{4.56}$$

$$l^0(x) = \frac{\rho\eta a\sigma - b(r_1 - r_0)}{bx\sigma^2(1 - \rho^2)} \frac{\psi'(x)}{\psi''(x)} \tag{4.57}$$

注意,当 $\eta a\sigma < b\rho(r_1 - r_0)$ 时,有 $q^0(x) < 1$ 和 $l^0(x) > 0$。若 $q^0(x) \geq 0$,则 $q^*(x)$ 与 $q^0(x)$ 一致,当 $l^0(x) \leq 1$ 时,则 $l^*(x)$ 与 $l^0(x)$ 形式一致;当 $q^0(x) < 0$ 时,令 $q^*(x) = 0$,同理,当 $0 < l^0(x) < 1$ 时,令 $l^*(x)$ 与一致 $l^0(x)$,当 $l^0(x) > 1$ 时,令 $l^*(x) = 1$。注意,当 $\eta a\sigma > b\rho(r_1 - r_0)$ 时,$q^0(x) > 1$,此情形下,令 $q^*(x) = 1$,同理,当 $1 < l^0(x) < 1$ 时,令 $l^*(x)$ 与 $l^0(x)$ 形式一致;当 $l^0(x) < 0$ 时,令 $l^*(x)$ 为 0;当 $l^0(x) > 1$ 时,令 $l^*(x) = 1$。

上述讨论过程可以总结为下面6个引理,这6个引理在求解方程(4.52)的过程中将被用到。

引理 4.8 设 $\mathfrak{A}_1 = \{0 < x < \frac{(\eta - \theta)a}{r_0}: 0 < q^0(x) < 1, 0 < l^0(x) < 1\}$,设 ψ

为

$$\begin{cases}(r_0 x + \theta a - \eta a)\psi'(x) - \left[\eta a \dfrac{\eta a \sigma - (r_1 - r_0)\rho b}{\sigma b^2(1-\rho^2)} - (r_1 - r_0)\dfrac{\rho \eta a \sigma - (r_1 - r_0)b}{\sigma^2 b(1-\rho^2)}\right. \\ \qquad - \dfrac{1}{2}\dfrac{(\eta a \sigma - (r_1-r_0)\rho b)^2}{\sigma^2 b^2(1-\rho^2)^2} - \dfrac{(\eta a \sigma - (r_1-r_0)\rho b)^2}{\sigma^2 b^2(1-\rho^2)^2} \\ \qquad \left. - 2\rho \dfrac{(\eta a \sigma - (r_1-r_0)\rho b)(\rho \eta a \sigma - (r_1-r_0)b)}{\sigma^2 b^2(1-\rho^2)^2}\right]\dfrac{\psi'^2(x)}{\psi''(x)} = 0, \quad 0 < x < \dfrac{(\eta-\theta)a}{r_0} \\ \psi(x) = 0, \quad x > \dfrac{(\eta-\theta)a}{r_0} \\ \psi(0) = 1\end{cases}$$
(4.58)

的解。若 $\psi(x)$ 为区间 $\left[0, \dfrac{(\eta-\theta)a}{r_0}\right]$ 上的单调递减的凸函数，则在集合 $\mathfrak{A}_1$ 上，ψ 满足带有边界条件(4.53)的式(4.52)。

证明：显然，在集合 $\mathfrak{A}_1$ 上，式(4.52)关于变量 q 和 l 的最小值在 $q^0(x)$ 如式(4.56)和 $l^0(x) = 1$ 如式(4.56)处取得，将它们代入式(4.52)可得式(4.58)的左部。

引理 4.9 设 $\mathfrak{A}_2 = \{0 < x < \dfrac{(\eta-\theta)a}{r_0}: 0 < q^0(x) < 1, l^0(x) > 1\}$，$\psi$ 为

$$\begin{cases}\left(r_1 x + \theta a - \eta a + 2\dfrac{(\rho[\eta a \sigma - (r_1-r_0)\rho b])x}{b(1-\rho^2)}\right)\psi'(x) \\ \quad - \left[\eta a \dfrac{\eta a \sigma - (r_1-r_0)\rho b}{\sigma b^2(1-\rho^2)} - \dfrac{1}{2}\dfrac{(\eta a \sigma - (r_1-r_0)\rho b)^2}{\sigma^2 b^2(1-\rho^2)^2}\right]\dfrac{\psi'^2(x)}{\psi''(x)} \\ \quad + \dfrac{1}{2}\sigma^2 x^2 \psi''(x) = 0, \quad 0 < x < \dfrac{(\eta-\theta)a}{r_0} \\ \psi(x) = 0, \quad x > \dfrac{(\eta-\theta)a}{r_0} \\ \psi(0) = 1\end{cases}$$
(4.59)

的解。若 $\psi(x)$ 为区间 $\left[0, \dfrac{(\eta-\theta)a}{r_0}\right]$ 上的单调递减的凸函数，则在集合 $\mathfrak{A}_1$ 上，ψ 满足带有边界条件(4.53)的式(4.52)。

证明：显然，在集合 $\mathfrak{A}_2$ 上，式(4.52)关于变量 q 和 l 的最小值在 $q^0(x)$ 如式(4.56)和 $l^0(x) = 1$ 处取得。将它们代入式(4.52)可得式(4.59)的左部。

引理 4.10 设 $\mathfrak{A}_3 = \left\{0 < x < \dfrac{(\eta-\theta)a}{r_0}: q^0(x) < 0, 0 < l^0(x) < 1\right\}$，$\psi$ 为

$$\begin{cases} \left(r_0 x + \theta a - \eta a + 2\rho \dfrac{([\rho\eta a\sigma - (r_1 - r_0)b])x}{b\sigma(1 - \rho^2)}\right)\psi'(x) \\ + \left[(r_1 - r_0)\dfrac{\rho\eta a\sigma - (r_1 - r_0)b}{\sigma^2 b(1 - \rho^2)}\right. \\ \left. + \dfrac{1}{2}\dfrac{(\rho\eta a\sigma - (r_1 - r_0)b)^2}{\sigma^2 b^2 (1 - \rho^2)^2}\right]\dfrac{\psi'^2(x)}{\psi''(x)}\dfrac{1}{2}b^2\psi''(x) = 0,\ 0 < x < \dfrac{(\eta - \theta)a}{r_0} \\ \psi(x) = 0,\ x > \dfrac{(\eta - \theta)a}{r_0} \\ \psi(0) = 1 \end{cases} \quad (4.60)$$

的解。若 $\psi(x)$ 为区间 $\left[0, \dfrac{(\eta - \theta)a}{r_0}\right]$ 上的单调递减的凸函数，则在集合 $\mathfrak{A}_3$ 上，ψ 满足带有边界条件(4.53)的式(4.52)。

引理 4.11 设 $\mathfrak{A}_4 = \{0 < x < \dfrac{(\eta - \theta)a}{r_0}:\ q^0(x) < 0,\ l^0(x) > 1\}$，$\psi$ 为

$$\begin{cases} (r_1 x + \theta a)\psi'(x) + \dfrac{1}{2}[b^2 + \sigma^2 x^2 + 2\rho b\sigma x]\psi''(x) = 0,\ 0 < x < \dfrac{(\eta - \theta)a}{r_0} \\ \psi(x) = 0,\ x > \dfrac{(\eta - \theta)a}{r_0} \\ \psi(0) = 1 \end{cases}$$

(4.61)

的解，若 $\psi(x)$ 为区间 $\left[0, \dfrac{(\eta - \theta)a}{r_0}\right]$ 上的单调递减的凸函数，则在集合 $\mathfrak{A}_4$ 上，ψ 满足带有边界条件(4.53)的式(4.52)。

引理 4.12 设 $\mathfrak{A}_5 = \{0 < x < \dfrac{(\eta - \theta)a}{r_0}:\ q^0(x) > 1,\ 0 < l^0(x) < 1\}$，$\psi$ 为

$$\begin{cases} (r_0 x + \theta a - \eta a)\psi'(x) + \left[(r_1 - r_0)\dfrac{\rho\eta a\sigma - (r_1 - r_0)b}{\sigma^2 b(1 - \rho^2)}\right. \\ \left. + \dfrac{1}{2}\dfrac{(\rho\eta a\sigma - (r_1 - r_0)b)^2}{\sigma^2 b^2 (1 - \rho^2)^2}\right]\dfrac{\psi'^2(x)}{\psi''(x)} = 0,\ 0 < x < \dfrac{(\eta - \theta)a}{r_0} \\ \psi(x) = 0,\ x > \dfrac{(\eta - \theta)a}{r_0} \\ \psi(0) = 1 \end{cases} \quad (4.62)$$

的解。若 $\psi(x)$ 为区间 $\left[0, \dfrac{(\eta - \theta)a}{r_0}\right]$ 上的单调递减的凸函数，则在集合 $\mathfrak{A}_5$ 上，ψ 满足带有边界条件(4.53)的式(4.52)。

引理4.13 设 $\mathfrak{A}_6 = \{0 < x < \dfrac{(\eta-\theta)a}{r_0} : q^0(x) > 1, \ l^0(x) > 1\}$，$\psi$ 为

$$\begin{cases} (r_1 x + \theta a - \eta a)\psi'(x) + \dfrac{1}{2}\sigma^2 x^2 \psi''(x) = 0, \ 0 < x < \dfrac{(\eta-\theta)a}{r_0} \\ \psi(x) = 0, \ x > \dfrac{(\eta-\theta)a}{r_0} \\ \psi(0) = 1 \end{cases} \quad (4.63)$$

的解。若 $\psi(x)$ 为区间 $\left[0, \dfrac{(\eta-\theta)a}{r_0}\right]$ 上的单调递减的凸函数，则在集合 $\mathfrak{A}_6$ 上，ψ 满足带有边界条件(4.53)的式(4.52)。

引理4.14 设 $\mathfrak{A}_7 = \{0 < x < \dfrac{(\eta-\theta)a}{r_0} : q^0(x) > 1, \ l^0(x) < 0\}$，$\psi$ 为

$$\begin{cases} (r_0 x + \theta a - \eta a)\psi'(x), \ 0 < x < \dfrac{(\eta-\theta)a}{r_0} \\ \psi(x) = 0, \ x > \dfrac{(\eta-\theta)a}{r_0} \\ \psi(0) = 1 \end{cases} \quad (4.64)$$

的解。若 $\psi(x)$ 为区间 $\left[0, \dfrac{(\eta-\theta)a}{r_0}\right]$ 上的单调递减的凸函数，则在集合 $\mathfrak{A}_7$ 上，ψ 满足带有边界条件(4.53)的式(4.52)。

由于引理4.10～引理4.14的证明过程和引理4.8～引理4.9的证明过程类似，这里不再给出其证明过程。

下面根据上述4个引理求解带有边界条件(4.53)的式(4.52)的解。

设 $(q^*(x), l^*(x))$ 为式(4.52)左端取得最小值的决策。对于 $(q^*(x), l^*(x))$，这里有4种可能，即 $(0 < q^*(x) < 1, 0 < l^*(x) < 1)$，$(0 < q^*(x) < 1, l^*(x) = 1)$，$(q^*(x) = 0, 0 < l^*(x) < 1)$，$(q^*(x) = 0, l^*(x) = 1)$。下面在 $q^0(x)$ 和 $l^0(x)$ 上述4种情况下，分别在集合 $\mathfrak{A}_1$，$\mathfrak{A}_2$，$\mathfrak{A}_3$，$\mathfrak{A}_4$，$\mathfrak{A}_5$，$\mathfrak{A}_6$ 和 $\mathfrak{A}_7$ 上求 $\psi(x)$ 的最小值。当 $0 < q^*(x) < 1, 0 < l^*(x) < 1$ 时为引理4.8的情形，与 Browne(1995) 中的方程(79)的求解方法类似，求解方程(4.58)，得

$$\psi(x) = C_1 \left(1 - \dfrac{r_0 x}{(\eta-\theta)a}\right)^{A+1}, \ 0 < x < \dfrac{(\eta-\theta)a}{r_0} \quad (4.65)$$

$$A = \dfrac{1}{r_0}\left[\eta a \dfrac{\eta a \sigma - (r_1 - r_0)\rho b}{\sigma b^2 (1-\rho^2)} - (r_1 - r_0)\dfrac{\rho \eta a \sigma - (r_1 - r_0)b}{\sigma^2 b(1-\rho^2)}\right.$$
$$\left. - \dfrac{1}{2}\dfrac{(\eta a \sigma - (r_1 - r_0)\rho b)^2}{\sigma^2 b^2 (1-\rho^2)^2} - \dfrac{(\eta \rho a \sigma - (r_1 - r_0)b)^2}{\sigma^2 b^2 (1-\rho^2)^2}\right.$$

$$-2\rho\frac{(\eta a\sigma-(r_1-r_0)\rho b)(\rho\eta a\sigma-(r_1-r_0)b)}{\sigma^2 b^2(1-\rho^2)^2}\Bigg] \tag{4.66}$$

且当 $x > \dfrac{(\eta-\theta)a}{r_0}$ 时，$\psi(x)=0$，这里 C_1 将被随后确定，相应的 $q^0(x)$，$l^0(x)$ 分别为

$$q^*(x) = 1 - \frac{\eta a\sigma - (r_1-r_0)\rho b}{A\sigma b^2(1-\rho^2)}(\eta a - \theta a - r_0 x) \tag{4.67}$$

$$l^*(x) = \frac{b(r_1-r_0) - \rho\eta a\sigma}{A r_0 bx \sigma^2(1-\rho^2)}(\eta a - \theta a - r_0 x) \tag{4.68}$$

为了使得 ψ 满足带有边界条件(4.53)的式(4.52)，引理4.8要求式(4.56)的 $q^0(x)$ 落在区间$(0,1)$，即

$$x > \beta_1 = \frac{(\eta-\theta)a}{r_0} - \frac{A\sigma b^2(1-\rho^2)}{r_0[\rho a\sigma - b\rho(r_1-r_0)]} \tag{4.69}$$

要求式(4.57)的 $l^0(x)$ 落在区间$(0,1)$，即

$$x > \beta_2 = \frac{(\eta-\theta)a}{r_0} - \frac{(\eta-\theta)aA\sigma b^2(1-\rho^2)}{r_0[b(r_1-r_0) - \rho\eta a\sigma + A\sigma b^2(1-\rho^2)]} \tag{4.70}$$

显然，β_1，$\beta_2 < \dfrac{(\eta-\theta)a}{r_0}$。且 $\beta_2 > 0$。当 $\beta_1 < 0$ 时，有 $\beta_1 < 0 < \beta_2 < \dfrac{(\eta-\theta)a}{r_0}$。可得当 $0 < x < \beta_2$ 时，有 $0 < q^0(x) < 1$，$l^0(x) > 1$，此时为引理4.9的情形，方程(4.59)的相应解为

$$\psi(x) = 1 - C_2\int_0^x\left[\exp\left(\int_0^z g_2(y)\mathrm{d}y\right)\right]\mathrm{d}z \tag{4.71}$$

这里，

$$g_2(y) = \frac{1}{\sigma^2 y^2}\Bigg(r_1 x + \theta a - \eta a + 2\frac{\rho[\eta a\sigma-(r_1-r_0)\rho b]x}{b(1-\rho^2)} +$$

$$\sqrt{\left(r_1 x + \theta a - \eta a + \frac{\rho[\eta a\sigma-(r_1-r_0)\rho b]x}{b(1-\rho^2)}\right)^2 + 2\eta a\frac{\eta a\sigma-(r_1-r_0)\rho b}{\sigma b^2(1-\rho^2)}\frac{(\eta a\sigma-(r_1-r_0)b\rho)^2}{\sigma^2 b^2(1-\rho^2)^2}y^2}\Bigg)$$

$$\tag{4.72}$$

常数 C_2 将随后被确定，相应的最优决策为

$$q^*(x) = 1 + \frac{\eta a\sigma - (r_1-r_0)\rho b}{\sigma b^2(1-\rho^2)g_2(x)} \tag{4.73}$$

$$l^*(x) = \frac{\rho\eta a\sigma - b(r_1-r_0)}{bx\sigma^2(1-\rho^2)g_2(x)} \tag{4.74}$$

当$\beta_2 < x < \dfrac{(\eta-\theta)a}{r_0}$时,有$0 < q^0(x) < 1$,$0 < l^0(x) < 1$,此时为引理4.8的情形,相应的破产概率如式(4.65),常数C_1随后被确定,相应的最小决策如式(4.67)和(4.68)。

根据$\psi(x)$在$x = \beta_2$处连续,可确定式(4.65)中的常数C_1和式(4.71)中的常数得

$$C_1 = \left(1 - C_2 \int_0^{\beta_2} \exp\left\{\int_0^z g_2(y)\,dy\right\}dz\right) \times \left(1 - \dfrac{r_0 \beta_2}{(\eta-\theta)a}\right)^{-A-1} \quad (4.75)$$

$$C_2 = \dfrac{r_0(A+1)}{(\eta a - \theta a - r_0 \beta_2)\exp\left(\int_0^z g_2(y)\,dy\right) + r_0(A+1)\int_0^{\beta_2}\exp\left\{\int_0^z g_2(y)\,dy\right\}dz} \quad (4.76)$$

另外,当$\beta_1 > 0$时,有两种情形:$0 < \beta_1 < \beta_2 < \dfrac{(\eta-\theta)a}{r_0}$ 和 $0 < \beta_2 < \beta_1 < \dfrac{(\eta-\theta)a}{r_0}$。首先,当$0 < \beta_1 < \beta_2 < \dfrac{(\eta-\theta)a}{r_0}$时,根据式(4.69)和式(4.70),得当$0 < x < \beta_1$时,有$q^0(x) < 0$,$l^0(x) > 1$,得式(4.61)。求解方程(4.61),在区间$(0, \beta_1)$上可得解为

$$\psi(x) = 1 - C_4 \int_0^x \left[\exp\left(\int_0^z g_4(y)\,dy\right)\right]dz \quad (4.77)$$

$$g_4(y) = \dfrac{2(r_1 y + \theta a)}{b^2 + \sigma^2 y^2 + 2\rho b \sigma y} \quad (4.78)$$

常数C_4随后被确定,相应的最优决策为

$$q^*(x) = 1 + \dfrac{\eta a \sigma - (r_1 - r_0)\rho b}{\sigma b^2(1-\rho^2)g_4(x)} \quad (4.79)$$

$$l^*(x) = \dfrac{\rho \eta a \sigma - b(r_1 - r_0)}{bx\sigma^2(1-\rho^2)g_4(x)} \quad (4.80)$$

当$\beta_1 < x < \beta_2$时,有$0 < q^0(x) < 1$,$l^0(x) > 1$,可得方程(4.59),破产概率如式(4.71),这里常数C_2随后将被确定。相应的最优决策如式(4.73)和(4.74)。

当$\beta_2 < x < \dfrac{(\eta-\theta)a}{r_0}$时,有$0 < q^0(x) < 1$,$0 < l^0(x) < 1$,可得方程(4.58),相应的破产概率如式(4.65),常数C_1随后将被确定。

根据$\psi(x)$在$x = \beta_2$处连续,可确定式(4.65)中的常数C_1和式(4.71)中的常数C_2得:

常数C_1如式(4.75),常数C_2如式(4.76)。当$0 < x < \beta_1$时,根据$\psi(x)$在$x =$

β_1 处连续，可确定式(4.71)中的常数 C_4 得

$$C_4 = \frac{C_2 \int_0^{\beta_1} \exp\left\{\int_0^z g_2(y)\,\mathrm{d}y\right\}\mathrm{d}z}{\int_0^{\beta_1} \exp\left\{\int_0^z g_4(y)\,\mathrm{d}y\right\}\mathrm{d}z} \tag{4.81}$$

这里常数 C_2 如式(4.76)，最优决策为

$$q^*(x) = 1 + \frac{\eta a\sigma - (r_1 - r_0)\rho b}{\sigma b^2(1-\rho^2)g_3(x)} \tag{4.82}$$

$$l^*(x) = \frac{\rho\eta a\sigma - b(r_1 - r_0)}{bx\sigma^2(1-\rho^2)g_3(x)} \tag{4.83}$$

此外，当 $0 < \beta_2 < \beta_1 < \dfrac{(\eta-\theta)a}{r_0}$ 时，可知，当 $0 < x < \beta_2$ 时，此时为 $q^0(x) < 1$，$l^0(x) > 1$ 的情形，得式(4.61)。当 $\beta_2 < x < \beta_1$ 时，此时为 $q^0(x) < 0$，$0 < l^0(x) < 1$ 的情形，得式(4.60)。求解式(4.60)，在区间 (β_1, β_2) 上，可得

$$\psi(x) = 1 - C_3 \int_0^x \left[\exp\left(\int_0^z g_3(y)\,\mathrm{d}y\right)\right]\mathrm{d}z \tag{4.84}$$

这里，

$$g_3(y) = \frac{B+C}{b^2}$$

$$B = r_0 x + \theta a + 2\rho\frac{[\eta a\sigma\rho - (r_1-r_0)b]x}{b\sigma(1-\rho^2)} \tag{4.85}$$

$$C = \sqrt{B^2 + \left[(r_1 - r_0)\frac{\rho\eta a\sigma - (r_1-r_0)b}{\sigma^2 b(1-\rho^2)}\frac{(\rho\eta a\sigma - (r_1-r_0)b)^2}{\rho^2(1-\rho^2)^2}\right]}$$

当 $\beta_1 < x < \dfrac{(\eta-\theta)a}{r_0}$ 时，此时为引理4.8的情形，相应的破产概率如式(4.65)。这里常数 C_1 随后被确定，最优决策如式(4.67)和式(4.68)。根据 $\psi(x)$ 在 $x = \beta_1$ 处连续，可确定式(4.65)中的常数 C_1 和式(4.84)中的常数 C_3，得

$$C_1 = \left[1 - C_3\int_0^{\beta_1}\exp\left\{\int_0^z g_3(y)\,\mathrm{d}y\right\}\mathrm{d}z\right] \times \left(1 - \frac{r_0\beta_1}{(\eta-\theta)a}\right)^{-A-1} \tag{4.86}$$

$$C_3 = \frac{r_0(A+1)}{(\eta a - \theta a - r_0\beta_1)\exp\left(\int_0^z g_3(y)\,\mathrm{d}y\right) + r_0(A+1)\int_0^{\beta_1}\exp\left\{\int_0^z g_3(y)\,\mathrm{d}y\right\}\mathrm{d}z} \tag{4.87}$$

根据 $\psi(x)$ 在 $x = \beta_2$ 处连续，可确定式(4.77)中的常数 C_4，得

$$C_4 = \frac{C_3 \int_0^{\beta_1} \exp\left\{\int_0^z g_3(y)\,dy\right\} dz}{\int_0^{\beta_1} \exp\left\{\int_0^z g_4(y)\,dy\right\} dz} \tag{4.88}$$

当 $(q^*(x) > 1,\ 0 < l^*(x) < 1)$，此时为引理 4.12 的情形，相应的方程 (4.62) 的解为

$$\psi(x) = C_5 \left(1 - \frac{r_0 x}{(\eta - \theta)a}\right)^{D+1},\quad 0 < x < \frac{(\eta - \theta)a}{r_0} \tag{4.89}$$

$$D = -\frac{1}{r_0}\left[(r_1 - r_0)\frac{\rho\eta a\sigma - (r_1 - r_0)b}{\sigma^2 b(1-\rho^2)} + \frac{1}{2}\frac{(\rho\eta a\sigma - (r_1 - r_0)b)^2}{\sigma^2 b^2 (1-\rho^2)^2}\right] \tag{4.90}$$

且当 $x > \dfrac{(\eta-\theta)a}{r_0}$ 时，有 $\psi(x) = 0$，这里常数 C_5 将随后被确定，相应的 $q^*(x)$，$l^*(x)$ 如下：

$$q^*(x) = 1 - \frac{\eta a\sigma - (r_1 - r_0)\rho b}{D\sigma b^2(1-\rho^2) r_0}(\eta a - \theta a - r_0 x) \tag{4.91}$$

$$l^*(x) = \frac{[b(r_1 - r_0) - \rho\eta a\sigma]}{D r_0 b x \sigma^2(1-\rho^2)}(\eta a - \theta a - r_0 x) \tag{4.92}$$

为了使得 ψ 满足带有边界条件 (4.53) 的式 (4.52)，引理 4.12 要求式 (4.91) 的 $q^0(x)$ 落在区间 $(0, 1)$ 上，即

$$x < \beta_3 = \frac{(\eta-\theta)a}{r_0} - \frac{D\sigma b^2(1-\rho^2)}{r_0[\rho a\sigma - b\rho(r_1 - r_0)]} \tag{4.93}$$

且式 (4.92) 中的 $l^0(x)$ 落在区间 $(0, 1)$ 上，这里，$b\rho(r_1 - r_0) > \eta a\sigma$，当然 $b(r_1 - r_0) > \rho\eta a\sigma$，即若 $2b(r_1 - r_0)(1-\rho^2) > b(r_1 - r_0) - \rho\eta a\sigma$，可得 $D > 0$，则 $l^*(x) > 0$，当

$$x > \beta_4 = \frac{(\eta-\theta)a}{r_0} - \frac{(\eta-\theta)aDb\sigma^2(1-\rho^2)}{r_0[b(r_1 - r_0) - \rho\eta a\sigma + Db\sigma^2(1-\rho^2)]} \tag{4.94}$$

$l^*(x) < 1$。显然，$\beta_3,\ \beta_4 < \dfrac{(\eta-\theta)a}{r_0}$ 且 $\beta_2 > 0$。若 $\beta_4 < x < \beta_3$，则 $q^0(x) > 1$，$0 < l^0(x) < 1$，此时为引理 4.10 的情形，相应的方程 (4.62) 的解为式 (4.89) 和式 (4.90)，最优决策为式 (4.91) 和式 (4.92)。

当 $\beta_4 < x < \beta_3$ 时，有 $q^0(x) > 1$，$0 < l^0(x) < 1$，此时为引理 4.12 的情形，当 $x < \beta_3$ 时，有 $q^0(x) > 1$，$l^0(x) > 1$，此时为引理 4.13 的情形，相应的方程 (4.63) 的解为

$$\psi(x) = 1 - C_6 \int_0^x \left[\exp\left(\int_0^z g_6(y)\,dy\right)\right] dz \tag{4.95}$$

这里

$$g_6(y) = \frac{2(r_1 y + \theta a - \eta a)}{\sigma^2 y^2} \quad (4.96)$$

这里常数C_6将随后被确定，相应的最小决策为

$$q^*(x) = 1 + \frac{\eta a \sigma - (r_1 - r_0)\rho b}{\sigma b^2 (1-\rho^2) g_6(x)} \quad (4.97)$$

$$l^*(x) = \frac{[\rho \eta a \sigma - b(r_1 - r_0)]}{bx \sigma^2 (1-\rho^2) g_6(x)} \quad (4.98)$$

当$b\rho(r_1 - r_0) > \eta a \sigma$时，可有$b(r_1 - r_0) > \rho \eta a \sigma$，同样地，当$2b(r_1-r_0)(1-\rho^2) < b(r_1-r_0) - \rho\eta a\sigma$，有$D < 0$，则$l^*(x) < 0$，此时为引理4.14的情形，方程(4.64)解为

$$\psi(x) = C_7 \quad (4.99)$$

最优决策为

$$q^*(x) = 1, \quad l^*(x) = 0 \quad (4.100)$$

根据$\psi(x)$在$x = \beta_4$处连续，可确定式(4.89)中的常数C_5和式(4.95)中的常数C_6得

$$C_5 = \left[1 - C_6 \int_0^{\beta_4} \exp\left\{\int_0^z g_6(y) \mathrm{d}y\right\} \mathrm{d}z\right] \times \left(1 - \frac{r_0 \beta_4}{(\eta-\theta)a}\right)^{-D-1} \quad (4.101)$$

$$C_6 = \frac{r_0(D+1)}{(\eta a - \theta a - r_0 \beta_1)\exp\left(\int_0^z g_6(y)\mathrm{d}y\right) + r_0(D+1)\int_0^{\beta_4}\exp\left\{\int_0^z g_6(y)\mathrm{d}y\right\}\mathrm{d}z} \quad (4.102)$$

4.6.3 主要结果

总结上述讨论结果可得如下定理：

定理4.5 对于边界条件为式(4.53)的方程(4.52)的问题，存在连续可导的函数$\psi(x)$及其相应的最优再保险及投资决策$(q^*(x), l^*(x))$如下：

(i) 当$x \geqslant \dfrac{(\eta-\theta)a}{r_0}$时，有$\psi(x) = 0$。

(ii) 当$0 < x < \dfrac{(\eta-\theta)a}{r_0}$时，$\beta_1$如式(4.69)，$\beta_2$如式(4.70)。若$\beta_1 < 0$，当$0 < x < \beta_2$时，则$\psi(x)$如式(4.71)，且$g_2(y)$如式(4.72)，$C_2$如式(4.76)，$(q^*(x), l^*(x))$如式(4.73)和式(4.74)；当$\beta_2 < x < \dfrac{(\eta-\theta)a}{r_0}$时，$\psi(x)$如式(4.65)，这里，$A$如式(4.66)，$C_1$如式(4.75)，$(q^*(x), l^*(x))$如式(4.73)

和(4.74)。

(iii) 当 $0 < x < \dfrac{(\eta - \theta)a}{r_0}$ 时，β_1 如式(4.69)，β_2 如式(4.70)；若$\beta_1 > 0$，且 $\beta_1 < \beta_2$，当 $0 < x < \beta_1$ 时，则 $\psi(x)$ 如式(4.77)且$g_4(y)$ 如式(4.78)，C_4 如式(4.81)，$(q^*(x), l^*(x))$ 如式(4.82)和式(4.83)；当$\beta_1 < x < \beta_2$ 时，$\psi(x)$ 如式(4.71)，且$g_2(y)$ 如式(4.72)，C_2 如式(4.76)，$(q^*(x), l^*(x))$ 如式(4.73)和式(4.74)；当$\beta_2 < x < \dfrac{(\eta - \theta)a}{r_0}$ 时，$\psi(x)$ 如式(4.65)；C_1 如式(4.75)，$(q^*(x), l^*(x))$ 如式(4.67)和式(4.68)。

(iv) 当 $0 < x < \dfrac{(\eta - \theta)a}{r_0}$ 时，β_1 如式(4.69)，β_2 如式(4.70)。若$\beta_1 > 0$ 且 $\beta_2 < \beta_1$，当 $0 < x < \beta_2$ 时，则 $\psi(x)$ 如式(4.77)且C_4 如式(4.78)，$(q^*(x), l^*(x))$ 如式(4.79)和式(4.80)；当$\beta_2 < x < \beta_1$ 时，$\psi(x)$ 如式(4.84)且$g_3(y)$ 如式(4.85)，C_3 如式(4.87)，$(q^*(x), l^*(x))$ 如式(4.82)和式(4.83)；当$\beta_1 < x < \dfrac{(\eta - \theta)a}{r_0}$ 时，$\psi(x)$ 如式(4.65)，A 如式(4.66)，C_1 如式(4.75)，$(q^*(x), l^*(x))$ 如式(4.67)和式(4.68)。

(v) 当 $0 < x < \dfrac{(\eta - \theta)a}{r_0}$ 时，β_3 如式(4.93)，β_4 如式(4.94)；若$b\rho(r_1 - r_0) > \eta a \sigma$，当 $2b(r_1 - r_0)(1 - \rho^2) > b(r_1 - r_0) - \rho\eta a\sigma$ 且$\beta_4 < x < \beta_3$ 时，则 $\psi(x)$ 如式(4.89)且D 如式(4.90)，C_5 如式(4.101)，$(q^*(x), l^*(x))$ 如式(4.91)和式(4.92)；当$x < \beta_4$ 时，$\psi(x)$ 如式(4.95)且$g_6(y)$ 如式(4.96)，C_6 如式(4.102)，$(q^*(x), l^*(x))$ 如式(4.97)和式(4.98)；当$2b(r_1 - r_0)(1 - \rho^2) < b(r_1 - r_0) - \rho\eta a\sigma$ 时，有 $\psi(x) = 0$，$(q^*(x) = 1, l^*(x)) = 0$。

4.7 本章小结

本章研究的主要内容及结果如下：

① 在经典风险模型的基础之上，将模型推广到更为一般的情况，其中单位时间内的保费收入不再是一个常数，而是一个随机过程，并推导出了该模型最终破产概率的一般表达式。

② 在资本服从布朗运动的前提下，引入再保险和投资问题，我们采取破产概率最小作为最优衡量标准，通过购买比例再保险来降低风险，基于上述假设利用漂移布朗运动和哈密尔顿-雅克比-贝尔曼理论讨论破产概率最小化的相关问题，通过对相应的哈密尔顿-雅克比-贝尔曼方程求解，给出了最优比例再保险的最优

决策。

③ 在资本服从布朗运动的前提下，引入再保险和投资问题，采取破产概率最小作为最优衡量标准，通过购买比例再保险来降低风险，为了使得分析更加符合实际，这里我们考虑风险市场和无风险市场，再进一步考虑投向风险市场和无风险市场的资金比例。基于上述假设利用漂移布朗运动和哈密尔顿 - 雅克比 - 贝尔曼理论讨论破产概率最小化的相关问题，通过对相应的哈密尔顿 - 雅克比 - 贝尔曼方程求解，给出了最优比例再保险及风险市场和无风险市场投资比例的最优决策。

进一步研究的重点：

① 考虑含有通胀与利率因素的破产模型，求解其破产概率的表达式。

② 引入随机过程中的鞅方法来研究风险理论。

③ 利用保险公司的数据对破产理论做实证研究。

第5章 再保险精算问题研究

5.1 引 言

再保险过程中涉及很多的最优化问题，原保险人向再保险人支付一定的保费，保险人和原保险人双方按照合同约定共同承担相应的风险，通过再保险，原保险人达到分散风险，获得更大利润，保证公司财务稳定，具有一定的支付能力的目的。

风险和效用是保险过程中面临的两个最重要的问题，每个保险公司都期望公司再保险达到风险最小和效用最大，这就需要对再保险涉及的相关问题进行深入的研究，包括采取再保险函数的形式，比例再保险函数的最优比例，停止损失再保险函数的最优自留额、保费的定价、险种的制定、剩余保费的投资，随着高额保单的频繁出现，再保险已成为保险业稳定发展的重要途径，再保险过程中的相关精算问题的研究已成为保险领域的热点问题。

本研究以布朗运动理论为依据建立了新的资本运行过程和保费索赔运行过程，建立了新的保险模型，引入效用策略和最小概率为最优衡量标准，得到了最优再保险的具体形式和投资策略。本章不但将市场细分为风险市场和无风险市场，而且根据不同的收益率和风险波动率将风险市场进行更进一步的细分，得到了各种不同类型下的最优解。将购买看跌风险引入到保险的研究中，为保险公司提供了更好的决策支持。

本章主要运用概率极限理论和动态规划理论研究最优保险函数、最优投资、最优定价问题及效用最大，破产概率最小等问题。通过对比已有文献，发现许多文献利用传统的保费计算原理公式，没有充分分析资本运行的实际情况，许多文献考虑单一的险种，且在投资收益问题上，没有将市场细分为风险市场和无风险市场，但在实际的应用中，资本的运行情况一般符合布朗运动过程，且市场分为风险市场和无风险市场，各风险市场的收益率和风险波动也不相同。保险公司有时还需要通过购买看跌风险来降低股票的风险，针对这一问题，我们利用布朗运动刻画各资本运营过程，将市场细分为风险市场和无风险市场，充分考虑了各风险市场的不同，利用动态规划理论中的哈密尔顿-雅克比-贝尔曼方程理论、概率极限理论、投资收益理论、效用理论、最小破产概率理论，对再保险过程中的相关精算问题进行了研究，建立了相应模型，推广和丰富了已有的成果。同时，还建立了再保险过程中大量的风险模型、效用模型、投资模型、期权定价，得出了一系列简单好用的结果，可以为保险公司提供决策支持，研究结果易于实时操作。本章研究的问题属于当前保险精算理论研究中一个热点领域，其成果将在理论创新和实际应用方面有很重要的意义。

主要内容有：

（1）风险理论

风险理论是保险的重要理论，风险最小经常作为衡量保险的最优标准。本书主要研究了方差风险，截尾方差风险，绝对值风险测量以及相应的风险模型，并在不同的风险模型下给出了保险决策和定价策略。

（2）效用理论

效用理论是各种经济行为的核心，只有透彻的研究效用理论，才能对可能产生的利益和损失做出反应，效用最大是衡量保险最优的另外一个常用的理论。本书主要研究了期望效用理论和指数效用理论，并以这两类效用理论为衡量条件，得出了相应的最优保险策略及其最优投资策略。

（3）投资收益问题

在保险风险的存在期间内，公司就面临着如何将这笔庞大的资金进行投资的问题。好的投资不仅可以增强公司的经济实力，而且还能降低运营风险。本书研究了如何将资金投入到风险市场和无风险市场中，并考虑了期望收益率和波动率不同的多重风险市场，讨论了如何进行再保险和如何进行投资以使得期末收益最大和破产概率最小。

本章采用理论分析与实际用例相结合的研究方法，理论上吸取国际相关学科的研究成果和研究思路，全面考虑保险过程中所用到的微分方程理论，风险理论、效用理论、投资收益理论、概率极限理论，着眼于保费的计算、最优再保险函数的选择、最优投资比例的确定，通过集成融合、取长补短，优势互补，从而得到了保险过程中在不同的最优衡量标准下的最优决策。通过调查大量资料，给出保险过程中所遇到的定价问题、投资问题、风险问题的最优决策，同时结合国内外对保险、保费、投资的研究方法，构造出新的保险模型和提出新的保险问题，并进行相应的分析。另外，将单个保险险种问题扩展到了多重险种中去，将仅考虑原保险人的利益扩展到考虑再保险人的利益，进而考虑双方的利益，通过大量的实例验证了其可行性，打下了良好的应用基础。本章综合讨论了再保险过程中的再保险保费计算公式、风险调整资本率及期权价格等相关精算问题。

5.2 投资收益下的再保险定价模型

再保险是指保险人在原保险合同的基础上，通过签订分保合同，将其所承担的部分风险和责任向其他保险人进行分保的行为。当保险公司面临巨灾风险时，通过再保险转移风险是必要的。习惯上，分出保险业务的保险人称为原保险人，接受分保业务的保险人称为再保险人。与直接保险一样，原保险人通过办理再保险将其所承保的一部分风险责任转移给再保险人，相应地也要支付一定的保险费，这种保险费称为再保费或分保费（Reinsurance Premium）。根据再保险合同，当该风险成为实际损失时，再保险人必须分担其约定承保部分的损失，即原保险人可以从再保险人那里摊回分保部分的损失赔款。

再保险过程中，最重要的问题就是如何选择最优的再保险合同。即考虑以何种形式分保及具体分保的额度。通过对最优再保险问题的研究，可以为保险公司提供决策依据。

由于公司收取保费后，它一般并不需要立刻提供产品或服务，而是在未来的时间内，在保险标的发生事故的情形下，才向受益人支付保额，因此在这段保险的风险的存在期间内，公司就面临着如何将这笔庞大的资金进行投资的问题，好的投资不仅可以增强公司的经济实力，而且还能降低运营风险，本研究就是在投资收益下给出最优的再保险的定价策略。

以往学者的研究仅仅考虑了原保险人的投资问题，本节综合考虑原保险人和再保险人的利益，建立投资收益因素影响下的再保险保费定价模型。

5.2.1 投资收益影响下的比例再保险

设原保险人承保期限为 T，Y 表示在给定时间段内某个保险合同的索赔，Y 为给定概率空间 (Ω, S, P) 上的非负随机变量；在比例再保险合同下，原保险人准备承担自留比例为 α 的风险 αY，再保险人承担剩余部分 $(1-\alpha)Y$，那么整个索赔分为两部分，$Y = \alpha Y + (1-\alpha)Y$。原保险人向投保人收取的保费为 P，而再保险人向原保险人收取的保费为 P_1，另外 $m = E(Y)$，λ 表示索赔发生的概率。

保单规定：保费在期初缴纳，理赔在期末进行，保险公司的各种费用占保费的比例为 h，且发生在期初，原保险公司和再保险公司在支付各种费用后，剩余的保费全部用于投资基金上。

假设投资基金价格遵循几何布朗运动 $ds(t) = \mu s(t) dt + \sigma s(t) dz$，$\mu$，$\sigma$ 分别为它的预期收益率及波动率，从而 $\ln s(t)$ 服从正态分布 $\ln \dfrac{s(t)}{s(0)} \sim N\left(\left(\mu - \dfrac{\sigma^2}{2}\right), \sigma^2 t\right)$。

综合考虑原保险公司和再保险公司的利益，分别给予它们相应的权重 β，$(1-$

β),本研究要解决的问题是:如何厘定再保险合同的保费,才能保证原保险公司和再保险公司在经营期末有 $f(f$ 常取 $0.95)$ 的把握使得它们在权重 β,$(1-\beta)$ 下有达到或超过 R 的利润率。

原保险人在购买再保险和支付各种费用后收益为 $v(T)=\dfrac{(P-P_1-Ph)s(T)}{s(0)P}-\dfrac{\alpha\lambda m}{P}$,因此在期末的利润为 $y(T)=\dfrac{(P-P_1-Ph)s(T)}{s(0)}-\alpha\lambda m$,从而它的利润率为 $v_1(T)=\dfrac{(P-P_1-Ph)s(T)}{s(0)P}-\dfrac{\alpha\lambda m}{P}$;再保险人在签订再保险合同和支付各种费用后收益为 P_1-P_1h,因此在期末的利润为 $y_1(T)=\dfrac{(P_1-P_1h)s(T)}{s(0)}-(1-\alpha)\lambda m$,从而它的利润率为 $v_2(T)=\dfrac{(P_1-P_1h)s(T)}{s(0)P_1}-\dfrac{(1-\alpha)\lambda m}{P_1}$,在权重 β,$(1-\beta)$ 下,为保证在经营期末有 f 的把握 $\beta v_1(T)+(1-\beta)v_2(T)\geqslant R$,则必须满足 $P_r(\beta v_1(T)+(1-\beta)v_2(T)\geqslant R)=f$,即 $P_r\left(\beta\left(\dfrac{(P-P_1-Ph)s(T)}{s(0)P}-\dfrac{\alpha\lambda m}{P}\right)+(1-\beta)\left(\dfrac{(P_1-P_1h)s(T)}{s(0)P_1}-\dfrac{(1-\alpha)\lambda m}{P_1}\right)\geqslant R\right)=f$,从而有:

$$P_r\left(s(T)\geqslant s(0)\dfrac{PP_1R+\beta\alpha\lambda mP_1+(1-\beta)(1-\alpha)\lambda mP}{PP_1+PP_1h-\beta P_1^2}\right)=f,$$

记 $A=\dfrac{PP_1R+\beta\alpha\lambda mP_1+(1-\beta)(1-\alpha)\lambda mP}{PP_1+PP_1h-\beta P_1^2}$,可得:

$$\int_{\frac{\ln A-\left(\mu-\frac{\sigma^2}{2}\right)T}{\sigma\sqrt{T}}}^{\infty}\dfrac{e^{-\frac{z^2}{2}}}{\sqrt{2\pi}}dz=f, \quad \left(\diamondsuit\, z=\dfrac{\ln\dfrac{s(T)}{s(0)}-\left(\mu-\dfrac{\sigma^2}{2}\right)T}{\sigma\sqrt{T}}\right)$$

则 $1-\Phi\left(\dfrac{\ln A-\left(\mu-\frac{\sigma^2}{2}\right)T}{\sigma\sqrt{T}}\right)=f$,$\Phi\left(\dfrac{\ln A-\left(\mu-\frac{\sigma^2}{2}\right)T}{\sigma\sqrt{T}}\right)=1-f$,

查表得:$\dfrac{\ln A-\left(\mu-\dfrac{\sigma^2}{2}\right)T}{\sigma\sqrt{T}}=\gamma$。

记 $B=(1-h)P\exp\left[\sigma\gamma\sqrt{T}+\left(\mu-\dfrac{\sigma^2}{2}\right)T\right]-PR-\beta\alpha\lambda m$,

$$C=\beta\exp\left[\sigma\gamma\sqrt{T}+\left(\mu-\dfrac{\sigma^2}{2}\right)T\right]$$

可得：$P_1 = \dfrac{B}{2C} + \dfrac{\sqrt{B^2 - 4C(1-\beta)(1-\alpha)\lambda mP}}{2C}$

综合上面的讨论，可得下列结论：

定理5.1 在如上比例再保险合同的条款规定下，在权重β，$(1-\beta)$下为了保证保险公司和再保险公司在经营期末有f的把握达到或超过R的利润率，公司应厘定再保险保费为

$$P_1 = \dfrac{B}{2C} + \dfrac{\sqrt{B^2 - 4C(1-\beta)(1-\alpha)\lambda mP}}{2C} \quad (B,C \text{ 定义同上})$$

5.2.2 投资收益下的超额损失再保险

设Y为在给定时间段内某个保险合同的索赔，则相应的超额损失再保险函数$R(y)$为

$$R(y) = \begin{cases} 0, & y < m \\ y - m, & y \geqslant m \end{cases}$$

则在超额损失再保险合同下，原保险人将承担的风险为$\min(M, y)$，再保险人承担剩余的部分$\max(0, y-M)$；原保险人向投保人收取的保费为P，而再保险人向原保险人收取的保费为P_1，λ表示索赔发生的概率。由于原保险人在购买再保险和支付各种费用后的收益为$P - P_1 - Ph$，因此在期末，公司利润为$y(T) = \dfrac{(P - P_1 - Ph)s(T)}{s(0)} - \lambda E[\min(M, x)]$，从而它的利润率为$v_1(T) = \dfrac{(P - P_1 - Ph)s(T)}{s(0)P} - \dfrac{\lambda E[\min(M, x)]}{P}$，再保险人在签订再保险合同和支付各种费用后收益为$P_1 - P_1 h$，因此在期末的利润$w(T) = \dfrac{(P_1 - P_1 h)s(T)}{s(0)} - \lambda E\max(0, Y-M)$，从而它的利润率为$v_2(T) = \dfrac{(P_1 - P_1 h)s(T)}{s(0)P_1} - \dfrac{\lambda E\max(0, Y-M)}{P_1}$；类似地，在投资影响下的超额损失再保险的保费定价问题，可表述成下列形式：

在权重β，$(1-\beta)$下，为保证在经营期末有f的把握$\beta v_1(T) + (1-\beta)v_2(T) \geqslant R$，则必须满足$P_r(\beta v_1(T) + (1-\beta)v_2(T) \geqslant R) = f$。即

$$P_r\left(\beta\left(\dfrac{(P - P_1 - Ph)s(T)}{s(0)P} - \dfrac{\lambda E[\min(M, x)]}{P}\right) + (1-\beta)\left(\dfrac{(P_1 - P_1 h)s(T)}{s(0)P_1}\right.\right.$$
$$\left.\left. - \dfrac{\lambda E[\max(0, Y-M)]}{P_1}\right) \geqslant R\right) = f$$
$$P_r\left(\dfrac{(PP_1 - \beta P_1^2 - PP_1 h)s(T)}{s(0)PP_1}\right.$$

$$\geqslant \frac{PP_1R + \beta P_1\lambda E[\min(M, Y)] + (1-\beta)P\lambda E[\max(0, Y-M)]}{PP_1}\Bigg) = f$$

$$P_r\left(s(T) \geqslant \frac{PP_1R + \beta P_1\lambda E[\min(M, Y)] + (1-\beta)P\lambda E[\max(0, Y-M)]}{PP_1 - \beta P_1^2 - PP_1h}s(0)\right) = f,$$

记 $A' = \dfrac{PP_1R + \beta P_1\lambda E[\min(M, Y)] + (1-\beta)P\lambda E[\max(0, Y-M)]}{PP_1 - \beta P_1^2 - PP_1h}$，则

$$\int_{\frac{\ln A' - (\mu - \frac{\sigma^2}{2})T}{\sigma\sqrt{T}}}^{\infty} \frac{\mathrm{e}^{-\frac{z^2}{2}}}{\sqrt{2\pi}}\mathrm{d}z = f, \quad \left(\text{令 } z = \frac{\ln\frac{s(T)}{s(0)} - \left(\mu - \frac{\sigma^2}{2}\right)T}{\sigma\sqrt{T}}\right)$$

$$1 - \Phi\left(\frac{\ln A' - \left(\mu - \frac{\sigma^2}{2}\right)T}{\sigma\sqrt{T}}\right) = f, \quad \Phi\left(\frac{\ln A' - \left(\mu - \frac{\sigma^2}{2}\right)T}{\sigma\sqrt{T}}\right) = 1 - f$$

查表得 $\dfrac{\ln A' - \left(\mu - \frac{\sigma^2}{2}\right)T}{\sigma\sqrt{T}} = \delta$。

记 $B' = P(1-h)\exp\left[\sigma\delta\sqrt{T} + \left(\mu - \dfrac{\sigma^2}{2}\right)T\right] - PR - \beta\lambda E[\min(M, x)]$,

$$C' = \beta\exp\left[\sigma\delta\sqrt{T} + \left(\mu - \frac{\sigma^2}{2}\right)T\right]$$

可得 $P_1 = \dfrac{B'}{2C'} + \dfrac{\sqrt{B'^2 - 4C'(1-\beta)\lambda E[\max(0, Y-M)]}}{2C'}$

综上所述可得下列结论:

定理5.2 在如上超额损失再保险合同的条款规定下，在权重 β, $(1-\beta)$ 下为了保证保险公司和再保险公司在经营期末有 f 的把握达到或超过 R 的利润率，公司应厘定再保险保费为

$$P_1 = \frac{B'}{2C'} + \frac{\sqrt{B'^2 - 4C'(1-\beta)\lambda E[\max(0, Y-M)]}}{2C'} \quad (B', C' \text{ 定义同上})$$

5.2.3 实例分析

这里，我们引入权重 β, $(1-\beta)$ 综合考虑了原保险人和再保险人的利益，特殊地，当 $\beta = 1$ 时，只考虑原保险人的收益率，当 $\beta = 0$ 时，只考虑再保险人的利益。下面通过例题简要说明上述的方法。

例5.1 取 $\beta = 1$，设一保险公司承保期限是 $T = 1$，索赔额服从指数分布 $F(y) = 1 - \mathrm{e}^{-0.01y}$，索赔概率为 $\lambda = 0.5$ 的保险。为此，原保险公司向投保人收取的附加保费率为 $\theta = 0.25$。保单规定：保费在期初缴纳，理赔在期末进行；另外公司

经营此项业务所花费用占保费比例的20%，且发生在年初，剩余的保费全部用于投资，其中投资基金价格服从对数正态分布，它的收益率为15%，波动率为20%，试在保证以95%的把握达到或者超过15%的利润的情况下，求出：

(1) 在自留比例为60%的比例再保险合同下，公司应厘定的保费是多少？

(2) 在自留额为80%的超额损失再保险合同下，公司应厘定的保费是多少？

解：由于索赔的分布为 $F(y) = 1 - e^{-0.01y}$，因此可得 $m = E(Y) = \frac{1}{\rho} = 100$，另外根据已知条件和保费计算原理得 $P = (1 + \theta)E\xi = 1.25 \times 0.5 \times 100 = 62.5$。

又由于 $\Phi(\gamma) = 1 - f = 0.05$，因此可得 $\gamma = -1.645$，从而有 $\exp[\sigma\gamma\sqrt{T} + \left(\mu - \frac{\sigma^2}{2}\right)T] = \exp(-0.199) = 0.8187$。

(1) 在比例再保险合同下，根据定理5.1可得：$P_1 = 2$。

(2) 同理，在超额损失再保险下根据定理5.2可得：$P_1 = 21.69$。

显然，按照传统投资收益影响下厘定的保费小于传统意义上的保费。

5.3 投资收益下的再保险决策

当保险公司面临巨大风险时，通过再保险来转移风险是非常有必要的，假设再保险人准备承担 Y 中的 R 部分，设 R 为 Y 的可测函数，那么整个索赔分为两部分，$Y = \widetilde{R}(Y) + R(Y)$，$R(Y)$ 为再保险人承担的索赔，$\widetilde{R}(Y)$ 为保险人支付的自留索赔。

由于公司收取保费后，它一般并不需要立刻提供产品或服务，而是在未来的时间内，在保险标的发生事故的情形下，才向受益人支付保额，因此在这段保险的风险存在期间内，公司就面临着如何将这笔庞大的资金进行投资的问题，好的投资不仅可以增强公司的经济实力，而且还能降低运营风险，再保险包括保险人和再保险人双方，因此我们需要平衡双方的利益。

许多的文献从不同的角度讨论了再保险问题，Kaluszka(2001)讨论了期望值原理下的最小方差，Young(1999)在Wang保费计算原理下讨论了效用期望最大的问题，更一般的结果可以参考 Gajek 和 Zagrodny (2000)，Mazur(2000)，Gerber(1980)。上述结果都没有考虑投资的问题，本部分在投资资金满足对数正态分布的假设下引入了投资的问题，而且同时考虑了再保险人的利益。

5.3.1 相关约定

假设A：

T：表示保险公司承担风险的时间；

Y：表示所有的索赔，本书中我们假设 Y 为定义在概率空间 (Ω, S, P) 的非负随机变量；

P：表示保险人从投保人收取的保费；

P_1：表示再保险人从保险人收取的保费；

m：表示 Y 的期望，即 $m = EY$；

λ：表示索赔发生的概率；

h：表示保险公司的各种费用占保费的比例。

假设 B：

保费在期初缴纳，理赔在期末进行，且发生在期初，原保险公司和再保险公司在支付各种费用后，剩余的保费全部用于投资基金上。

假设 C：

假设投资基金价格遵循几何布朗运动 $ds(t) = \mu s(t)dt + \sigma s(t)dz$（$\mu$，$\sigma$ 分别为它的预期收益率及波动率），从而 $\ln s(t)$ 服从正态分布 $\ln \dfrac{s(t)}{s(0)} \sim N\left(\left(\mu - \dfrac{\sigma^2}{2}\right), \sigma^2 t\right)$。

综合考虑原保险公司和再保险公司的利益，分别给予它们相应的权重 β，$(1-\beta)$，本部分要解决的问题是：如何确定比例再保险的再保险比例和停止损失再保险的自留额，才能保证原保险公司和再保险公司在经营期末有 f（f 常取 0.95）的把握使得它们在权重 β，$(1-\beta)$ 下有达到或超过 R 的利润率。

5.3.2 比例再保险

当原保险人购买比例再保险支付各种费用后剩余资金为 $P - P_1 - Ph$。

经过投资，在时间 T 时刻，资本为

$$w_1(T) = \dfrac{(P - P_1 - Ph)s(T)}{s(0)} - \alpha \lambda m$$

从而它的期末利润率为

$$v_1(T) = \dfrac{(P - P_1 - Ph)s(T)}{s(0)P} - \dfrac{\alpha \lambda m}{P};$$

而再保险人在签订比例再保险合同和支付各种费用后收益为 $P_1 - P_1 h$，经过投资，在时间 T 时刻，期末的利润为

$$w_2(T) = \dfrac{(P_1 - P_1 h)s(T)}{s(0)} - (1-\alpha)\lambda m,$$

从而它的利润率为

$$w_2(T) = \frac{(P_1 - P_1 h)s(T)}{s(0)P_1} - \frac{(1-\alpha)\lambda m}{P_1},$$

在权重 β，$(1-\beta)$ 下，为保证在经营期末保险公司的收益率 v_1 和再保险公司的收益率 v_2 的凸组合以 f 的概率超过，即

$$P(\beta v_1(T) + (1-\beta)v_2(T) \geqslant R) = f$$

即

$$P\left[\beta\left(\frac{(P-P_1-Ph)s(T)}{s(0)P} - \frac{\alpha\lambda m}{P}\right) + (1-\beta)\left(\frac{(P_1-P_1 h)s(T)}{s(0)P_1} - \frac{(1-\alpha)\lambda m}{P_1}\right) \geqslant R\right] = f,$$

从而有

$$P_r\left(s(T) \geqslant s(0)\frac{PP_1 R + \beta\alpha\lambda m P_1 + (1-\beta)(1-\alpha)\lambda m P}{PP_1 - PP_1 h - \beta P_1^2}\right) = f,$$

定义

$$z = \frac{\ln\frac{s(T)}{s(0)} - \left(\mu - \frac{\sigma^2}{2}\right)T}{\sigma\sqrt{T}},$$

则 z 服从标准正态分布。

$$\int_{\frac{\ln\frac{PP_1 R + \beta\alpha\lambda m P_1 + (1-\beta)(1-\alpha)\lambda m P}{PP_1 - PP_1 h - \beta P_1^2} - \left(\mu - \frac{\sigma^2}{2}\right)T}{\sigma\sqrt{T}}}^{\infty} \frac{e^{-\frac{z^2}{2}}}{\sqrt{2\pi}}dz = f$$

$$1 - \Phi\left[\frac{\ln\frac{PP_1 R + \beta\alpha\lambda m P_1 + (1-\beta)(1-\alpha)\lambda m P}{PP_1 - PP_1 h - \beta P_1^2} - \left(\mu - \frac{\sigma^2}{2}\right)T}{\sigma\sqrt{T}}\right] = f$$

$$\Phi\left[\frac{\ln\frac{PP_1 R + \beta\alpha\lambda m P_1 + (1-\beta)(1-\alpha)\lambda m P}{PP_1 - PP_1 h - \beta P_1^2} - \left(\mu - \frac{\sigma^2}{2}\right)T}{\sigma\sqrt{T}}\right] = 1 - f$$

根据标准正态分布，得

$$\frac{\ln\frac{PP_1 R + \beta\alpha\lambda m P_1 + (1-\beta)(1-\alpha)\lambda m P}{PP_1 - PP_1 h - \beta P_1^2} - \left(\mu - \frac{\sigma^2}{2}\right)T}{\sigma\sqrt{T}} = \gamma, \quad (5.1)$$

当且仅当

$$P = (1+\theta)EY, \quad P_1 = (1+\theta)(1-\alpha)EY,$$

将它们代入式(5.1),得

$$\alpha = 1 + \frac{(1+\theta)(1+h)\exp\left[\sigma\gamma\sqrt{T} + \left(\mu - \frac{\sigma^2}{2}\right)T\right] - (1+\theta)R - \lambda}{\beta\lambda - (1+\theta)\beta\exp\left[\sigma\gamma\sqrt{T} + \left(\mu - \frac{\sigma^2}{2}\right)T\right]}$$

容易证得 $-1 < \dfrac{(1+\theta)(1+h)\exp\left[\sigma\gamma\sqrt{T} + \left(\mu - \frac{\sigma^2}{2}\right)T\right] - (1+\theta)R - \lambda}{\beta\lambda - (1+\theta)\beta\exp\left[\sigma\gamma\sqrt{T} + \left(\mu - \frac{\sigma^2}{2}\right)T\right]} < 0$

综合上面的讨论,可得下列结论:

定理5.3 在如上比例再保险合同的条款规定下,在权重 β, $(1-\beta)$ 下为了保证保险公司和再保险公司的期末收益率的凸组合以 f 的把握达到或超过 R,比例再保险函数的形式为

$$y = \left[1 + \frac{(1+\theta)(1+h)\exp\left[\sigma\gamma\sqrt{T} + \left(\mu - \frac{\sigma^2}{2}\right)T\right] - (1+\theta)R - \lambda}{\beta\lambda - (1+\theta)\beta\exp\left[\sigma\gamma\sqrt{T} + \left(\mu - \frac{\sigma^2}{2}\right)T\right]}\right]x \tag{5.2}$$

备注1:当 $\beta = 1$ 时,这里只考虑保险人的利益,根据定理5.3,比例再保险函数的形式为

$$y = \alpha x, \quad \alpha = \frac{(1+\theta)R - (1+\theta)h\exp\left[\sigma\gamma\sqrt{T} + \left(\mu - \frac{\sigma^2}{2}\right)T\right]}{(1+\theta)\exp\left[\sigma\gamma\sqrt{T} + \left(\mu - \frac{\sigma^2}{2}\right)T\right] - \lambda} \tag{5.3}$$

显然式(5.3)是式(5.2)的特殊情况。

5.3.3 超额损失再保险模型

设 Y 为在给定时间段内某个保险合同的索赔,则相应的超额损失再保险函数 $R(Y)$ 为

$$R(Y) = \begin{cases} 0, & 0 \leq Y \leq M \\ Y - M, & Y > M \end{cases}$$

这里 M 为保险公司的自留风险,则在超额损失再保险合同下,原保险人将承担的风险为 $\min(M, Y)$,再保险人承担剩余的部分 $\max(0, Y-M)$;其他条件与比例再保险类似,这里就不再重复,当原保险人购买停止,损失再保险及支付各种费用后剩余资金为 $P - P_1 - Ph$,经过投资,在期末公司利润为

$$w_1(T) = \frac{(P - P_1 - Ph)s(T)}{s(0)} - \lambda E[\min(M, Y)]$$

从而它的利润率为

$$v_1(T) = \frac{(P - P_1 - Ph)s(T)}{s(0)P} - \frac{\lambda E[\min(M, Y)]}{P},$$

再保险人在签订再保险合同和支付各种费用后收益为 $P_1 - P_1 h$，经过投资在期末的利润

$$w_2(T) = \frac{(P_1 - P_1 h)s(T)}{s(0)} - \lambda E\max(0, Y - M),$$

从而它的利润率为

$$v_2(T) = \frac{(P_1 - P_1 h)s(T)}{s(0)P_1} - \frac{\lambda E\max(0, Y - M)}{P_1};$$

在权重 β，$(1 - \beta)$ 下，为保证在经营期末保险公司的收益率 v_1 和再保险公司的收益率 v_2 的凸组合以 f 的概率超过，即

$$P(\beta v_1(T) + (1 - \beta)v_2(T) \geq R) = f$$

即

$$P\left(\beta\left(\frac{(P - P_1 - Ph)s(T)}{s(0)P} - \frac{\lambda E[\min(M, Y)]}{P}\right)\right.$$
$$\left. + (1 - \beta)\frac{(P - P_1 - Ph)s(T)}{s(0)P_1} - \frac{\lambda E[\max(0, Y - M)]}{P_1} \geq R\right) = f$$

$$P\left(\left(\frac{(PP_1 - \beta P_1^2 - PP_1 h)s(T)}{s(0)PP_1}\right.\right.$$
$$\left.\left. \geq \frac{PP_1 R + \beta P_1 \lambda E[\min(M, Y)] + (1 - \beta)P\lambda E[\max(0, Y - M)]}{PP_1}\right)\right) = f$$

$$P\left(s(T) \geq \frac{PP_1 R + \beta P_1 \lambda E[\min(M, Y)] + (1 - \beta)P\lambda E[\max(0, Y - M)]}{PP_1}s(0)\right) = f,$$

定义

$$z = \frac{\ln\frac{s(T)}{s(0)} - \left(\mu - \frac{\sigma^2}{2}\right)T}{\sigma\sqrt{T}},$$

则 z 服从标准正态分布。

$$\int_{\ln\frac{PP_1 R + \beta P_1 \lambda E[\min(M, Y)] + (1-\beta)P\lambda E[\max(0, Y-M)]}{PP_1 - \beta P_1^2 - PP_1 h} - \left(\mu - \frac{\sigma^2}{2}\right)T}^{\infty} \frac{e^{-\frac{z^2}{2}}}{\sqrt{2\pi}}dz = f$$

$$1-\Phi\left(\frac{\ln\dfrac{PP_1R+\beta P_1\lambda E[\min(M,Y)]+(1-\beta)P\lambda E[\max(0,Y-M)]}{PP_1-\beta P_1^2-PP_1h}-\left(\mu-\dfrac{\sigma^2}{2}\right)T}{\sigma\sqrt{T}}\right)=f$$

$$\Phi\left(\frac{\ln\dfrac{PP_1R+\beta P_1\lambda E[\min(M,Y)]+(1-\beta)P\lambda E[\max(0,Y-M)]}{PP_1-\beta P_1^2-PP_1h}-\left(\mu-\dfrac{\sigma^2}{2}\right)T}{\sigma\sqrt{T}}\right)=1-f$$

根据标准正态分布得

$$\frac{\ln\dfrac{PP_1R+\beta P_1\lambda E[\min(M,Y)]+(1-\beta)P\lambda E[\max(0,Y-M)]}{PP_1-\beta P_1^2-PP_1h}-\left(\mu-\dfrac{\sigma^2}{2}\right)T}{\sigma\sqrt{T}}=\gamma \tag{5.4}$$

又有 $P=(1+\theta)EY=(1+\theta)m$，$P_1=(1+\theta)E(Y-M)_+$，将它们代入式(5.4)，再保险函数中的参数 M 可以由式(5.4)确定。

综上所述，可得下列结论：

定理 5.4 在如上超额损失再保险合同的条款规定下，在权重 β，$(1-\beta)$ 下为了保证保险公司和再保险公司的期末收益率的凸组合以 f 的把握达到或超过 R，停止损失再保险函数的形式为

$$R(Y)=\begin{cases}0, & 0\leqslant Y\leqslant M\\ Y-M, & Y>M\end{cases}$$

M 由式(5.2)确定。

备注 2：当 $\beta=1$ 时，这里只考虑保险人的利益，则式(5.4)可简化为

$$\frac{\ln\dfrac{(1+\theta)mR+\lambda m[\min(M,Y)]}{P-P_1h-Ph}-\left(\mu-\dfrac{\sigma^2}{2}\right)T}{\sigma\sqrt{T}}=\gamma \tag{5.5}$$

根据式(5.2)再保险函数为

$$R(Y)=\begin{cases}0, & 0\leqslant Y\leqslant M\\ Y-M, & Y>M\end{cases}$$

M 由式(5.4)确定。

下面证明存在唯一的 M 使得式(5.4)成立，将 $P=(1+\theta)EY=(1+\theta)m$，$P_1=(1+\theta)E(Y-M)_+$ 代入(5.4)，得

$$(1+\theta)m+\lambda\left[\int_0^M yf(y)\mathrm{d}y+\int_M^\infty Mf(y)\mathrm{d}y\right]$$
$$=\exp\left(\sigma\gamma\sqrt{T}+\left(\mu-\dfrac{\sigma^2}{2}\right)T\right)\Big[(1+\theta)EY$$

$$-(1+\theta)\int_M^\infty (y-M)f(y)\mathrm{d}y - (1+\theta)hm \Bigg]$$

设

$$f(M) = (1+\theta)m + \lambda\left[\int_0^M yf(y)\mathrm{d}y + \int_M^\infty Mf(y)\mathrm{d}y\right]$$

$$-\exp\left(\sigma\gamma\sqrt{T}+\left(\mu-\frac{\sigma^2}{2}\right)T\right)\left[(1+\theta)EY-(1+\theta)\int_M^\infty(y-M)f(y)\mathrm{d}y-(1+\theta)hm\right]$$
(5.6)

式(5.6)对 M 求导数，得 $f'(M) < 0$。因此，存在唯一的 M 使得式(5.4)成立。

5.3.4 案例分析

前面讨论中，我们引入权重 β，$(1-\beta)$ 综合考虑了原保险人和再保险人的利益，特殊地当 $\beta=1$ 时，只考虑原保险人的收益率，当 $\beta=0$ 时，只考虑再保险人的利益。下面通过例题简要说明本书中方法。

例 5.2 取 $\beta = 1$，设一保险公司承保期限是 $T = 1$，索赔额服从指数分布 $F(y) = 1 - e^{-0.01y}$，索赔概率为 $\lambda = 0.5$ 的保险。为此，原保险公司向投保人收取的附加保费率为 $\theta = 0.25$。保单规定：保费在期初缴纳，理赔在期末进行；另外，公司经营此项业务所花费用占保费比例的 20%，且发生在年初，剩余的保费全部用于投资，其中投资基金价格服从对数正态分布，收益率为 0.15，波动率为 0.2，求若以 0.95 的概率使得保险公司的利率达到或者超过 15%，比例再保险和停止损失再保险的具体形式。

根据 $F(y) = 1 - e^{-0.01y}$，得 $m = EY = 100$，此外根据保费计算原理得 $P = (1+\theta)EY = 125$，$\Phi(\gamma) = 1 - f = 0.05$，$\gamma = -1.645$，代入式(5.3) 得 $\alpha = 0.6$。

与以往只是研究风险和效用不同，本部分在投资收益影响下，对再保险进行了分析，且充分考虑了原保险人和再保险人双方的利益，对保险公司合理厘定价格，具有现实的意义。这里所用方法不仅仅局限于某一个保险合同，可扩展到多个保险及保险组合。更多的应用有待于进一步的探索。

5.4 标的资产服从几何布朗运动的期权价格风险模型

期权定价问题是金融数学的核心问题之一，Black 和 Scholes(1973) 假定股票价格服从标准布朗运动，利用无套利复制的方法得出了著名的 Black-Scholes 公式。将布朗运动与股票价格行为联系在一起，进而建立起维纳过程的数学模型，是 20 世纪的一项具有重要意义的金融创新，布朗运动又称维纳过程，它具有如下特点：

① 它是一个 Markov 过程。因此该过程的当前值就是做出其未来预测中所需的全部信息。

② 维纳过程具有独立增量。该过程在任一时间区间上变化的概率分布独立于其在任一其他时间区间上变化的概率。

③ 它在任何有限时间内的变化服从正态分布，其方差随时间区间的长度呈线性增加。

布朗运动在现代金融数学中占有重要地位。迄今，普遍的观点仍认为，股票市场是随机波动的。布朗运动假设是现代资本市场理论的核心假设。现代资本市场理论认为证券期货价格具有随机性特征，这里所谓的随机性，是指数据的无记忆性。描述股价行为模型之一的布朗运动之维纳过程是马尔科夫随机过程的一种特殊形式；但标准的布朗运动的马氏性及其鞅性，导致资产价格也满足于这样的性质，如未来某时刻的标的资产价格只与现状价格有关，而与过去价格无关，这与人们直觉上有些矛盾，因此用标准布朗运动来刻画不符合现实。实证研究表明，股票价格具有长期的依赖性和自相似性，几何布朗运动恰好满足了这两种性质，因此经常被用来刻画资本的价格过程。但几何布朗运动既不是马氏过程，又不是鞅，因此不能用通常的随机积分来研究。Elliot R. 和 Van DerHoek J. (2003)、Ducan T. E., H u Y. 和 Pasik Ducan B. (2000) 应用 Wick 积分和白噪声理论定义了一种关于布朗运动的随机积分的定义，并通过此定义来研究布朗运动。

金融数学的一个重要问题是风险预防，为了更好地预防风险，文章在资本的运行过程中引入看跌期权，通过购买另外一个看跌期权来预防股票风险。本研究在购买看跌期权来进行风险预防的假设下，通过几何布朗运动刻画资本运行过程，得出了资本的最终市场价格的期望、资本的最终市场价格超出给定值的概率及最终风险的期望。

5.4.1　数学模型

根据 Ahn 等人(1999) 和 Deelstra 等人(2010) 在最初零时刻以价格 S_0 买入股票，在 T 时刻以不确定的价格 S_T 卖出。为了预防股票的风险，公司决定在同样的证券市场买入 τ 时刻到期的看跌期权，这里时间 τ 早于时间 T 或者与时间 T 比较接近，且看跌期权价格为 K。假设风险预防系数为 h，投资到看跌风险的资金为 P_0，且无风险市场的利率为 r，则在期末时间 T，若投资到无风险市场，该资金为

$$S_0 e^{rT} + h P_0 e^{rT}$$

期末该投资的市场价格为

$$S_T + h (K - S_\tau)^+ e^{r(T-\tau)}$$

这里

$$(K-S_\tau)^+ = \begin{cases} K-S_\tau, & K > S_\tau \\ 0, & 0 \end{cases}$$

是看跌期货最终的收益函数。

假设风险资产的价格过程$\{S(t): t \geq 0\}$，根据张素梅(2011)，标的的资产价格满足下式：

$$ds(t) = \mu(t)s(t)dt + \sigma(t)s(t)dB(t)$$

则称$s(t)$服从几何布朗运动。

若$\mu(t)=\mu$，$\sigma(t)=\sigma$为常数，根据Young H. L. 和Zhang L. H. (2005)，则上述微分方程的解为

$$S(t) = S(0)\exp\left\{\mu t - \frac{1}{2}\sigma^2 t + \sigma B(t)\right\}$$

在这样的假设前提下，本研究关注于购买过看跌期权后的最终资本的市场价格期望、市场价格超过给定值的概率及最终损失的期望。

5.4.2 最终资本市场价格期望

定理 5.5 在上述模型的假设前提下，资本$S_T + h(K-S_\tau)^+ e^{r(T-\tau)}$的最终期望为

$$E[S_T + h(K-S_\tau)^+ e^{r(T-\tau)}] = s(0)e^{\mu T} + he^{r(T-\tau)}[K\Phi(d_1) + S(0)e^{\mu T}\Phi(d_2)]$$

其中，

$$d_1 = -\frac{1}{\sigma} \cdot \frac{\ln\left(\dfrac{K}{S(0)}\right) - \left(\mu - \dfrac{1}{2}\sigma^2\right)\tau}{\sqrt{\tau}},$$

$$d_2 = -\frac{1}{\sigma} \cdot \frac{\ln\left(\dfrac{K}{S(0)}\right) - \left(\mu + \dfrac{1}{2}\sigma^2\right)\tau}{\sqrt{\tau}},$$

$$\Phi(x) = \int_{d_1}^{+\infty} \exp\left\{-\frac{x^2}{2}\right\}\frac{1}{\sqrt{2\pi}}dx,$$

即为标准正态随机变量的分布函数。

证明：$ES_T = S(0)e^{\mu T}$，此结果见Young V. R. (2005) 和Kaluszka M. (2001)。

若$K > S_\tau$，则有

$$S(0)\exp\left\{\left(\mu - \frac{1}{2}\sigma^2\right)t + \sigma B(\tau)\right\} < K,$$

$$\exp\left\{\left(\mu - \frac{1}{2}\sigma^2\right)t + \sigma B(\tau)\right\} < \frac{K}{S(0)},$$

$$B(\tau) < \frac{1}{\sigma}\left[\ln\frac{K}{S(0)} - \left(\mu - \frac{1}{2}\sigma^2\right)\tau\right],$$

$$B(\tau) > -\frac{1}{\sigma}\left[\ln\frac{K}{S(0)} - \left(\mu - \frac{1}{2}\sigma^2\right)\tau\right].$$

记 $d = -\frac{1}{\sigma}\left[\ln\frac{K}{S(0)} - \left(\mu - \frac{1}{2}\sigma^2\right)\tau\right]$,

又因为 $B(\tau)$ 为几何布朗运动,则 $B(\tau) \sim N(0, \sqrt{\tau})$。
所以

$$E(K - S_\tau)^+ = \int_{I(K>S_\tau)}^{+\infty} (K - S(0)\exp\left\{\left(\mu - \frac{1}{2}\sigma^2\right)\tau + \sigma y\right\} \cdot \frac{1}{\sqrt{2\pi\tau}}\exp\left\{-\frac{y^2}{2\tau}\right\}\mathrm{d}y$$

$$= K\int_d^{+\infty}\frac{1}{\sqrt{2\pi\tau}}\exp\left\{-\frac{y^2}{2\tau}\right\}\mathrm{d}y - S(0)\int_d^{+\infty}\exp\left\{\left(\mu - \frac{1}{2}\sigma^2\right)\tau + \sigma y\right\} \cdot$$

$$\frac{1}{\sqrt{2\pi\tau}}\exp\left\{-\frac{y^2}{2\tau}\right\}\mathrm{d}y \triangleq Q_1 + Q_2$$

这里,

$$Q_1 = K\int_d^{+\infty}\frac{1}{\sqrt{2\pi\tau}}\exp\left\{-\frac{y^2}{2\tau}\right\}\mathrm{d}y \xrightarrow{\diamondsuit x = \frac{y}{\sqrt{\tau}}} K\int_{d_1}^{+\infty}\frac{1}{\sqrt{2\pi}}\exp\left\{-\frac{x^2}{2}\right\}\mathrm{d}x = K\Phi(d_1),$$

$$d_1 = \frac{d}{\sqrt{\tau}} = -\frac{1}{\sigma}\cdot\frac{\left[\ln\frac{K}{S(0)} - \left(\mu - \frac{1}{2}\sigma^2\right)\tau\right]}{\sqrt{\tau}}$$

$$Q_2 = S(0)\int_d^{+\infty}\exp\left\{\left(\mu - \frac{1}{2}\sigma^2\right)\tau + \sigma y\right\} \cdot \frac{1}{\sqrt{2\pi\tau}}\exp\left\{-\frac{y^2}{2\tau}\right\}\mathrm{d}y$$

$$= S(0)\mathrm{e}^{\mu\tau}\int_d^{+\infty}\frac{1}{\sqrt{2\pi\tau}}\exp\left\{-\frac{(y - \sigma\tau)^2}{2\tau}\right\}\mathrm{d}y$$

$$\xrightarrow{\diamondsuit x = \frac{y - \sigma\tau}{\sqrt{\tau}}} S(0)\mathrm{e}^{\mu\tau}\int_{d_2}^{+\infty}\frac{1}{\sqrt{2\pi}}\exp\left\{-\frac{x^2}{2\tau}\right\}\mathrm{d}y = S(0)\mathrm{e}^{\mu\tau}\Phi(d_2)$$

$$d_2 = \frac{d - \sigma\tau}{\sqrt{\tau}} = -\frac{1}{\sigma}\cdot\frac{\left[\ln\frac{K}{S(0)} - \left(\mu + \frac{1}{2}\sigma^2\right)\tau\right]}{\sqrt{\tau}}$$

$$E(K - S_\tau)^+ = [K\Phi(d_1) + S(0)\mathrm{e}^{\mu\tau}\Phi(d_2)].$$

则

$$E[S_T + h(K - S_\tau)^+ \mathrm{e}^{r(T-\tau)}] = S(0)\mathrm{e}^{\mu T} + h\mathrm{e}^{r(T-\tau)}[K\Phi(d_1) + S(0)\mathrm{e}^{\mu\tau}\Phi(d_2)]$$

证明完毕。

5.4.3 市场价格超出给定值概率

定理 5.6 在上述模型的假设前提下,对于预定值 v,最终资本期望资本价格大于 v 的概率为

$$P\{[S_T + h(K-S_\tau)^+ e^{r(T-\tau)}] > v\}$$
$$= E[I_{\{X \leq c_1\}} F_Y(g(X)-X)] + E[I_{\{X \geq c_1\}}(1-F_z(d_3))]$$

这里,

$$g(X) = \frac{1}{\sigma}\left[\ln\left(\frac{h(K-f(X))e^{r(T-\tau)} - v}{S(0)}\right) - \left(\mu - \frac{1}{2}\sigma^2\right)T\right], \quad X = B_\tau \sim N(0, \tau),$$

$$Y = B_T \sim N(0, \sqrt{T}), \quad Z = B_T - B_\tau \sim N(0, \sqrt{T-\tau}),$$

$$c_1 = \frac{1}{\sigma}\left[\ln\frac{K}{S(0)} - \left(\mu - \frac{1}{2}\sigma^2\right)\tau\right],$$

$$f(X) = S(0)\exp\left[\left(\mu - \frac{1}{2}\sigma^2\right)T + \sigma X\right],$$

$$d_3 = \frac{1}{\sigma}\left[\ln\frac{v}{S(0)} - \left(\mu - \frac{1}{2}\sigma^2\right)T\right],$$

$I_{\{x>c\}} = 1$,当 $x > c$ 成立;$I_{\{x<c\}} = 1$,当 $x < c$ 成立.

证明: $P\{[S_T + h(K-S_\tau)^+ e^{r(T-\tau)}] > v\} = P\{[S_T + h(K-S_\tau)e^{r(T-\tau)}] > v, K > S_\tau\} + P\{S_T > v, K < S_\tau\} \triangleq Q_1' + Q_2'$,

$$Q_1' = P\{[S_T + h(K-S_\tau)e^{r(T-\tau)}] > v, K > S_\tau\}$$

$$= P\left\{S(0)\left[\exp\left\{\left(\mu - \frac{1}{2}\sigma^2\right)T + \sigma B(T)\right\}\right]\right.$$

$$\left. < h\left[K - S(0)\left[\exp\left\{\left(\mu - \frac{1}{2}\sigma^2\right)\tau + \sigma B(\tau)\right\}\right]e^{r(T-\tau)}\right] - v, K > S_\tau\right\}$$

$$= P\left\{B(T) < \frac{1}{\sigma}\left[\ln\left(\frac{h(K-S_\tau)e^{r(T-\tau)} - v}{S(0)}\right) - \left(\mu - \frac{1}{2}\sigma^2\right)T, B(\tau)\right.\right.$$

$$\left.\left. < \frac{1}{\sigma}\left[\ln\frac{K}{S(0)} - \left(\mu - \frac{1}{2}\sigma^2\right)\tau\right]\right\}\right.$$

$$= E[I_{\{X \leq c_1\}} F_Z(g(X)-X)]$$

这里 $F_Z(z)$ 为随机变量 Z 的分布函数,且

$$c_1 = \frac{1}{\sigma}\left[\ln\frac{K}{S(0)} - \left(\mu - \frac{1}{2}\sigma^2\right)\tau\right],$$

$$g(X) = \frac{1}{\sigma}\left[\ln\left(\frac{h(K-f(X))e^{r(T-\tau)} - v}{S(0)}\right) - \left(\mu - \frac{1}{2}\sigma^2\right)T\right]$$

$$f(X) = S(0)\exp\left[\left(\mu - \frac{1}{2}\sigma^2\right)T + \sigma X\right]$$

$$Q'_2 = P\{S_T > v, K < S_\tau\} = P\left\{S(0)\left[\exp\left\{\left(\mu - \frac{1}{2}\sigma^2\right)T + \sigma B(T)\right\}\right] > v, K < S_\tau\right\}$$

$$= P\left\{S(0)\left[\exp\left\{\left(\mu - \frac{1}{2}\sigma^2\right)T + \sigma B(T) > v, K < S_\tau\right\}\right]\right\}$$

$$= P\left\{B(T) > \frac{1}{\sigma}\left[\ln\frac{v}{S(0)} - \left(\mu - \frac{1}{2}\sigma^2\right)T\right],\right.$$

$$\left. B(\tau) > \frac{1}{\sigma}\left[\ln\frac{K}{S(0)} - \left(\mu - \frac{1}{2}\sigma^2\right)\tau\right]\right\} = E[I_{\{X \geq c_1\}}(1 - F_Y(d_3))].$$

这里，$F_Y(y)$ 为随机变量 Y 的分布函数。

所以，最终资本期望资本价格大于 v 的概率为

$$P\{[S_T + h(K - S_\tau)^+ e^{r(T-\tau)}] > v\}$$
$$= E[I_{\{X \leq c_1\}} F_Y(g(X) - X)] + E[I_{\{X \geq c_1\}}(1 - F_Y(d_3))]$$

5.4.4 最终损失期望

根据无风险市场的资本运行和期终风险股票市场的资本运行情况可知，期末损失为

$$L = [S_0 e^{rT} + hP_0 e^{rT}] - [S_T + h(K - S_\tau)^+ e^{r(T-\tau)}],$$

定理 5.7 给出期末损失的期望。

定理 5.7 在上述模型的假设前提下，期末损失 L 的最终期望为

$$EL = S(0)e^{rT} hP_0 e^{rT} - S(0)e^{\mu T} - he^{r(T-\tau)}[K\Phi(d_1) + S(0)e^{\mu T}\Phi(d_2)]$$

其中，d_1，d_2，$\Phi(x)$ 与定理 5.5 中定义相同。

根据定理 5.5 易得定理 5.7，这里不再给出具体的证明过程。

5.4.5 实例分析

下面我们通过具体的例子来说明如何应用上述结果解决问题。

例 5.3 设期初以价格 10000 买入股票，1 年后以不确定的价格 S_1 卖出。为了预防股票的风险，公司决定在同样的证券市场买入 180 天后到期的看跌期权，且看跌期权价格为 0.5。这里假设风险预防系数为 0.1，投资到看跌风险的资金为 10000 元，且无风险市场的利率为 0.0325，假设风险资产的价格过程 $\{S(t): t \geq 0\}$，标的资产价格满足

$$ds(t) = 0.1s(t)dt + 0.2s(t)dB(t).$$

根据定理 5.5 得，

购买过看跌期权后的最终资本的市场价格期望：

$$E[S_T + h(K - S_\tau)^+ e^{r(T-\tau)}]$$
$$= s(0)e^{\mu T} + he^{r(T-\tau)}[K\Phi(d_1) + S(0)e^{\mu T}\Phi(d_2)] = 23560$$

根据定理 5.6 得，

最终资本期望资本价格大于 25000 的概率为
$$P\{[S_T + h(K - S_\tau)^+ e^{r(T-\tau)}] > v\} = 0.4561$$

根据定理 5.7 得期末损失：
$$L = [S_0 e^{rT} + hP_0 e^{rT}] - [S_T + h(K - S_\tau)^+ e^{r(T-\tau)}] = 10625$$

在资产价格服从标准布朗运动和通过购买看跌期权来防御市场风险的假设下，讨论了最终资产市场价格的期望，最终资产市场价格大于给定 v 的概率以及最终损失的期望，本研究引入购买看跌期权来预防风险，将前人的结果进行了较好的推广，进一步的研究将集中在以下两个方面：一是将资产服从标准的布朗运动推广到几何分数布朗运动，二是讨论使得损失最小的最优的期权成熟期 τ，进一步的讨论将留在以后。

5.5 风险调整资本收益率下的最优再保险策略

本部分引入银行业在风险管理和绩效评估中的常用风险指标风险调整收益率作为最有利的衡量标准，风险调整收益率最初由前美国信孚银行在 20 世纪 70 年代末提出的，其初衷是用它来衡量银行投资组合的风险，以及计算银行能有效规避风险的股权资本总额，后来风险调整收益率被广泛应用于风险管理和绩效评估两个基本方面。风险调整收益率的计算公式为

$$\text{RORAC} = \frac{期望利润}{风险调整资本}$$

另外一个问题是保费原则，即如何计算再保险的保费。

这里考虑均值方差再保险保费原则，即

$$P(R) = ER(Y) + \beta DR(Y) \tag{5.7}$$

5.5.1 模型介绍

设 Y 表示在给定时间段内某个保险合同的索赔，Y 为给定概率空间 (Ω, S, P) 上的非负随机变量；假设再保险人准备承担 Y 中的 R 部分，设 R 为 Y 的可测函数，那么整个索赔分为两部分，$Y = R(Y) + R_1(Y)$，$R(Y)$ 为保险人的自留风险，$R_1(Y)$ 为保险人的分出风险。

则保险人从保单持有人针对风险 X 收取的保费为 $EX + \beta DX$，针对转移风险 $R_1(X)$，保险人则须向再保险人缴纳的再保险保费为 $ER_1(X) + \beta DR_1(X)$。通过再保险后，保险人的剩余保费收入为

$$P^{R_1} = EX + \beta DX - ER_1(X) - \beta DR_1(X) = ER(X) + \beta(DX - DR_1(X))$$

通过再保险后，保险人通过经营自留风险 $R(X)$ 在未来这段时间的期望利润为

5.5 风险调整资本收益率下的最优再保险策略

期望利润 $= P^{R_1} - ER(X) = \beta(DX - DR_1(X))$

风险调整资本为偿付能力要求资本扣除公司的剩余保费部分,是保险人为了经营剩余风险获得期望收益而额外补入的资本金。按照巴塞尔II协议中的规定,这里对偿付能力的资本要求采用给定置信水平下的风险价值来计算。因此,对于保险人的自留风险 $R(X)$ 而言,给定置信水平 α,偿付能力要求资本为

$$\text{VaR}_{R(X)}(\alpha) = \inf\{y: P(R(X) > y) < 1 - \alpha\}$$

从概率论的角度而言,$\text{VaR}_{R(X)}(\alpha)$ 就是随机变量 $R(X)$ 的分布函数的 α 分位点。因此,保险人的风险调整资本定义为偿付能力要求资本减去剩余保费部分,即

风险调整资本 $= \text{VaR}_{R(X)}(\alpha) - P^R = \text{VaR}_{R(X)}(\alpha) - ER(X) - \beta(DX - DR_1(X))$

风险调整资本收益率定义为

$$\text{RORAC} = \frac{\text{期望利润}}{\text{风险调整资本}} = \frac{\beta(DX - DR_1(X))}{\text{VaR}_{R(X)}(\alpha) - ER(X) - \beta(DX - DR_1(X))} \quad (5.8)$$

本研究的目的就是找到最优的比例再保险和停止损失再保险,使得式(5.8)最大。对于 $\text{VaR}_{R(X)}(\alpha)$,我们给出如下引理:

引理 5.1 如果 $R(X)$ 是一个连续的单调非减函数,则

$$\text{VaR}_{R(X)}(\alpha) = R(\text{VaR}_X(\alpha))$$

5.5.2 最优比例再保险策略

目前,最常用的两种再保险策略是比例再保险和停止损失再保险,本书中我们对这两种常见的再保险策略分别来讨论如何选取自留风险的比例和自留风险的额度,使得保险人的风险调整资本收益率最大。

设保险人的自留风险比例为 $1-q$,即再保险函数为 $R(x) = (1-q)x$,保险人的自留风险为 $R_1(x) = qx$,相应地通过选择合适的自留风险比例 $(1-q)$ 使得风险调整资本收益率最大。对于该问题,可得如下结论:

定理 5.8 设保险人采取比例再保险,则保险人的风险资本调节收益率与自留风险比率无关,其值为

$$\frac{\beta DX}{\text{VaR}_X(\alpha) - EX - \beta DX}$$

证明: $\text{RORAC} = \dfrac{\beta(DX - DR_1(X))}{\text{VaR}_{R(X)}(\alpha) - ER(X) - \beta(DX - DR_1(X))}$

$= \dfrac{\beta[DX - q^2 DX]}{(1-q)\text{VaR}_X(\alpha) - (1-q)EX - \beta[DX - q^2 DX]}$

$= \dfrac{\beta(1-q)^2 DX}{(1-q)\text{VaR}_X(\alpha) - (1-q)EX - \beta(1-q)^2 DXDX}$

$$= \frac{\beta DX}{\frac{1}{1+q}(\text{VaR}_X(\alpha)) - EX - \beta DX}$$

5.5.3 最优停止损失再保险

停止损失再保险是非比例再保险中的一种常见形式。在停止损失再保险中，设定自留额度 b，对于风险 X，保险人承保不超过 b 的部分损失，而将超出自留额 b 的部分损失转嫁给再保险人承担。即

$$R(x) = \begin{cases} x, & x < b \\ b, & x \geq b \end{cases} \qquad R_1(x) = \begin{cases} 0, & x < b \\ x - b, & x \geq b \end{cases}$$

相应地，我们通过选择合适的自留风险额 b 使得风险调整资本收益率最大。对于该问题，又可得如下结论：

定理 5.9 保险人采用停止损失再保险：

(1) 当 $\text{VaR}_X(\alpha) < b$ 时，b 越大，RORAC 在 $b = +\infty$ 时取得最大值，最大值为

$$\text{RORAC} = \frac{\beta DX}{\text{VaR}_X(\alpha) - EX - \beta DX}$$

(2) 当 $\text{VaR}_X(\alpha) > b$ 时，知 RORAC 是 b 的增函数，b 越大，RORAC 越大，所以在 $b = \text{VaR}_{R(X)}(\alpha)$ 时，取得最大值。

证明：$\text{RORAC} = \dfrac{\beta(DX - DR_1(X))}{\text{VaR}_{R(X)}(\alpha) - ER(X) - \beta(DX - DR_1(X))}$

$$= -1 + \frac{\text{VaR}_{R(X)}(\alpha) - ER(X)}{\text{VaR}_{R(X)}(\alpha) - ER(X) - \beta(DX - DR_1(X))}$$

(1) 当 $\text{VaR}_X(\alpha) < b$ 时，

$$\text{RORAC} = -1 + \frac{\text{VaR}_X(\alpha) - ER(X)}{\text{VaR}_X(\alpha) - ER(X) - \beta(DX - DR_1(X))}$$

$$(\text{RORAC})'_q = \frac{P(X > b)[\text{VaR}_{R(X)}(\alpha) - ER(X) - \beta(DX - DR_1(X))] - (\text{VaR}_X(\alpha) - ER(X))[-2\beta ER_1(X)P(X < b) + P(X > b)]}{[\text{VaR}_X(\alpha) - ER(X) - \beta(DX - DR_1(X))]^2}$$

$$(\text{RORAC})'_q = \frac{P(X > b)[\text{VaR}_{R(X)}(\alpha) - ER(X) - \beta(DX - DR_1(X))] + (\text{VaR}_X(\alpha) - ER(X))[2\beta ER_1(X)P(X < b) - P(X > b)]}{[\text{VaR}_X(\alpha) - ER(X) - \beta(DX - DR_1(X))]^2}$$

知 $(\text{RORAC})'_q > 0$，此时知 RORAC 是 b 的增函数，b 越大，RORAC 在 $b = +\infty$ 时取得最大值，最大值为

$$\text{RORAC} = \frac{\beta DX}{\text{VaR}_X(\alpha) - EX - \beta DX}$$

(2) 当 $\text{VaR}_X(\alpha) > b$ 时，$\text{RORAC} = -1 + \dfrac{b - ER(X)}{b - ER(X) - \beta(DX - DR_1(X))}$

$$(\text{RORAC})'_q = \frac{[1-P(X>b)][b-ER(X)-\beta(DX-DR_1(X))] - (b-ER(X))[1-2\beta ER_1(X)P(X<b)+P(X>b)]}{[\text{VaR}_X(\alpha)-ER(X)-\beta(DX-DR_1(X))]^2}$$

$$(\text{RORAC})'_q = \frac{[1-P(X>b)][b-ER(X)-\beta(DX-DR_1(X))] + (b-ER(X))[2\beta ER_1(X)P(X<b)-P(X>b)-1]}{[\text{VaR}_X(\alpha)-ER(X)-\beta(DX-DR_1(X))]^2}$$

此时知 RORAC 是 b 的增函数，b 越大，RORAC 越大，所以在 $b = \text{VaR}_{R(X)}(\alpha)$ 时，取得最大值，最大值为 $\text{RORAC} = \dfrac{\beta(DX-DR_1(X))}{\text{VaR}_{R(X)}(\alpha)-ER(X)-\beta(DX-DR_1(X))}$

5.6 基于效用函数的比例再保险临界比例研究

常见的再保险函数有比例再保险函数和停止损失再保险函数，比例再保险是指保险人和再保险人双方按照约定的比例分担风险，停止损失再保险是无论风险如何，原保险人均承担既定的自留风险。本节主要考虑比例再保险合同。以效用最大作为再保险合同的衡量标准，与风险最小相对应，我们希望找出效用最大的再保险合同。这里，我们引进一个更普通广泛的测量效用的方式，用 $u: \mathbf{R} \to \mathbf{R}_+$ 来衡量效用的大小，使得保险人的效用最大。假设原保险人初始资金为 w，P 表示合同 R 的价格，则经过再保险后原保险人的剩余资金为 $w - X + R(x) - P$。则效用测量表述为

$$U(w - X + R(x) - P)$$

再保险的定价是保险决策中的一个重要问题，合理的再保险定价关系到保险公司的长期发展，令 P 表示合同 R 的价格，原保险人准备用 P 数目的资本购买再保险合同 R，Hurlimann(1999) 研究了在 $\pi(R) = (1+\beta)ER(X)$ 价格准则下，原保险人方差风险最小的情况。Kaluszka (2001) 和程兰芳(2003) 讨论了在 Wangs 保费计算原理下，购买再保险后剩余风险的期望效用最大的最优再保险问题。Centeno(2002) 分析了签订停止损失再保险合同后，原保险人剩余风险的方差最小的最优停止损失再保险。本部分采取期望值保费计算原理 $P = (1+\beta)ER(X)$。

5.6.1 效用函数下的再保险分析

假设决策者为风险厌恶者，即它的效用函数满足 $u'(x) > 0$, $u''(x) < 0$，假定保险人最初拥有资本为 W。在比例再保险合同下，再保险函数为 $R(X) = \alpha X$，这里 αX 为再保险人需承担的风险，原保险人准备承担自留比例为 $1-\alpha$ 的风险 $(1-\alpha)X$，再保险人承担剩余部分 $(1-\alpha)X$，将整个风险分为下述两部分，$X = (1-\alpha)X + \alpha X$。从投保人那收取的保费为 $G_1 = (1+\beta)EX$，原保险人支付再保险人的保费为 $G_2 = (1+\beta)\alpha EX$，购买了再保险后，保险人的资本变为

$$W + G_1 - G_2 - (1-\alpha)X = W + (1+\beta)EX - (1+\beta)\alpha EX - (1-\alpha)X$$

$$= W + (1-\alpha)[(1+\beta)EX - X]$$

则购买过再保险后保险人的剩余资本为一随机变量,因此可利用该随机变量效用函数的期望为衡量标准,即

$$U(R) = Eu[W + (1-\alpha)((1+\beta)EX - X)]$$

则对保险人来说,合理的再保险函数的比例应满足不等式

$$Eu[W + (1-\alpha)((1+\beta)EX - X)] \geq u(W)$$

即购买再保险后剩余资金的效用期望应该大于或等于最初资本的效用,此次再保险才有意义可言。小到使等号成立时,再保险已无任何吸引力,我们将使得上式等号成立的临界值,称为临界再保险比例。

5.6.2 主要结果

本书采取常用的直线型效用函数、抛物线型效用函数,在上述两种效用函数下,给出比例再保险函数的临界比例。

定理5.10 设保险人的效用函数是直线型效用函数,$u(x) = ax + b$,则比例再保险的临界比例为1。

证明:购买比例再保险后,保险的资本效用为

$$Eu[W + (1-\alpha)((1+\beta)EX - X)] = E[a(W + (1-\alpha)((1+\beta)EX - X)) + b]$$
$$= aW + a\beta(1-\alpha)EX + b$$
$$u(W) = aW + b$$

联立两式得:$\alpha = 1$

定理5.10说明,对于风险中立的人来说,应该把所有的风险投分给再保险人。

定理5.11 设保险人的效用函数是抛物线型效用函数 $u(x) = x - hx^2$,其中 $h > 0$, $0 < x < \dfrac{1}{2h}$,则比例再保险的临界比例为

$$\alpha = 1 - \frac{[\beta - 2h(1+\beta)W - 2hW]EX}{2h(1+\beta)EX^2 + h(1+\beta)^2(EX)^2 - hEX^2}。$$

证明:购买比例再保险后,保险的资本效用为

$$Eu[W + (1-\alpha)((1+\beta)EX - X)]$$
$$= E[W + (1-\alpha)((1+\beta)EX - X)] - hE[W + (1-\alpha)((1+\beta)EX - X)]^2$$
$$= W + (1-\alpha)\beta EX - hW^2 - 2h(1-\alpha)(1+\beta)WEX - h(1-\alpha)^2(1+\beta)^2(EX)^2$$
$$\quad - 2hw(1-\alpha)EX - 2h(1-\alpha)^2(1+\beta)(EX)^2 + h(1-\alpha)^2 EX^2$$
$$u(W) = W - \alpha W^2$$

联立两式得下列方程

$$\beta EX - 2h(1+\beta)WEX - h(1-\alpha)(1+\beta)^2(EX)^2 - 2hWEX - 2h(1-\alpha)(1+\beta)$$

$(EX)^2 + h(1-\alpha)EX^2 = 0$

解方程得

$$\alpha = 1 - \frac{[\beta - 2h(1+\beta)W - 2hW]EX}{2h(1+\beta)EX^2 + h(1+\beta)^2(EX)^2 - hEX^2}$$

本书在购买比例再保险进行分散风险的前提下，讨论了直线型效用函数、抛物线型效用函数下并给出了比例再保险的临界比例，对再保险进行了分析，为保险公司制定有关政策提供了理论支持。效用函数下的临界问题还有再保险定价的临界问题、再保险投资的临界问题、停止损失再保险函数的自留风险的临界问题等，将在下一步的工作中进行研究。

5.7　本章小结

本章综合考虑了原保险人和再保险人的利益，在投资基金服从对数正态分布的假定下，讨论了投资收益下再保险保费定价问题。对比例保险和超额损失再保险两种情况，给出了再保险保费计算公式。

投资资金服从对数正态分布的假定下，保费采取期望值原理。本章得出了比例再保险和停止损失再保险的具体形式，使得保险人的收益率和再保险人的收益率的凸组合在经营期末有 f 的把握达到或超过 R 的利润率。

本章构建了基于风险调整资本率的最优再保险决策模型，主要考虑了再保险过程中比例再保险和停止损失再保险，在保费采取方差计算原理的假设下，给出了使得保险人风险调整资本收益率最大化的自留风险比例和自留风险额度。经过分析发现，对于比例再保险，保险人可以通过自留所有的风险来获得最大的风险调整资本收益率，如果保险人的资本不足以保留所有的风险，那么保险人应该根据自有资本尽可能多地保留风险。而对于停止损失再保险，保险人有一个最优的风险额度，在此额度下，保险人能获得比保留所有风险更大的风险调整资本收益率。

针对标的资产服从几何布朗运动的期权价格风险问题，本章引入通过购买看跌风险降低股票风险，将市场分为风险市场和无风险市场，建立服从几何布朗运动的资本运营过程，使其更加贴近实际情况，讨论了风险市场和无风险市场资本运营的情况，利用随机过程的相关知识给出了购买过看跌期权后的期末最终资本的市场价格期望、最终资本的市场价格超过给定值的概率及期末最终损失的期望。所得结论对预防股票风险具有一定的指导意义。

介绍了在均值-方差保费计算原理下给出最优比例再保险和停止损失再保险策略，使得保险人的风险调整资本收益率最大，得出了使得保险人风险调整资本收益率最大化的自留风险比率和自留风险额度。

根据保险人保险定价的效用方程，分别讨论了直线型效用函数、抛物线型效用函数下，比例再保险的临界比例。

第6章 NA序列的矩精确完全收敛的相关知识

6.1 引　言

概率极限理论是随机过程和高级数理统计的基础，离开概率极限理论就无法很好地揭示概率论的价值。目前，在概率极限理论领域，已经取得了丰富的成果，独立随机变量的概率极限理论在20世纪30至40年代发展迅速，已得到了大量较为完善的结果，目前相依随机变量的概率极限理论是概率极限理论的热门话题之一。

以 Kolomogov 为代表的学者利用截尾法、对称法、中心化法等手段对独立随机变量序列的强收敛性和强大数定律进行了细致的研究，所得结果详见哥涅坚科和柯尔莫哥诺夫的专著《相互独立随机变数之和的极限分布》。然而独立随机变量序列是一个较为理想的假设，在实际过程中，大量的随机变量序列之间是不独立的，因此有必要对不独立的随机变量序列的概率极限理论进行分析，浙江大学的林正炎教授、苏中根教授和张立新教授在这方面进行了深入研究并取得了大量成果，详见我国著名数学家林正炎的专著《混合相依随机变量序列的极限定理》。

自1960年以来，混和相依的随机变量序列的概率极限理论开始迅速发展，我国众多学者在此方面做了大量的工作，取得了丰硕的成果，赢得了国际同行的认可。

概率极限理论需要解决的问题还很多，只有解决了概率极限理论，概率论才能更好地与其他学科进行广泛的结合，才能更好地推动其他学科的进展。NA序列与其他正负相依序列一样，不但在多元统计分析、渗透理论、可靠性理论，而且在海洋气象、环境、通信工程等领域及时间序列分析，风险分析中有着广泛的应用，具体可见 Ebrahimi(1994)、Roussas(1994)的论著。20世纪90年代中期，对NA随机变量序列的概率极限理论的研究有了很大进展。随机变量序列部分和滑动平均的几乎必然(a.s.)极限性质是概率极限理论中一类十分重要的问题，它在时间序列分析及金融分析等领域中有着极其广泛的应用。

6.2 有关记录次数的计数过程的矩精确完全收敛

本节给出了一个关于 i.i.d. 绝对连续随机变量列的记录次数的计数过程的矩精确完全收敛性的一般化定理。

6.2.1 相关问题介绍

自 Hsu 和 Robbins(1947) 介绍完全收敛性的概念以来，出现了各种形式此方面的结果。令 $\{X_k, k \geq 1\}$ 是 i.i.d. 随机变量序列，$S_n = \sum_{k=1}^{n} X_k$，$n \geq 1$，Heyde(1975) 证明了：

$$\lim_{\varepsilon \searrow 0} \varepsilon^2 \sum_{n=1}^{\infty} P(|S_n| \geq \varepsilon n) = EX_1^2$$

其中 $EX_1 = 0$，$EX_1^2 < \infty$。类似这方面的结果可参见 A. Gut，A. Spătaru(2000) 和 A. Gut(2002)。

Y. Wang 和 Y. Yang(2003) 把 A. Gut(2002) 的关于记录次数的计数过程的精确完全收敛性的结果做了一般化的推广。设 $\{X_k, k \geq 1\}$ 是 i.i.d. 随机变量序列，且 X_1 的分布绝对连续，令

$$L(1) = 1, \ L(n) = \min\{k: X_k > X_{L(n-1)}, k > L(n-1)\}, \ n \geq 2$$

相关的计数过程 $\{\mu(n): n \geq 1\}$ 定义为

$$\mu(n) = \max\{k: L(k) \leq n\}$$

设 $g(x)$ 和 $h(x)$ 是正可微的函数，

令 $\varphi(x) = g'(h(x))h'(x)$，$U_0(\varepsilon) = \sqrt{\dfrac{2}{\pi}} \varepsilon \int_{h(n_0)}^{\infty} g(y) \mathrm{e}^{-\varepsilon^2 y^2/2} \mathrm{d}y$，

$$U(\varepsilon) \sim \frac{1}{U_0(\varepsilon)}, \ \varepsilon \downarrow a$$

Y. Wang 和 Y. Yang(2003) 获得了如下定理：

定理 A 设 $g(x)$ 和 $h(x)$ 是定义于 $[n_0, \infty)$ 上的严格增可微函数，且 $\lim_{x \to \infty} g(x) = \infty$，$\lim_{x \to \infty} h(x) = \infty$，$\varphi(x) = g'(h(x))h'(x)$，$\varphi(x)$ 单调，若单调递增，则设 $\lim_{n \to \infty} \dfrac{\varphi(n+1)}{\varphi(n)} = 1$。假设存在 $a \geq 0$，使 $U_0(\varepsilon)$ 满足：$U_0(\varepsilon) < \infty$，$\varepsilon > a$，$\lim_{\varepsilon \searrow a} U_0(\varepsilon) = \infty$，且若下面两个条件之一成立：

(i) $\sum_{n=n_0}^{\infty} \varphi(n)(\log n)^{-1/2} < \infty$； (6.1)

(ii) $\lim\limits_{M\to\infty}\lim\limits_{\varepsilon\searrow a}\varepsilon U(\varepsilon)\int_{g^{-1}(U_0(\varepsilon)M)}^{\infty}g(y)e^{-\varepsilon^2 y^2/2}dy=0$ (6.2)

$$\lim\limits_{M\to\infty}\lim\limits_{\varepsilon\searrow a}\varepsilon^{-q}U(\varepsilon)\int_{g^{-1}(U_0(\varepsilon)M)}^{\infty}y^{-q}dg(y)=0 \quad (6.3)$$

对于某 $q \geq 2$ 成立,则有

$$\lim\limits_{\varepsilon\searrow a}U(\varepsilon)\sum_{n\geq n_0}\varphi(n)P(|\mu(n)-E\mu(n)|>\varepsilon(\log n)^{1/2}h(n))=1 \quad (6.4)$$

更进一步,当 $a>0$ 或 $a=0$ 且存在两个常数 $b>0$ 和 $M_0>1$,有对于任意 $\varepsilon>0$ 足够小,使得

$\varepsilon g^{-1}(U_0(\varepsilon)M_0) \geq b$ 成立,则可用 $\log n$ 代替 $E\mu(n)$。

蒋烨(2004)考虑了矩精确完全收敛性(有关矩精确完全收敛性的极限定理可参考蒋烨(2004)),于是自然要问:是否有类似于定理的矩精确完全收敛性成立?

在本部分中,我们考虑了这个问题,并得到了类似的结果,且去掉了式(6.2)。

6.2.2 主要结果

下面仍旧设 $\{X_k, k\geq 1\}$ 是 i.i.d. 随机变量序列,且 X_1 的分布绝对连续,$\mu(n)$ 与 6.1 节中的相同。设 $g(x)$ 和 $h(x)$ 是可微的正函数,令

$$\varphi(x)\sqrt{\log x}=g'(h(x))h'(x),\ G_0(\varepsilon)=\int_{h(n_0)}^{\infty}\varepsilon g(x)P(|N|>\varepsilon x)dx,$$

$$G(\varepsilon)\sim\frac{1}{G_0(\varepsilon)},\ \varepsilon\downarrow a_o \quad (6.5)$$

定理 6.1 设 $g(x)$ 和 $h(x)$ 是定义于 $[n_0,\infty)$ 上的严格增的可微函数,且 $\lim\limits_{x\to\infty}g(x)=\infty$,$\lim\limits_{x\to\infty}h(x)=\infty$,$\varphi(x)\sqrt{\log x}$ 单调,若单调递增,则设 $\lim\limits_{n\to\infty}\frac{\varphi(n+1)}{\varphi(n)}=1$。假设存在 $a\geq 0$,使 $G_0(\varepsilon)$ 满足:$G_0(\varepsilon)<\infty$,$\varepsilon>a$,$\lim\limits_{\varepsilon\searrow a}G_0(\varepsilon)=\infty$,且若下面两个条件之一成立:

(i) $\sum_{n=n_0}^{\infty}\varphi(n)(\log n)^{\alpha}<\infty$,对于某 $\alpha>0$ 成立; (6.6)

(ii) $\lim\limits_{M\to\infty}\lim\limits_{\varepsilon\searrow a}\varepsilon^{-q}G(\varepsilon)\int_{g^{-1}(G_0(\varepsilon)M)}^{\infty}y^{-q}dg(y)=0$,对于某一 $q>2$ 成立, (6.7)

则有

$$\lim\limits_{\varepsilon\searrow a}G(\varepsilon)\sum_{n\geq n_0}\varphi(n)E\{|\mu(n)-\log n|-\varepsilon(\log n)^{1/2}h(n)\}_+=1 \quad (6.8)$$

类似于 Y. Wang 和 Y. Yang(2003),我们能得到下面几个推论:

令 $g(x) = x^r l(x)$，$r \geq 0$，其中 $l(x)$ 是一缓变函数。由式(6.5)，令 $G(\varepsilon) = \dfrac{\varepsilon^r (l(\varepsilon^{-1}))^{-1}}{(r+1)^{-1} E|N|^{r+1}}$，$\varepsilon > 0 = a$，于是成立：

推论 6.1 令 $h(x)$ 是定义于 $[n_0, \infty)$ 的正且可微的函数，严格增于无穷，$\varphi(x) = \dfrac{1}{\sqrt{\log x}} \left(r(h(x))^{r-1} l(h(x)) + (h(x))^r l'(h(x)) \right) h'(x)$ 单调，若单调递增，则假设 $\dfrac{\lim_{n \to \infty} \varphi(n+1)}{\varphi(n)} = 1$。此外，$l(x)$ 在 $[n_0, \infty)$ 的每个紧子集上有界。则成立

$$\lim_{\varepsilon \searrow 0} \varepsilon^r (l(\varepsilon^{-1}))^{-1} \sum_{n=n_0}^{\infty} \varphi(n) E\{|\mu(n) - \log n| - \varepsilon (\log n)^{1/2} h(n)\}_+ = \dfrac{1}{r+1} E|N|^{r+1}$$

(6.9)

令 $g(x) = e^{rx^2}$，$r > 0$，由 6.5，令 $G(\varepsilon) = \sqrt{\dfrac{\pi}{2}} \dfrac{1}{-\log\sqrt{\varepsilon^2 - 2r}}$，$\varepsilon > a = \sqrt{2r}$，于是成立：

推论 6.2 令 $h(x)$ 是定义于 $[n_0, \infty)$ 的正且可微的函数，严格增于无穷，$\varphi(x) = \dfrac{1}{\sqrt{\log x}} 2re^{rh^2(x)} h(x) h'(x)$ 单调，若单调递增，则假设 $\dfrac{\lim_{n \to \infty} \varphi(n+1)}{\varphi(n)} = 1$。最后假设 $h(x)$ 满足条件(6.6)，则成立

$$\lim_{\varepsilon \searrow \sqrt{2r}} \dfrac{1}{-\log\sqrt{\varepsilon^2 - 2r}} \sum_{n=n_0}^{\infty} \varphi(n) E\{|\mu(n) - \log n| - \varepsilon (\log n)^{1/2} h(n)\}_+ = \sqrt{\dfrac{2}{\pi}}$$

(6.10)

特别地，令 $h(x) = (\log\log\log x)^{1/2}$，则有

$$\lim_{\varepsilon \searrow \sqrt{2r}} \dfrac{1}{-\log\sqrt{\varepsilon^2 - 2r}} \sum_{n=n_0}^{\infty} \dfrac{(\log\log n)^{r-1}}{n (\log n)^{3/2}} E\{|\mu(n) - \log n| - \varepsilon (\log n \log\log\log n)^{1/2}\}_+$$
$$= \sqrt{\dfrac{2}{\pi}} \dfrac{1}{r}$$

令 $g(x) = e^{rx}$，$r > 0$，由(6.5)，令 $G(\varepsilon) = 2^{-1} \varepsilon^{-1} r e^{-r^2/(2\varepsilon^2)}$，$\varepsilon > 0 = a$，于是成立：

推论 6.3 令 $h(x)$ 是定义于 $[n_0, \infty)$ 的正且可微的函数，严格增于无穷，$\varphi(x) = \dfrac{re^{rh(x)} h'(x)}{\sqrt{\log x}}$ 单调，若单调递增，则假设 $\lim_{n \to \infty} \dfrac{\varphi(n+1)}{\varphi(n)} = 1$。最后，假设 $h(x)$ 满足条件(6.6)，则成立

$$\lim_{\varepsilon \searrow 0} \varepsilon^{-1} e^{-r^2/(2\varepsilon^2)} \sum_{n=n_0}^{\infty} \varphi(n) E\{|\mu(n) - \log n| - \varepsilon (\log n)^{1/2} h(n)\}_+ = \dfrac{2}{r} \quad (6.11)$$

特别地，令 $h(x) = \log\log x$，$0 < r < 1/2$，成立

$$\lim_{\varepsilon \searrow 0} \varepsilon^{-1} e^{-r^2/(2\varepsilon^2)} \sum_{n=n_0}^{\infty} n^{-1} (\log n)^{r-3/2} E\{|\mu(n) - \log n| - \varepsilon (\log n)^{1/2} \log\log n\}_+ = \frac{2}{r^2}$$

6.2.3 有关 $\mu(n)$ 的一些性质及定理的证明

下面的引理 6.1 和引理 6.2 分别来自 A. Gut(1990) 的定理 1 和定理 3。

引理 6.1 （1）$\dfrac{\mu(n) - \log n}{\sqrt{\log n}} \xrightarrow{d} N(0, 1)$

（2）序列 $\left\{\left|\dfrac{\mu(n) - \log n}{\sqrt{\log n}}\right|^r, n \geq 3\right\}$ 一致可积，

$$E\left|\frac{\mu(n) - \log n}{\sqrt{\log n}}\right|^r \to \frac{1}{\sqrt{2\pi}} \int_{-\infty}^{\infty} |x|^r e^{-x^2/2} dx, \text{任意 } r > 0$$

引理 6.2 对于 $k \geq 2$ 有

$$\sup_{n}\left|P(\mu(k) \leq n) - \Phi\left(\frac{n - \log k}{\sqrt{\log k}}\right)\right| \leq \frac{1.9}{\sqrt{\log k}}$$

定理 6.1 的证明： 由题设知 $\exists n_1(\delta)$，当 $n > n_1$ 时，$\dfrac{\varphi(n+1)\sqrt{\log(n+1)}}{\varphi(n)\sqrt{\log n}} < 1 + \delta$，$\dfrac{\varphi(n)\sqrt{\log n}}{\varphi(n+1)\sqrt{\log(n+1)}} > 1 - \delta$，其中任意 $0 < \delta < 1$，而

$$\sum_{n \geq n_1} \varphi(n)\sqrt{\log n} E\{|N| - \varepsilon h(n)\}_+ = \sum_{n \geq n_1} \varphi(n)\sqrt{\log n} E\left\{\int_{\varepsilon h(n)}^{\infty} I\{|N| > t\} dt\right\}$$

$$= \sum_{n \geq n_1} \varphi(n)\sqrt{\log n} \int_{\varepsilon h(n)}^{\infty} P(|N| > t) dt$$

$$:= \Delta \qquad (6.12)$$

于是，$\dfrac{1}{1+\delta}\int_{n_1+1}^{\infty} \varphi(x)\sqrt{\log x} \int_{\varepsilon h(x)}^{\infty} P(|N| > t) dt dx \leq \Delta \leq \dfrac{1}{1-\delta}\int_{n_1}^{\infty} \varphi(x)\sqrt{\log x} \int_{\varepsilon h(x)}^{\infty} P(|N| > t) dt dx$

而 $\int_{n_1+1}^{\infty} \varphi(x)\sqrt{\log x} \int_{\varepsilon h(x)}^{\infty} P(|N| > t) dt dx = \int_{n_1+1}^{\infty} \int_{\varepsilon h(x)}^{\infty} P(|N| > t) dt dg(h(x))$

$$= \int_{h(n_1+1)}^{\infty} \int_{\varepsilon y}^{\infty} P(|N| > t) dt dg(y)$$

$$= \int_{h(n_1+1)}^{\infty} \varepsilon g(y) P(|N| > \varepsilon y) dy + C \qquad (6.13)$$

其中 C 为一无关紧要的常数(下同)。又因为

$$G(\varepsilon) \sim \frac{1}{G_0(\varepsilon)} = \frac{1}{\int_{h(n_0)}^{\infty} \varepsilon g(x) P(|N| > \varepsilon x) \mathrm{d}x} \qquad (6.14)$$

由式(6.12) ~ 式(6.14)以及 $G_0(\varepsilon)$ 的性质,可得

$$\frac{1}{1+\delta} \leq \liminf_{\varepsilon \searrow a} G(\varepsilon) \sum_{n \geq n_0} \varphi(n) \sqrt{\log n} E\{|N| - \varepsilon h(n)\}_+$$

$$\leq \limsup_{\varepsilon \searrow a} G(\varepsilon) \sum_{n \geq n_0} \varphi(n) \sqrt{\log n} E\{|N| - \varepsilon h(n)\}_+ \leq \frac{1}{1-\delta}$$

令 $\delta \to 0$,得 $\lim_{\varepsilon \searrow a} G(\varepsilon) \sum_{n \geq n_0} \varphi(n) \sqrt{\log n} E\{|N| - \varepsilon h(n)\}_+ = 1$。 (6.15)

现证

$$\lim_{\varepsilon \searrow a} G(\varepsilon) \sum_{n \geq n_0} \varphi(n) |E\{|\mu(n) - \log n| - \varepsilon (\log n)^{1/2} h(n)\}_+$$
$$- \sqrt{\log n} E\{|N| - \varepsilon h(n)\}_+| = 0 \qquad (6.16)$$

若式(6.6)成立:

$$|E\{|\mu(n) - \log n| - \varepsilon (\log n)^{1/2} h(n)\}_+ - \sqrt{\log n} E\{|N| - \varepsilon h(n)\}_+|$$

$$= \left| E \int_0^{\infty} I\left\{ \frac{|\mu(n) - \log n|}{\sqrt{\log n}} > \varepsilon h(n) + \frac{x}{\sqrt{\log n}} \right\} \mathrm{d}x \right.$$

$$\left. - \sqrt{\log n} E \int_0^{\infty} I\{|N| > \varepsilon h(n) + x\} \mathrm{d}x \right|$$

$$= \left| \int_0^{\infty} P\left(\frac{|\mu(n) - \log n|}{\sqrt{\log n}} > \varepsilon h(n) + \frac{x}{\sqrt{\log n}} \right) \mathrm{d}x \right.$$

$$\left. - \sqrt{\log n} \int_0^{\infty} P(|N| > \varepsilon h(n) + x) \mathrm{d}x \right|$$

$$= \left| \sqrt{\log n} \int_0^{\infty} P\left(\frac{|\mu(n) - \log n|}{\sqrt{\log n}} > \varepsilon h(n) + x \right) \mathrm{d}x \right.$$

$$\left. - \sqrt{\log n} \int_0^{\infty} P(|N| > \varepsilon h(n) + x) \mathrm{d}x \right|$$

$$\leq \sqrt{\log n} \int_0^{\infty} \left| P\left(\frac{|\mu(n) - \log n|}{\sqrt{\log n}} > \varepsilon h(n) + x \right) - P(|N| > \varepsilon h(n) + x) \right| \mathrm{d}x$$

$$:= \sqrt{\log n} \int_0^{(\log n)^{\alpha}} \Delta_1 \mathrm{d}x + \sqrt{\log n} \int_{(\log n)^{\alpha}}^{\infty} \Delta_1 \mathrm{d}x \qquad (6.17)$$

由引理6.1和引理6.2知,$\Delta_1 \leq \frac{3.8}{\sqrt{\log n}}$,$\Delta_1 \leq \frac{C_r}{(\varepsilon h(n) + x)^{r+1}}$, $\forall r > 0$

令 r 足够大，则有

$$\text{式}(3.6) \leq 3.8\,(\log n)^{\alpha} + \sqrt{\log n}\,\frac{C_r}{(\log n)^{\alpha r}} \leq C\,(\log n)^{\alpha} \tag{6.18}$$

由式(6.5) ~ 式(6.6)、式(6.17) ~ 式(6.18) 即知(6.16) 成立。

若式(6.7) 成立：

令 $b(\varepsilon) = h^{-1} \circ g^{-1}(G_0(\varepsilon)M)$，则当 $\varepsilon \searrow a$ 时，$b(\varepsilon) \to \infty$。和 Y. Wang 与 Y. Yang(2003) 的证明一样，若 $\varphi(x)\sqrt{\log x}$ 非降，由 Y. Wang 和 Y. Yang(2003) 的引理 3 知，存在 ε_0，当 $a < \varepsilon < \varepsilon_0$ 时，有

$$4G_0(\varepsilon)M = 4g(h(b(\varepsilon))) \geq g \circ h(b(\varepsilon)+1) \geq \int_{n_0}^{b(\varepsilon)+1} \mathrm{d}g(h(x))$$

$$= \int_{n_0}^{b(\varepsilon)+1} \varphi(x)\sqrt{\log x}\,\mathrm{d}x$$

$$\geq \sum_{n=n_0}^{b(\varepsilon)} \int_n^{n+1} \varphi(x)\sqrt{\log x}\,\mathrm{d}x \geq \sum_{n=n_0}^{b(\varepsilon)} \varphi(n)\sqrt{\log n}$$

$$\geq (1-\delta)\left(\sum_{n=n_0}^{b(\varepsilon)+1} \varphi(n)\sqrt{\log n} - \varphi(n_1)\sqrt{\log n_1}\right) \tag{6.19}$$

若 $\varphi(x)\sqrt{\log x}$ 非增，类似地，有

$$4G_0(\varepsilon)M \geq \sum_{n=n_0}^{b(\varepsilon)+1} \varphi(n)\sqrt{\log n} - \varphi(n_0)\sqrt{\log n_0} \tag{6.20}$$

而

$$\sum_{n=n_0}^{b(\varepsilon)+1} \varphi(n)\left|E\{|\mu(n)-\log n|-\varepsilon(\log n)^{1/2}h(n)\}_+ - \sqrt{\log n}\,E\{|N|-\varepsilon h(n)\}_+\right|$$

$$\leq \sum_{n=n_0}^{b(\varepsilon)+1} \varphi(n)\sqrt{\log n} \int_0^{\infty} \left|P\left(\frac{|\mu(n)-\log n|}{\sqrt{\log n}} > \varepsilon h(n)+x\right) - P(|N|>\varepsilon h(n)+x)\right|\mathrm{d}x$$

$$:= \sum_{n=n_0}^{b(\varepsilon)+1} \varphi(n)\sqrt{\log n}\,\Delta_{n\varepsilon} \tag{6.21}$$

由引理 6.1 和引理 6.2 知，对于任意 $r > 0$，有

$$\Delta_{n\varepsilon} = \int_0^{(\log n)^{1/4}} \Delta_1 \mathrm{d}x + \int_{(\log n)^{1/4}}^{\infty} \Delta_1 \mathrm{d}x \leq \frac{3.8}{(\log n)^{1/4}} + C\int_{(\log n)^{1/4}}^{\infty} \frac{1}{(\varepsilon h(n)+x)^{r+1}}\mathrm{d}x$$

$$\leq \frac{3.8}{(\log n)^{1/4}} + \frac{C}{(\log n)^{r/4}} \to 0 \tag{6.22}$$

结合式(6.19) ~ 式(6.22) 即可得

$$\lim_{\varepsilon \searrow a} G(\varepsilon) \sum_{n_0 \leq n \leq b(\varepsilon)+1} \varphi(n)\left|E\{|\mu(n)-\log n|-\varepsilon(\log n)^{1/2}h(n)\}_+\right.$$

$$-\sqrt{\log n}E\{|N|-\varepsilon h(n)\}_+|=0 \tag{6.23}$$

而 $\sum_{n>b(\varepsilon)+1}\varphi(n)\Big|E\{|\mu(n)-\log n|-\varepsilon(\log n)^{1/2}h(n)\}_+$

$$-\sqrt{\log n}E\{|N|-\varepsilon h(n)\}_+\Big|$$

$$\leq \sum_{n>b(\varepsilon)+1}\varphi(n)\sqrt{\log n}\Delta_{n\varepsilon} \tag{6.24}$$

因为 $\Delta_{n\varepsilon}\leq C_q\int_0^\infty\frac{1}{(\varepsilon h(n)+x)^{q+1}}\mathrm{d}x=C_q\frac{1}{\varepsilon^q h^q(n)}$，所以

$$\sum_{n>b(\varepsilon)+1}\varphi(n)\sqrt{\log n}\Delta_{n\varepsilon}\leq C_q\sum_{n>b(\varepsilon)+1}\varphi(n)\sqrt{\log n}\frac{1}{\varepsilon^q h^q(n)}$$

$$\leq C\int_{b(\varepsilon)}^\infty\frac{\varphi(x)\sqrt{\log x}}{\varepsilon^q h^q(x)}\mathrm{d}x$$

$$=C\int_{b(\varepsilon)}^\infty\frac{1}{\varepsilon^q h^q(x)}\mathrm{d}g(h(x))$$

$$=C\int_{h(b(\varepsilon))}^\infty\frac{1}{\varepsilon^q y^q}\mathrm{d}g(y)$$

$$=C\int_{g^{-1}(G_0(\varepsilon)M)}^\infty\frac{1}{\varepsilon^q y^q}\mathrm{d}g(y) \tag{6.25}$$

由式(6.7)、式(6.24) ~ 式(6.25)，得

$$\lim_{M\to\infty}\lim_{\varepsilon\searrow a}G(\varepsilon)\sum_{n>b(\varepsilon)+1}\varphi(n)\Big|E\{|\mu(n)-\log n|-\varepsilon(\log n)^{1/2}h(n)\}_+$$

$$-\sqrt{\log n}E\{|N|-\varepsilon h(n)\}_+\Big|=0 \tag{6.26}$$

由式(6.23)和式(6.26)即得式(6.16)。结合式(6.15)、式(6.16)即得定理6.1。

推论6.1的证明： 易知

$$G_0(\varepsilon)=\int_{h(n_0)}^\infty\varepsilon x^r l(x)P(|N|>\varepsilon t)\mathrm{d}t=\int_{\varepsilon h(n_0)}^\infty\varepsilon^{-r}t^r l(\varepsilon^{-1}t)P(|N|>t)\mathrm{d}t$$

令 $G(\varepsilon)=\frac{\varepsilon^r(l(\varepsilon^{-1}))^{-1}}{(r+1)^{-1}E|N|^{r+1}}$，类似Y. Wang和Y. Yang(2003)推论2.1的证明，易知 $\lim_{\varepsilon\searrow 0}G(\varepsilon)G_0(\varepsilon)=1$。

而式(6.7)在Y. Wang和Y. Yang(2003)的推论2.1的证明中也有验算，从略。

推论6.2的证明： 易知

$$G_0(\varepsilon)=\int_{h(n_0)}^\infty\varepsilon\mathrm{e}^{rx^2}P(|N>\varepsilon x|)\mathrm{d}x$$

由正态分布的尾概率估计，易知 $\forall\delta>0$，成立

$$C_2 + \frac{1}{1+\delta}\int_{h(n_0)}^{\infty} \varepsilon e^{rx^2}\frac{2}{\sqrt{2\pi}\,\varepsilon x}e^{-\varepsilon^2 x^2/2}\mathrm{d}x \leq G_0(\varepsilon)$$

$$\leq \frac{1}{1-\delta}\int_{h(n_0)}^{\infty} \varepsilon e^{rx^2}\frac{2}{\sqrt{2\pi}\,\varepsilon x}e^{-\varepsilon^2 x^2/2}\mathrm{d}x + C_1$$

其中，C_1 和 C_2 是两个只与 δ 有关的常数。

而

$$\int_{h(n_0)}^{\infty}\varepsilon e^{rx^2}\frac{2}{\sqrt{2\pi}\,\varepsilon x}e^{-\varepsilon^2 x^2/2}\mathrm{d}x = \int_{h(n_0)}^{\infty}\frac{2}{\sqrt{2\pi}\,x}e^{-x^2(\varepsilon^2-2r)/2}\mathrm{d}x = \int_{\sqrt{\varepsilon^2-2r}\,h(n_0)}^{\infty}\frac{2}{\sqrt{2\pi}\,t}e^{-t^2/2}\mathrm{d}t$$

所以

$$\lim_{\varepsilon \searrow \sqrt{2r}}\sqrt{\frac{\pi}{2}}\frac{1}{-\log\sqrt{\varepsilon^2-2r}}G_0(\varepsilon)$$

$$\leq \frac{1}{1-\delta}\lim_{\varepsilon \searrow \sqrt{2r}}\frac{1}{-\log\sqrt{\varepsilon^2-2r}}\int_{\sqrt{\varepsilon^2-2r}\,h(n_0)}^{\infty}\frac{1}{t}e^{-t^2/2}\mathrm{d}t = \frac{1}{1-\delta}$$

$$\lim_{\varepsilon \searrow \sqrt{2r}}\sqrt{\frac{\pi}{2}}\frac{1}{-\log\sqrt{\varepsilon^2-2r}}G_0(\varepsilon)$$

$$\geq \frac{1}{1+\delta}\lim_{\varepsilon \searrow \sqrt{2r}}\frac{1}{-\log\sqrt{\varepsilon^2-2r}}\int_{\sqrt{\varepsilon^2-2r}\,h(n_0)}^{\infty}\frac{1}{t}e^{-t^2/2}\mathrm{d}t = \frac{1}{1+\delta}$$

故 $\lim_{\varepsilon \searrow \sqrt{2r}}\sqrt{\frac{\pi}{2}}\frac{1}{-\log\sqrt{\varepsilon^2-2r}}G_0(\varepsilon) = 1$，于是可取 $G(\varepsilon) = \sqrt{\frac{\pi}{2}}\frac{1}{-\log\sqrt{\varepsilon^2-2r}}$，$a = \sqrt{2r}$。

推论 6.3 的证明： $G_0(\varepsilon) = \int_{h(n_0)}^{\infty}\varepsilon e^{rx}P(|N| > \varepsilon x)\mathrm{d}x = \int_{\varepsilon h(n_0)}^{\infty}e^{rt/\varepsilon}P(|N| > t)\mathrm{d}t$

$$= \frac{\varepsilon}{r}e^{rh(n_0)}P(|N| > \varepsilon h(n_0)) + \frac{2\varepsilon}{\sqrt{2\pi}\,r}\int_{\varepsilon h(n_0)}^{\infty}e^{rt/\varepsilon - t^2/2}\mathrm{d}t$$

$$= \frac{\varepsilon}{r}e^{rh(n_0)}P(|N| > \varepsilon h(n_0)) + \frac{2\varepsilon}{\sqrt{2\pi}\,r}e^{r^2/(2\varepsilon^2)}\int_{\varepsilon h(n_0)}^{\infty}e^{-(t-r/\varepsilon)^2/2}\mathrm{d}t$$

$$= \frac{\varepsilon}{r}e^{rh(n_0)}P(|N| > \varepsilon h(n_0)) + \frac{2\varepsilon}{\sqrt{2\pi}\,r}e^{r^2/(2\varepsilon^2)}\int_{\varepsilon h(n_0)-r/\varepsilon}^{\infty}e^{-t^2/2}\mathrm{d}t$$

所以 $\lim_{\varepsilon \searrow 0}2^{-1}\varepsilon^{-1}re^{-r^2/(2\varepsilon^2)}G_0(\varepsilon) = \lim_{\varepsilon \searrow 0}\frac{1}{\sqrt{2\pi}}\int_{\varepsilon h(n_0)-r/\varepsilon}^{\infty}e^{-t^2/2}\mathrm{d}t = 1$，

于是，可取 $G(\varepsilon) = 2^{-1}\varepsilon^{-1}re^{-r^2/(2\varepsilon^2)}$，$a = 0$。

6.3 完全矩收敛的 NA 序列的精确渐近性

本部分得到了完全矩收敛 NA 序列的精确渐近性的一些结果，将前人得出的精确渐进性进行了相应的推广。

6.3.1 概述

设 $\{X, X_n; n \geq 1\}$ 为一组具有均差为 0 的随机变量，设 $S_0 = 0$，$S_n = \sum_{k=1}^{n} X_k$，$M_n = \max_{k \leq n} |S_k|$，$n \geq 0$.

由于 Hsu 和 Robbins(1947) 介绍了完全收敛的概念，文献已从几个不同的方向进行扩展。例如，Baum 和 Katz(1965) 讨论了独立同分布随机变量的精确渐近性，得到了如下结论：

$$\sum_{k=1}^{\infty} n^{r/p-2} P\{|S_n| > \varepsilon n^{1/p}\} < \infty, \varepsilon > 0, 1 \leq p < 2, r \geq p,$$

当且仅当 $EX = 0$，$E|X|^r < \infty$。

Chow 和 Lai(1975) 对一些样本和的尾分布给出了一些定理，根据其定理，可得

定理 B 设 $\{X, X_n; n \geq 1\}$ 为一列独立同分布的随机变量，$EX = 0$，$E|X|^p < \infty$，$p > 1$，设 $1 \leq r < 2$，$p \geq r$，$\alpha r > 1$，则存在一个仅依赖于 p, α, r 的定值 $C_{p,r,\alpha} > 0$，使得

$$\sum_{n=1}^{\infty} n^{\alpha p-2} P\{\max_{1 \leq k \leq n} |S_k| \geq \lambda n^{\alpha p}\} \leq C_{p,r,\alpha} \left(\frac{E|X|^p}{\lambda^p} + \frac{E|X|^{r\frac{p\alpha-1}{r\alpha-1}}}{\lambda^{r\frac{p\alpha-1}{r\alpha-1}}} \right). \quad (6.27)$$

Chow(1988) 讨论了独立同分布随机变量序列的完全矩收敛，证明了

定理 C 设 $\{X, X_n; n \geq 1\}$ 为一列具有期望为 0 的独立同分布的随机变量，设 $p \geq 1$，$\alpha > \frac{1}{2}$，$p\alpha > 1$，$E\{|X|^p + |X|\log(1+|X|)\} < \infty$

则对于任意的 $\varepsilon > 0$ 有

$$\sum_{n=1}^{\infty} n^{p\alpha-2-\alpha} E\{\max_{j \leq n} |S_j| - \varepsilon n^\alpha\}_+ < \infty$$

设 $S(\lambda) = \sum_{n=1}^{\infty} n^{p\alpha-2} P(\max_{k \leq n} |S_k| \geq \lambda n^\alpha)$，定理 A 验证了当 $\lambda \to \infty$ 时，有 $S(\lambda) = O(\lambda^{-p})$，其他相应的结果参考文献 Chow Y.S. 和 Lai T.L.(1978)、Pruss A.R.,(1997)、Jiang D.Y. 和 Lin Z.Y.(2004)，当 $\lambda \to 0$ 时，Heyde(1975) 证明了

$$\lim_{\lambda \to 0} \lambda^2 \sum_{n=1}^{\infty} P(|S_n| \geq \lambda n) = EX^2$$

这里 $\{X, X_n; n \geq 1\}$ 为一列具有期望为 0 的独立同分布的随机变量，更一般性的结果参考文献 Chen R.(1978)、Gut A. 和 SpÄataru A(2000)、Gut A.(2002)、SpÄataru A.(1999)。

有限随机变量 $\{X_i; 1 \le i \le n\}$ 称为负相关(NA)，若满足对于任意的来自 $\{1, 2, \cdots, n\}$ 的集合 A_1 和 A_2，有

$$\text{Cov}\{f_1(X_i, i \in A_1), f_2(X_i, i \in A_2)\} \le 0 \tag{6.28}$$

这里 f_1 和 f_2 协调递增且协方差存在，若对于任何的子集均负相关，则随机变量序列负相关。Alam、Saxena(1981) 和 Joag-Dev、Proschan(1983) 最早介绍了此定义，参照 Joag-Dev 和 Proschan(1983) 可得到更深层次的性质，Newman(1984) 得到了中心极限定理，Shao(2000) 得到了比较定理和弱不变性定理。

Jiang(2004) 得到了完全矩收敛的 NA 序列的准确率问题，结果如下：

定理 D 设 $\{X, X_n; n \ge 1\}$ 为一列具有期望为 0 的严格意义的 NA 序列，且当 $0 < \delta \le 1, r > 1 + \dfrac{p}{2}, 1 < p < 2$ 时，有 $EX = 0, E|X|^{(2+\delta) \vee r} < \infty$，设 $\{X, X_n; n \ge 1\}$ 满足

(i) $u(n) = \sup\limits_{k} \sum\limits_{j:\ |j-k| \ge n} |-\text{Cov}(X_j, X_k)| = O(\mathrm{e}^{-\lambda n})$，对于任意的 $\lambda > 0$，

(ii) $\inf\limits_{n} E S_n^2 / n > 0$，则有

$$\lim_{\varepsilon \to 0} \varepsilon^{\frac{2(r-p)}{2-p}-1} \sum_{n=1}^{\infty} n^{\frac{r}{p}-2-\frac{1}{p}} E\{|S_n| - \sigma \varepsilon n^{\frac{1}{p}}\}_+ = \frac{\sigma p(2-p)}{(r-p)(2r-p-2)} E|N|^{\frac{2(r-p)}{2-p}} \tag{6.29}$$

这里，$0 < \sigma^2 := E X_1^2 + 2 \sum\limits_{i=2}^{\infty} E X_1 E X_i < \infty$。

因此，可得出 NA 序列仍然满足式(6.27)，在第二部分对于完全矩收敛的随机变量序列给出相应的不等式，并将验证在条件 $E|X|^{2 \vee r} < \infty$ 或条件 $E|X|^2 < \infty$ 下，对于 NA 序列仍然满足式(6.29)，并且在不需要满足条件(T1) 的情形下，我们验证了定理 C。

6.3.2 关于 S_n 的一些不等式

本部分可假设 $\{X, X_n; n \ge 1\}$ 为具有相同分布的 NA 序列，其共同的分布函数为 F，且 $\{X^*, X_n^*; n \ge 1\}$ 为独立同分布的随机变量，分布函数为 F，整个部分中，设 C 为正整数，在不同的地方允许不同，$[X]$ 为所有的小于或等于 x 的实数中的最大整数。

首先我们给出一些定理，这些定理在后面的证明过程中将被用到，前面三个引理来自 Shao(2000)，第四个引理来自文献 Jiang 和 Lin(2004)。

引理 6.3 设 $\{X_n; n \ge 1\}$ 为 NA 序列，$\{X_n^*; n \ge 1\}$ 为独立同分布的随机变量，对于每一个 $i = 1, 2, \cdots, n$ 均具有相同的分布函数 F，则有

$$Ef\left(\sum_{i=1}^{n} X_i\right) \le Ef\left(\sum_{i=1}^{n} X_i^*\right) \tag{6.30}$$

对于 $\mathbf{R}^1$ 上任意的凸函数 f 均成立,若 f 为非减的凸函数,则有

$$Ef\left(\max_{1\leq k\leq n}\sum_{i=1}^{k}X_i\right) \leq Ef\left(\max_{1\leq k\leq n}\sum_{i=1}^{k}X_i^*\right) \tag{6.31}$$

引理 6.4 设 $\{X_n; n\geq 1\}$ 为 NA 序列,具有期望为 0,且存在二阶矩,设 $S_k = \sum_{i=1}^{n}X_i$, $B_n = \sum_{i=1}^{n}X_i^2$,则对于所有的 $x > 0$, $a > 0$ 和 $0 < \alpha < 1$,有

$$P\left(\max_{1\leq k\leq n}|S_k|\geq x\right) \leq 2P\left(\max_{1\leq k\leq n}|X_k|\geq a\right)$$
$$+ \frac{2}{1-\alpha}\exp\left(-\frac{x^2\alpha}{2(ax+B_n)}\left\{1+\frac{2}{3}\log\left(1+\frac{ax}{B_n}\right)\right\}\right) \tag{6.32}$$

引理 6.5 设 $p > 1$,$\{X_i; 1\leq i\leq n\}$ 为具有均值为 0 的 NA 序列,对于任意的 $1\leq i\leq n$ 且有 $E|X_i|^p < \infty$,则

$$E\left|\max_{1\leq k\leq n}\sum_{i=1}^{k}X_i\right|^p \leq 2^{3-p}\sum_{i=1}^{n}E|X_i|^p,\quad 1 < p \leq 2, \tag{6.33}$$

$$E\left|\max_{1\leq k\leq n}\sum_{i=1}^{k}X_i\right|^p \leq 2\left(\frac{15p}{\log p}\right)^p\left\{\left(\sum_{i=1}^{n}EX_i^2\right)^{\frac{p}{2}} + \sum_{i=1}^{n}E|X_i|^p\right\},\quad p > 2, \tag{6.34}$$

引理 6.6 设 $\{X^*, X_n^*; n\geq 1\}$ 为独立同分布的随机变量,对于每一个 $i = 1, 2, \cdots, n$ 均具有相同的分布函数 F,且期望为 0,$p\geq 2$,$\lambda > 0$,当 $\alpha \geq 1$ 时,则有

$$\sum_{n=1}^{\infty}n^{\alpha p-2}P\left(\max_{1\leq k\leq n}|S_k^*|\geq \lambda n^\alpha\right) \leq C_{p,\alpha}\left(\frac{E|X^*|^p I\{|X^*|>\lambda\}}{\lambda^p}\right.$$
$$\left.+ \frac{(E|X^*|^2 I\{|X^*|>\lambda\})^{(p\alpha-1)/(2\alpha-1)}}{\lambda^{2(p\alpha-1)/(2\alpha-1)}}\right) \tag{6.35}$$

当 $\alpha > \frac{1}{2}$,有

$$\sum_{n=1}^{\infty}n^{\alpha p-2}P(|S_n^*|\geq \lambda n^\alpha) \geq C'_{p,\alpha}\left(\frac{E|X^*|^p I\{|X^*|>\lambda\}}{\lambda^p}\right.$$
$$\left.+ \frac{(E|X^*|^2 I\{|X^*|>\lambda\})^{(p\alpha-1)/(2\alpha-1)}}{\lambda^{2(p\alpha-1)/(2\alpha-1)}}\right) \tag{6.36}$$

这里 $S_n^* = \sum_{i=1}^{n}X_i^*$,$C_{p,\alpha}$ 和 $C'_{p,\alpha}$ 为仅依赖于 p 和 α 的正数。

下面给出部分主要结果的内容和证明过程。

定理 6.2 设 $1 < r\leq 2$,$\alpha r > 1$,$p \geq r$,$\{X, X_n; n \geq 1\}$ 为 NA 序列,对于每一个 $i = 1, 2, \cdots, n$,均具有相同的分布函数 F,$EX = 0$,$E|X|^p < \infty$,则存在仅依赖于 p,r 和 α 的常数 $C_{p,r,\alpha} > 0$,使得

$$\sum_{n=1}^{\infty} n^{\alpha p-2} P(\max_{1\leq k\leq n} |S_k| \geq \lambda n^{\alpha}) \leq C_{p,r,\alpha} \left(\frac{E|X|^p}{\lambda^p} + \frac{(E|X|^r)^{\frac{p\alpha-1}{r\alpha-1}}}{\lambda^{\frac{r(p\alpha-1)}{r\alpha-1}}} \right) \quad (6.37)$$

$$\sum_{n=1}^{\infty} n^{\alpha p-2-\alpha} E(\max_{1\leq k\leq n} |S_k| - \lambda n^{\alpha})_+ \leq C_{p,r,\alpha} \left(\frac{E|X|^p}{\lambda^{p-1}} + \frac{(E|X|^r)^{\frac{p\alpha-1}{r\alpha-1}}}{\lambda^{\frac{r(p\alpha-1)}{r\alpha-1}-1}} \right) \quad (6.38)$$

注释1：定理6.2将定理A扩展到NA随机变量，事实上，根据Chow Y.S.和Lai(2008)中的定理1和本节中定理6.2的证明过程，我们也可以将Chow Y.S.和Lai(2008)中的定理1扩展到NA序列，在定理6.2的条件下，得

$$\sum_{n=1}^{\infty} n^{\alpha p-2} P(\max_{1\leq k\leq n} S_k \geq n^{\alpha}) \leq C_{p,r,\alpha}(E(X^+)^p + (E|X|^r)^{\frac{p\alpha-1}{r\alpha-1}})$$

$$\sum_{n=1}^{\infty} n^{\alpha p-2-\alpha} E(\max_{1\leq k\leq n} S_k - n^{\alpha})_+ \leq C_{p,r,\alpha}(E(X^+)^p + (E|X|^r)^{\frac{p\alpha-1}{r\alpha-1}})$$

定理6.3 设 $1 < r \leq 2$，$\alpha r > 1$，$\alpha p \geq r$，$\{X, X_n; n \geq 1\}$ 为独立NA序列，对于每一个 $i = 1, 2, \cdots, n$，均具有相同的分布函数 F，$EX = 0$，$E|X|^r < \infty$，则存在仅依赖于 P，r 和 α 的常数 $C_{p,r,\alpha} > 0$，当 $0 < p < r \leq 2$，有

$$\sum_{n=1}^{\infty} n^{\alpha p-2} P(\max_{1\leq k\leq n} |S_k| \geq \lambda n^{\alpha}) \leq C_{p,r,\alpha} \left(\frac{(E|X|^r)^{\frac{p\alpha-1}{r\alpha-1}}}{\lambda^{\frac{r(p\alpha-1)}{r\alpha-1}}} \right); \quad (6.39)$$

当 $0 < p < r \leq 2$，$\frac{r(p\alpha-1)}{r\alpha-1} > 1$，有

$$\sum_{n=1}^{\infty} n^{\alpha p-2-\alpha} E(\max_{1\leq k\leq n} |S_k| - \lambda n^{\alpha})_+ \leq C_{p,r,\alpha} \left(\frac{(E|X|^r)^{\frac{p\alpha-1}{r\alpha-1}}}{\lambda^{\frac{r(p\alpha-1)}{r\alpha-1}-1}} \right) \quad (6.40)$$

注释2：定理6.3将Chow和Lai(1978)中的引理4的相关结果推广到了NA序列。

事实上，当 $\alpha \geq 1$，可得到下面更精确的结果：

定理6.4 设 $\alpha \geq 1$，$p \geq 2$，$\{X, X_n; n \geq 1\}$ 为NA序列，对于每一个 $i = 1$，$2, \cdots, n$，均具有相同的分布函数 F，$EX = 0$，$E|X|^p < \infty$。则存在仅依赖于 P 和 α 的常数 $C_{p,\alpha} > 0$，使得

$$\sum_{n=1}^{\infty} n^{\alpha p-2} P(\max_{1\leq k\leq n} |S_k| \geq 2\lambda n^{\alpha}) \leq C_{p,\alpha} \sum_{n=1}^{\infty} n^{\alpha p-2} P(|S_n^*| \geq \lambda n^{\alpha}) \quad (6.41)$$

这里，$S_n^* = \sum_{i=1}^{n} X_i^*$。

定理6.2的证明：根据定理A，可知

$$\sum_{n=1}^{\infty} n^{\alpha p-2} P(\max_{1\leq k\leq n} |S_k^*| \geq \lambda n^{\alpha}) \leq C_{p,r,\alpha} \left(\frac{E|X|^p}{\lambda^p} + \frac{(E|X|^r)^{\frac{p\alpha-1}{r\alpha-1}}}{\lambda^{\frac{r(p\alpha-1)}{r\alpha-1}}} \right) \quad (6.42)$$

由于对于任意的 $a \in R$, $f(x) = \{\max(0, x) - a\}_+$ 为非降的凸函数，根据式(6.31)可得

$$\sum_{n=1}^{\infty} n^{\alpha p-2-\alpha} E \left(\max_{0 \leq k \leq n} |S_k| - \lambda n^{\alpha}\right)_+ \leq \sum_{n=1}^{\infty} n^{\alpha p-2-\alpha} E \left(\max_{0 \leq k \leq n} S_k^* - \lambda n^{\alpha}\right)_+$$

$$\leq \int_0^{\infty} \sum_{n=1}^{\infty} n^{\alpha p-2} P\left(\max_{1 \leq k \leq n} |S_k^*| \geq (\lambda + x) n^{\alpha}\right) dx$$

$$\leq C_{p,r,\alpha} \int_0^{\infty} \left(\frac{E|X|^p}{(\lambda+x)^p} + \frac{(E|X|^r)^{\frac{p\alpha-1}{r\alpha-1}}}{(\lambda+x)^{\frac{r(p\alpha-1)}{r\alpha-1}}}\right) dx$$

$$\leq C_{p,r,\alpha} \left(\frac{E|X|^p}{\lambda^{p-1}} + \frac{(E|X|^r)^{\frac{p\alpha-1}{r\alpha-1}}}{\lambda^{\frac{r(p\alpha-1)}{r\alpha-1}}}\right)$$

由于

$$\sum_{n=1}^{\infty} n^{\alpha p-2-\alpha} E \left(\max_{1 \leq k \leq n} |S_k| - \lambda n^{\alpha}\right)_+$$

$$\leq \sum_{n=1}^{\infty} n^{\alpha p-2-\alpha} E \left(\max_{0 \leq k \leq n} S_k - \lambda n^{\alpha}\right)_+ + \sum_{n=1}^{\infty} n^{\alpha p-2-\alpha} E \left(\max_{0 \leq k \leq n} (-S_k) - \lambda n^{\alpha}\right)_+$$

可得式(6.38)。

注意，

$$\sum_{n=1}^{\infty} n^{\alpha p-2-\alpha} E \left(\max_{1 \leq k \leq n} |S_k| - \lambda n^{\alpha}\right)_+$$

$$= \sum_{n=1}^{\infty} n^{\alpha p-2} \int_0^{\infty} P\left(\max_{1 \leq k \leq n} |S_k| \geq (\lambda + x) n^{\alpha}\right) dx$$

$$\geq \sum_{n=1}^{\infty} n^{\alpha p-2} \int_0^{\lambda} P\left(\max_{1 \leq k \leq n} |S_k| \geq (\lambda + x) n^{\alpha}\right) dx$$

$$\geq \lambda \sum_{n=1}^{\infty} n^{\alpha p-2} P\left(\max_{1 \leq k \leq n} |S_k| \geq 2\lambda n^{\alpha}\right)$$

根据式(6.38)可得式(6.37)。

定理 6.3 的证明： 设 $b(\lambda) = [(2\lambda^{-r} E|X|^r)^{\frac{1}{r\alpha-1}}]$。定义

$$X_i' = X_i I\{|X_i| \leq \lambda n^{\alpha}\} + \lambda n^{\alpha} I\{X_i \geq \lambda n^{\alpha}\} - \lambda n^{\alpha} I\{X_i \leq -\lambda n^{\alpha}\}$$

$$X_i'' = (X_i - \lambda n^{\alpha}) I\{X_i \geq \lambda n^{\alpha}\} + (X_i + \lambda n^{\alpha}) I\{X_i \leq -\lambda n^{\alpha}\}$$

$$S_n' = \sum_{i=1}^n X_i', \quad S_n'' = \sum_{i=1}^n X_i'',$$

设 $\lambda^{-r} E|X|^r \geq 1$，易知

$$\sum_{n=1}^{b(\lambda)} n^{\alpha p-2} P\left(\max_{1 \leq k \leq n} |S_k| \geq \lambda n^{\alpha}\right) \leq \sum_{n=1}^{b(\lambda)} n^{\alpha p-2} \leq \int_0^{2b(\lambda)} x^{\alpha p-2} dx \leq C_{p,r,\alpha} \frac{(E|Y|^r)^{\frac{p\alpha-1}{r\alpha-1}}}{\lambda^{\frac{r(p\alpha-1)}{r\alpha-1}}}$$

(6.43)

和

$$\sum_{n=b(\lambda)+1}^{\infty} n^{\alpha p-2} P(\max_{1\leq k\leq n} |S_k| \geq \lambda n^{\alpha})$$
$$\leq \sum_{n=b(\lambda)+1}^{\infty} n^{\alpha p-1} P(|X| \geq \lambda n^{\alpha}) + \sum_{n=b(\lambda)+1}^{\infty} n^{\alpha p-2} P(\max_{1\leq k\leq n} |S'_k - ES'_k| \geq \frac{\lambda n^{\alpha}}{2})$$
$$=: H_1 + H_2 \qquad (6.44)$$

对于 H_1 有

$$H_1 \leq \sum_{n=b(\lambda)+1}^{\infty} n^{\alpha p-1-\alpha r} \frac{E|X|^r}{\lambda^r} \leq C_{p,r,\alpha} \frac{(E|X|^r)^{\frac{p\alpha-1}{r\alpha-1}}}{\lambda^{\frac{r(p\alpha-1)}{r\alpha-1}}} \qquad (6.45)$$

根据马尔科夫不等式，对于 H_2，则有

$$H_2 \leq 4 \sum_{n=b(\lambda)+1}^{\infty} \lambda^{-2} n^{\alpha p-1-2\alpha} EX^2 I\{|X|\leq \lambda n^{\alpha}\} + 4\sum_{n=b(\lambda)+1}^{\infty} n^{\alpha p-1} P\{|X|\geq \lambda n^{\alpha}\}$$
$$\leq 8 \sum_{n=b(\lambda)+1}^{\infty} n^{\alpha p-1-r\alpha} \lambda^{-r} E|X|^r$$
$$\leq C_{p,r,\alpha} \frac{(E|X|^r)^{\frac{p\alpha-1}{r\alpha-1}}}{\lambda^{\frac{r(p\alpha-1)}{r\alpha-1}}} \qquad (6.46)$$

当 $\lambda^{-r} E|X|^r < 1$ 时，有

$$\sum_{n=1}^{b(\lambda)} n^{\alpha p-2} P(\max_{1\leq k\leq n}|S_k|\geq \lambda n^{\alpha}) \leq \sum_{n=1}^{[2^{\frac{1}{r\alpha-1}}]} n^{\alpha p-2-\alpha r}\frac{E\max_{1\leq k\leq n}|S_k|^r}{\lambda^r}$$
$$\leq C_r \sum_{n=1}^{[2^{\frac{1}{r\alpha-1}}]} n^{\alpha p-1-\alpha r}\frac{E|X|^r}{\lambda^r} \leq C_{p,r,\alpha} \frac{(E|X|^r)^{\frac{p\alpha-1}{r\alpha-1}}}{\lambda^{\frac{r(p\alpha-1)}{r\alpha-1}}}$$
$$(6.47)$$

和

$$H_1 \leq \sum_{n=b(\lambda)+1}^{\infty} n^{\alpha p-1-\alpha r}\frac{E|X|^r}{\lambda^r} \leq C_{p,r,\alpha} \frac{(E|X|^r)^{\frac{p\alpha-1}{r\alpha-1}}}{\lambda^{\frac{r(p\alpha-1)}{r\alpha-1}}} \qquad (6.48)$$

$$H_2 \leq 8 \sum_{n=b(\lambda)+1}^{\infty} n^{\alpha p-1-r\alpha} \lambda^{-r} E|X|^r \leq C_{p,r,\alpha} \frac{(E|X|^r)^{\frac{p\alpha-1}{r\alpha-1}}}{\lambda^{\frac{r(p\alpha-1)}{r\alpha-1}}} \qquad (6.49)$$

根据式(6.43) ~ 式(6.49)，可得式(6.39)。

由于

$$\sum_{n=1}^{\infty} n^{\alpha p-2-\alpha} E(\max_{1\leq k\leq n}|S_k| - \lambda n^{\alpha})_+ = \sum_{n=1}^{\infty} n^{\alpha p-2} \int_0^{\infty} P(\max_{1\leq k\leq n}|S_k|\geq (\lambda+x)n^{\alpha}) \mathrm{d}x$$

根据式(6.39)可得式(6.40)。

定理6.4 的证明：根据式(6.31)和式(6.35)，可得

$$\sum_{n=1}^{\infty} n^{\alpha p-2-\alpha} E(\max_{0\leqslant k\leqslant n} S_k - \lambda n^{\alpha})_+ \leqslant \sum_{n=1}^{\infty} n^{\alpha p-2-\alpha} E(\max_{0\leqslant k\leqslant n} S_k^* - \lambda n^{\alpha})_+$$

$$\leqslant \int_0^{\infty} \sum_{n=1}^{\infty} n^{\alpha p-2} P(\max_{1\leqslant k\leqslant n} |S_k^*| \geqslant (\lambda+x) n^{\alpha}) \mathrm{d}x$$

$$\leqslant C_{p,\alpha} \int_0^{\infty} \left(\frac{E|X^*|^p I\{|X|>\lambda\}}{(\lambda+x)^p} + \frac{(E|X^*|^2 I\{|X|>\lambda\})^{\frac{p\alpha-1}{2\alpha-1}}}{(\lambda+x)^{\frac{2(p\alpha-1)}{2\alpha-1}}} \right) \mathrm{d}x$$

$$\leqslant C_{p,\alpha} \left(\frac{E|X|^p I\{|X|>\lambda\}}{\lambda^{p-1}} + \frac{(E|X|^2 I\{|X|>\lambda\})^{\frac{p\alpha-1}{2\alpha-1}}}{\lambda^{\frac{2(p\alpha-1)}{2\alpha-1}-1}} \right)$$

根据引理 6.6 和定理 6.2 的证明过程可得,

$$\sum_{n=1}^{\infty} n^{\alpha p-2} P(\max_{1\leqslant k\leqslant n} |S_k| \geqslant 2\lambda n^{\alpha}) \leqslant \lambda^{-1} \sum_{n=1}^{\infty} n^{\alpha p-2-\alpha} E(\max_{1\leqslant k\leqslant n} |S_k| - \lambda n^{\alpha})_+$$

$$\leqslant C_{p,\alpha} \left(\frac{E|X|^p I\{|X|>\lambda\}}{\lambda^p} + \frac{(E|X|^2 I\{|X|>\lambda\})^{\frac{p\alpha-1}{2\alpha-1}}}{\lambda^{\frac{2(p\alpha-1)}{2\alpha-1}}} \right)$$

$$\leqslant \frac{C_{p,\alpha}}{C'_{p,\alpha}} \sum_{n=1}^{\infty} n^{\alpha p-2} P(\max_{1\leqslant k\leqslant n} |S_k^*| \geqslant \lambda n^{\alpha})$$

因此式(6.41)成立。

6.3.3 矩收敛的精确渐近性

这里,设 $\{X, X_n; n \geqslant 1\}$ 为严格的 NA 序列,且有

$$0 < EX^2 < \infty, \quad 0 < \sigma^2 := EX_1^2 + 2\sum_{n=2}^{\infty} EX_1 X_i < \infty.$$

$\{W(s), s \geqslant 0\}$ 为标准的维纳过程,N 为标准正态变量,记 $S_n = \sum_{k=1}^{n} X_k$,$M_n = \max_{k\leqslant n} |S_k|$.

定理 6.5 设 $EX = 0$, $0 < E|X|^{2\vee r} < \infty$, $r > 1 + \frac{p}{2}$, $0 < p < 2$,则

$$\lim_{\varepsilon \searrow 0} \varepsilon^{\frac{2(r-p)}{2-p}-1} \sum_{n=1}^{\infty} n^{\frac{r}{p}-2-\frac{1}{p}} E(|S_n| - \varepsilon n^{\frac{1}{p}})_+ = \frac{\sigma^{\frac{2(r-p)}{2-p}} p(2-p)}{(r-p)(2r-p-2)} E|N|^{\frac{2(r-p)}{2-p}}$$
(6.50)

$$\lim_{\varepsilon \searrow 0} \varepsilon^{\frac{2(r-p)}{2-p}-1} \sum_{n=1}^{\infty} n^{\frac{r}{p}-2-\frac{1}{p}} E(M_n - \varepsilon n^{\frac{1}{p}})_+$$

$$= 2 \frac{\sigma^{\frac{2(r-p)}{2-p}} p(2-p)}{(r-p)(2r-p-2)} \sum_{k=0}^{\infty} \frac{(-1)^k}{(2k+1)^{\frac{2(r-p)}{2-p}}} E|N|^{\frac{2(r-p)}{2-p}} \quad (6.51)$$

定理 6.5 的证明: 当 $\sigma^2 = 1$ 时,容易给出证明,下面分两步进行。

第一步: 易知

$$\lim_{\varepsilon \searrow 0} \varepsilon^{\frac{2(r-p)}{2-p}-1} \sum_{n=1}^{\infty} n^{\frac{r}{p}-2-\frac{1}{p}+\frac{1}{2}} E\left(|N| - \varepsilon n^{\frac{1}{p}-\frac{1}{2}}\right)_+ = \frac{p(2-p)}{(r-p)(2r-p-2)} E|N|^{\frac{2(r-p)}{2-p}} \tag{6.52}$$

对于维纳过程,可知

$$P\{\sup_{0 \le s \le 1} |W(s)| \ge x\} = 2\sum_{k=0}^{\infty} (-1)^k P(|N| \ge (2k+1)x) \tag{6.53}$$

因此,

$$\lim_{\varepsilon \searrow 0} \varepsilon^{\frac{2(r-p)}{2-p}-1} \sum_{n=1}^{\infty} n^{\frac{r}{p}-2-\frac{1}{p}+\frac{1}{2}} E\left(\sup_{0 \le s \le 1} |W(s)| - \varepsilon n^{\frac{1}{p}-\frac{1}{2}}\right)_+$$
$$= \frac{2p(2-p)}{(r-p)(2r-p-2)} \sum_{k=0}^{\infty} \frac{(-1)^k}{(2k+1)^{\frac{2(r-p)}{2-p}}} E|N|^{\frac{2(r-p)}{2-p}} \tag{6.54}$$

设 $b(\varepsilon) = [\varepsilon^{-\frac{2p}{2-p}}]$,可得

$$\lim_{\varepsilon \searrow 0} \varepsilon^{\frac{2(r-p)}{2-p}-1} \sum_{n=1}^{Mb(\varepsilon)} \left| n^{\frac{r}{p}-2-\frac{1}{p}} E\{|S_n| - \varepsilon n^{\frac{1}{p}}\}_+ - n^{\frac{r}{p}-2-\frac{1}{p}+\frac{1}{2}} E\{|N| - \varepsilon n^{\frac{1}{p}-\frac{1}{2}}\}_+ \right|$$
$$= 0 \tag{6.55}$$

由于

$$\sum_{n=1}^{Mb(\varepsilon)} \left| n^{\frac{r}{p}-2-\frac{1}{p}} E\{|S_n| - \varepsilon n^{\frac{1}{p}}\}_+ - n^{\frac{r}{p}-2-\frac{1}{p}+\frac{1}{2}} E\{|N| - \varepsilon n^{\frac{1}{p}-\frac{1}{2}}\}_+ \right|$$
$$\le \sum_{n=1}^{Mb(\varepsilon)} n^{\frac{r}{p}-2-\frac{1}{p}+\frac{1}{2}} \int_0^{\infty} \left| P\left(\frac{|S_n|}{\sqrt{n}} \ge \varepsilon n^{\frac{1}{p}-\frac{1}{2}} + x\right) - P(|N| \ge \varepsilon n^{\frac{1}{p}-\frac{1}{2}} + x) \right| dx$$
$$= \sum_{n=1}^{Mb(\varepsilon)} n^{\frac{r}{p}-2-\frac{1}{p}+\frac{1}{2}} (\Delta_{n1} + \Delta_{n2}) \tag{6.56}$$

这里,

$$\Delta_n = \sup_x \left| P\left(\frac{|S_n|}{\sqrt{n}} \ge x\right) - P(|N| \ge x) \right|,$$

$$\Delta_{n1} = \int_0^{\frac{1}{\sqrt{\Delta_n}}} \left| P\left(\frac{|S_n|}{\sqrt{n}} \ge \varepsilon n^{\frac{1}{p}-\frac{1}{2}} + x\right) - P(|N| \ge \varepsilon n^{\frac{1}{p}-\frac{1}{2}} + x) \right| dx$$

$$\Delta_{n2} = \int_{\frac{1}{\sqrt{\Delta_n}}}^{\infty} \left| P\left(\frac{|S_n|}{\sqrt{n}} \ge \varepsilon n^{\frac{1}{p}-\frac{1}{2}} + x\right) - P(|N| \ge \varepsilon n^{\frac{1}{p}-\frac{1}{2}} + x) \right| dx.$$

设 $\Delta_n \ne 0$,否则有 $\Delta_{n1} + \Delta_{n2} = 0$。由于

$$\left| P\left(\frac{|S_n|}{\sqrt{n}} \ge \varepsilon n^{\frac{1}{p}-\frac{1}{2}} + x\right) - P(|N| \ge \varepsilon n^{\frac{1}{p}-\frac{1}{2}} + x) \right| \le \Delta_n, \tag{6.57}$$

根据 Newman C. M. (1986) 关于 NA 序列的中心极限定理, 得
$$\Delta_{n1} \leq \sqrt{\Delta_n} \to 0, \quad \text{当 } n \to \infty. \tag{6.58}$$
对于 Δ_{n2}, 根据定理 6.4, 当 $\theta \geq 1$ 时, 则有
$E\left|\dfrac{S_n}{\sqrt{n}}\right|^{\theta+1} \leq C_\theta E|X_1|^{\theta+1}$, 因此
$$\Delta_{n2} \leq C'_\theta \int_{\frac{1}{\sqrt{\Delta_n}}}^{\infty} \frac{E|X_1|^{\theta+1}+1}{(\varepsilon n^{\frac{1}{p}-\frac{1}{2}}+x)^{\theta+1}} dx \leq C''_\theta (E|X_1|^{\theta+1}+1) \Delta_n^{\frac{\theta}{2}} \to 0 \tag{6.59}$$
根据式(6.56)、式(6.58) 和式(6.59) 表明式(6.55) 成立。
第二步: 证明
$$\lim_{M \to \infty} \lim_{\varepsilon \searrow 0} \varepsilon^{\frac{2(r-p)}{2-p}-1} \sum_{n=Mb(\varepsilon)+1}^{\infty} |n^{\frac{r}{p}-2-\frac{1}{p}} E\{|S_n|-\varepsilon n^{\frac{1}{p}}\}_+ - n^{\frac{r}{p}-2-\frac{1}{p}+\frac{1}{2}} E\{|N|-\varepsilon n^{\frac{1}{p}-\frac{1}{2}}\}_+| = 0 \tag{6.60}$$

设 θ 满足 $\dfrac{r}{p} - 2 - \dfrac{1}{p} + \dfrac{1}{2} - \dfrac{\theta}{p} + \dfrac{\theta}{2} < -1$, 且 $\theta \geq 1$, 则

$$\sum_{n=Mb(\varepsilon)+1}^{\infty} |n^{\frac{r}{p}-2-\frac{1}{p}} E\{|S_n|-\varepsilon n^{\frac{1}{p}}\}_+ - n^{\frac{r}{p}-2-\frac{1}{p}+\frac{1}{2}} E\{|N|-\varepsilon n^{\frac{1}{p}-\frac{1}{2}}\}_+|$$

$$\leq \sum_{n=Mb(\varepsilon)+1}^{\infty} n^{\frac{r}{p}-2-\frac{1}{p}+\frac{1}{2}} \int_0^\infty \left|P\left(\frac{|S_n|}{\sqrt{n}} \geq \varepsilon n^{\frac{1}{p}-\frac{1}{2}}+x\right) - P(|N| \geq \varepsilon n^{\frac{1}{p}-\frac{1}{2}}+x)\right| dx$$

$$\leq \sum_{n=Mb(\varepsilon)+1}^{\infty} n^{\frac{r}{p}-2-\frac{1}{p}+\frac{1}{2}} \int_0^\infty \frac{C'_\theta(E|X_1|^{\theta+1}+1)}{(\varepsilon n^{\frac{1}{p}-\frac{1}{2}}+x)^{\theta+1}} dx$$

$$\leq C \sum_{n=Mb(\varepsilon)+1}^{\infty} n^{\frac{r}{p}-2-\frac{1}{p}+\frac{1}{2}-\frac{\theta}{p}+\frac{\theta}{2}} \varepsilon^{-\theta}$$

$$\leq C M^{\frac{r}{p}-\frac{1}{2}-\frac{1}{p}-\frac{\theta}{p}+\frac{\theta}{2}} \varepsilon^{-\frac{2(r-p)}{2-p}+1}$$

可得式(6.60) 成立。
根据式(6.52), 式(6.55) 和式(6.60) 可得式(6.50) 成立。
式(6.51) 的证明过程与定理 6.5 类似。
去掉第一步中的限制, 定义
$$X'_i = X_i I_{[|X_i| \leq \lambda]} + \lambda I_{[X_i > \lambda]} - \lambda I_{[X_i < -\lambda]},$$
$$X''_i = (X_i - \lambda) I_{[X_i > \lambda]} + (X_i + \lambda) I_{[X_i < -\lambda]},$$
$$S'_n = \sum_{i=1}^n (X'_i - EX'_i), \quad M'_n = \max_{1 \leq k \leq n} |S'_k|$$
$$S''_n = \sum_{i=1}^n (X''_i - EX''_i), \quad M'_n = \max_{1 \leq k \leq n} |S''_k|$$
显然, $\{X'_n - EX'_n, n \geq 1\}$ 和 $\{X''_n - EX''_n, n \geq 1\}$ 为 NA 序列, 有当
$$\lambda \to \infty, \text{Cov}(X'_i, X'_j) \to \text{Cov}(X_i, X_j)$$

$\lambda \to \infty$, $\theta \leq \max(r, 2)$, $E|X_1'' - EX_1''|^\theta \to 0$.

当 $i \neq j$，有

$$EX_i'X_j' - EX_iX_j = -EX_i''X_j' - EX_j''X_i \geq -EX_i''EX_j' - EX_j''EX_i = (EX_1')^2,$$

与 $|\mathrm{Cov}(X_i', X_i')| \leq EX_iX_j|$ 类似，可得 $\mathrm{Cov}(X_i', X_i') \geq EX_iX_j$。

下面根据 $\sum_{i=2}^{\infty} EX_1X_i$ 的绝对收敛性和收敛定理，有

$$\sum_{i=2}^{\infty} \mathrm{Cov}(X_1', X_i') \to \sum_{i=2}^{\infty} EX_1X_i, \quad \lambda \to \infty. \tag{6.61}$$

由于 $\sigma_1^2 > 0$，有

$$0 < \sigma_1^2 := \mathrm{Var} X_1' + 2\sum_{i=2}^{\infty} \mathrm{Cov}(X_1', X_i') < \infty, \tag{6.62}$$

当 λ 足够大时成立。

根据第一步的证明，得

$$\lim_{\varepsilon \searrow 0} \varepsilon^{\frac{2(r-p)}{2-p}-1} \sum_{n=1}^{\infty} n^{\frac{r}{p}-2-\frac{1}{p}} E\{|S_n'| - \varepsilon n^{\frac{1}{p}}\}_+ = \frac{\sigma_1^{\frac{2(r-p)}{2-p}} p(2-P)}{(r-p)(2r-p-2)} E|N|^{\frac{2(r-p)}{2-p}} \tag{6.63}$$

$$\lim_{\varepsilon \searrow 0} \varepsilon^{\frac{2(r-p)}{2-p}-1} \sum_{n=1}^{\infty} n^{\frac{r}{p}-2-\frac{1}{p}} E\{M_n' - \varepsilon n^{\frac{1}{p}}\}_+$$

$$= 2\frac{\sigma_1^{\frac{2(r-p)}{2-p}} p(2-P)}{(r-p)(2r-p-2)} - \sum_{n=1}^{\infty} \frac{(-1)^k}{(2k+1)^{\frac{2(r-p)}{2-p}}} E|N|^{\frac{2(r-p)}{2-p}}. \tag{6.64}$$

当 $r \geq 2$，根据定理 6.2，得

$$\sum_{n=1}^{\infty} n^{\frac{r}{p}-2-\frac{1}{p}} E\{|S_n''| - \varepsilon n^{\frac{1}{p}}\}_+ \leq C_{p,\alpha}\left(\frac{E|X_1'' - EX_1''|^r}{\varepsilon^{r-1}} + \frac{(E|X_1'' - EX_1''|^2)^{\frac{r-p}{2-p}}}{\varepsilon^{\frac{2(r-p)}{2-p}-1}}\right)$$

由于 $\frac{2(r-p)}{2-p} \geq r$，当 $0 < \varepsilon < 1$ 时，

$$\varepsilon^{\frac{2(r-p)}{2-p}-1} \sum_{n=1}^{\infty} n^{\frac{r}{p}-2-\frac{1}{p}} E\{|S_n''| - \varepsilon n^{\frac{1}{p}}\}_+$$

$$\leq C_{p,\alpha}(E|X_1'' - EX_1''|^r + (E|X_1'' - EX_1''|^2)^{\frac{r-p}{2-p}}) \tag{6.65}$$

由于当 $0 < \alpha < 1$，有

$$E\{|S_n| - \varepsilon n^{\frac{1}{p}}\} \leq E\{|S_n'| - a\varepsilon n^{\frac{1}{p}}\} + E\{|S_n''| - (1-a)\varepsilon n^{\frac{1}{p}}\}$$

根据式(6.63)和式(6.65)，得

$$\lim_{\varepsilon \searrow 0} \sup \varepsilon^{\frac{2(r-p)}{2-p}-1} \sum_{n=1}^{\infty} n^{\frac{r}{p}-2-\frac{1}{p}} E\left(|S_n| - \varepsilon n^{\frac{1}{p}}\right)_+$$

$$= \frac{\sigma_1^{\frac{2(r-p)}{2-p}} p(2-p)}{(r-p)(2r-p-2)} E|N|^{\frac{2(r-p)}{2-p}}$$

$$+ C_{p,\alpha}\left(\frac{E|X_1''-EX_1''|^r}{(1-a)^{\frac{2(r-p)}{2-p}-1}} + \frac{(E|X_1''-EX_1''|^2)^{\frac{r-p}{2-p}}}{(1-a)^{\frac{2(r-p)}{2-p}-1}}\right)$$

当 $\lambda \to \infty$，$a \to 1$，得

$$\limsup_{\varepsilon \searrow 0} \varepsilon^{\frac{2(r-p)}{2-p}-1} \sum_{n=1}^{\infty} n^{\frac{r}{p}-2-\frac{1}{p}} E(|S_n|-\varepsilon n^{\frac{1}{p}})_+$$

$$\leq \frac{\sigma_1^{\frac{2(r-p)}{2-p}} p(2-p)}{(r-p)(2r-p-2)} E|N|^{\frac{2(r-p)}{2-p}} \qquad (6.66)$$

由于 $(a-b)_+ \geq a_+ - b_+$，可得

$$\liminf_{\varepsilon \searrow 0} \varepsilon^{\frac{2(r-p)}{2-p}-1} \sum_{n=1}^{\infty} n^{\frac{r}{p}-2-\frac{1}{p}} E(|S_n|-\varepsilon n^{\frac{1}{p}})_+$$

$$\geq \frac{\sigma_1^{\frac{2(r-p)}{2-p}} p(2-p)}{(r-p)(2r-p-2)} E|N|^{\frac{2(r-p)}{2-p}} \qquad (6.67)$$

根据式(6.66)，式(6.67)得式(6.50)。

当 $1+\frac{p}{2} < r < 2$，利用式(6.40)和式(6.50)的证明过程相同。

由于 $M_n \leq M_n' + M_n''$ 和 $M_n \leq M_n' - M_n''$，式(6.51)的证明过程与式(6.50)相似。

6.4 本章小结

本章我们得到了完全矩收敛的 NA 序列的精确渐近性的一些结果，将前人的结论进行了推广，在限制条件较少的前提下，得到了相应的结果。同时，给出了一个关于独立同分布的绝对连续随机变量列的记录次数的计数过程的矩精确完全收敛性的一般化定理，得到了完全矩收敛的 NA 序列渐近性的相关定理。非独立同分布的相应序列是否也存在相应的定理是下一步研究的重点。

第 7 章 结语与展望

7.1 全书总结

基于极限理论的最优再保险是概率统计、极限理论、效用理论、风险理论、投资收益理论、破产概率及微分方程等领域相结合的交叉前沿课题，对于如何确定再保险的具体形式，如何对再保险进行定价，如何向风险市场和无风险市场进行投资，使得效用最大或者破产概率最小都具有十分重要的理论意义和实用价值，也是目前再保险应用中亟待解决的问题之一。

本书针对保险过程中的各种最优问题进行理论研究，通过使用风险理论、效用理论、极限理论、动态规划理论、投资收益理论，得出了不同的最优标准下的最优保险函数、风险市场和无风险市场的投资比例、看跌风险的定价，为保险公司、保险人和再保人提供决策支持。本书所得结果将概率统计、应用数学、动态规划理论、经济论、计算机技术有效地结合起来。本项目主要使用概率极限理论和动态规划理论研究最优保险函数、最优投资、最优定价问题及效用最大、破产概率最小等问题。通过对比已有文献，发现许多文献利用传统的保费计算原理公式，在没有充分资本运行的实际情况下，许多文献考虑单一的险种，且在投资收益问题上，没有将市场细分为风险市场和无风险市场，但在实际的应用中，资本的运行情况一般符合布朗运动过程，且市场分为风险市场和无风险市场，各风险市场的收益率和风险波动也不相同。保险公司有时还需要通过购买看跌风险来降低股票的风险，针对这一问题，利用布朗运动刻画各资本运营过程，将市场细分为风险市场和无风险市场，充分考虑了各风险市场的不同，利用动态规划理论中哈密尔顿-雅克比-贝尔曼方程理论、概率极限理论、投资收益理论、效用理论、最小破产概率理论，对再保险的投资收益和最小破产概率进行了研究，建立了相应模型，推广和丰富了已有的成果。

本书所取得的成果具有广阔的应用前景。动态规划理论和概率极限理论是研究保险的有效手段。基于动态规划理论和概率极限理论对最优保险决策的研究在保险领域和大中型企业中都有广阔的应用前景，例如，根据书中所得结果可以得到如何确定比例再保险中的自留风险比例，如何确定风险市场和无风险市场的最优投资比例以使得保险公司的期末资本效用最大及破产概率最小。研究结果对大型企业整体面临的风险进行系统科学的识别和评估，可以帮助企业制定政策统一的风险转移策略，集中研究市场上的保险产品，科学设计公司整体投保方案，实现保险管理的规范统一和集中高效。结果显示，计算结果与实际测量值能够很好地吻合。

本专著在河南省科技厅基础与前沿课题、河南省高校重大科研项目、许昌学院专著资助项目、2016 年度许昌市科技发展计划项目的资助下，针对基于极限理论的最优再保险所涉及的相关问题和部分关键技术展开讨论，对其中的一些重要部分开展了深入细致的探索和研究，提出了一些创新性的方法及技术路线，并通过例子进行了详细的说明，本研究具有一定的挑战性和前沿性，是对现有的再保险问题研究工作的丰富和发展。

研究成果主要体现在：

(1) 风险理论

风险理论是保险的重要理论，风险最小经常作为衡量保险的最优标准。本书主要研究了方差风险、截方差风险、绝对值风险测量以及相应的风险模型，并在不同的风险模型下给出了保险决策和定价策略。

(2) 效用理论

效用理论是各种经济行为的核心，只有透彻地研究效用理论，才能对可能产生的利益和损失做出反应，效用最大是衡量保险最优的另外一个常用的理论。本书主要研究了期望效用理论和指数效用理论，并以这两类效用理论为衡量条件，得出了相应的最优保险策略及其最优投资策略。

(3) 概率极限理论

概率极限理论是研究保险问题的有效方法。保险过程中，保费计算原理、风险理论、效用理论、风险分布问题均涉及概率统计的内容。本研究主要讨论了概率极限理论中的弱收敛、强逼近、相依变量的极限性质及其 Guass 过程的轨道性质方面的应用。

(4) 投资收益理论

在保险的风险的存在期间内，公司就面临着如何将这笔庞大的资金进行投资的问题。好的投资不仅可以增强公司的经济实力，而且还能降低运营风险。本项目研究了如何将资金投入到风险市场和无风险市场中，以及在投资收益的条件下解决保费定价问题以使得利润率最大和期望效用最大。

(5) 保险中的最优问题

保险可分为人寿保险和非人寿保险，保险可以用来转移风险，均衡损失，实施补偿，抵押贷款和投资收益，但是面对众多的保险决策，最优问题变得非常重要，哪种保险形式更好，如何购买最优再保险可以使得风险最小或者效用最大，如何投资保费使得期末资金最大化或者得到最小破产概率，由此可见，保险中包含着一系列的最优问题。

本书的主要研究成果为：

① 在标准差原理和期望值原理下，以极限理论为基础，以方差风险为最优衡量标准，给出了最优再保险函数需要满足的最优充分条件，进而给出了最优再保险函数的具体形式及参数的确定方法。

② 在投资基金价格遵循几何布朗运动，投资收益服从指数正态分布的前提下，分别给予它们相应的权重，综合考虑原保险公司和再保险公司的利益，给出了厘定再保险合同的保费的方法，使得原保险公司和再保险公司在经营期末在给定的概率下达到或超过给定的利润率。

③ 假设资本服从漂移布朗运动，保险人可以将资金投资到风险市场和无风险市场，且保险人还可以在购买比例再保险来降低风险的前提下，以动态规划为工具，通过求解相应的哈密尔顿-雅克比-贝尔曼方程，给出如何购买最优比例再保险，如何向风险市场和无风险市场投资的最优决策，最终使得资本效用最大化，同时使得破产概率最小。

④ 假设保费采取期望值保费计算原理，在投资资金服从对数正态分布的假定下，研究了比例再保险和停止损失再保险的具体形式，使得保险人的收益率和再保险人的收益率的凸组合在经营期末以 f 概率达到或超过 R 利润率。

⑤ 在均值-方差保费计算原理下给出了最优比例再保险和停止损失再保险策略，使得保险人的风险调整资本收益率最大，得出了使得保险人风险调整资本收益率最大化的自留风险比率和自留风险额度。

⑥ 针对标的资产服从几何布朗运动的期权价格风险问题，引入通过购买看跌风险降低股票风险，将市场分为风险市场和无风险市场，建立服从几何布朗运动的资本运营过程，使其更加贴近实际情况。讨论了风险市场和无风险市场资本运营的情况，利用随机过程的相关知识给出了购买过看跌期权后的期末最终资本的市场价格期望、最终资本的市场价格超过给定值的概率及期末最终损失的期望。

⑦ 完成了风险模型、效用模型、投资模型的建立以及所用到的相应概率极限理论的证明的推导。

7.2 研究展望

再保险问题的研究是一项复杂的系统工作，本书仅仅对其中的部分关键技术做了研究，虽然取得了一点成果，但由于水平和时间的限制，距离实际应用还有一段很长的距离，仍有很多问题值得进一步探讨。

需要进一步完善和深入的工作有：

① 再保险的投资收益模型及构建方法。利用数学与金融、保险学之间的联

系，在随机利率条件下，将投资市场进行多重划分，建立再保险剩余资金的跳-扩散风险模型，将随机利率和固定利率进行比较，建立新型的风险下的最优投资模型，在考虑保险人和再保险人共同利益的情况下寻找最优再保险函数及最优投资策略。

② 多目标规划下的最优再保险及投资。将再保险与投资结合起来，利用跳-扩散布朗运动刻画资本运行规律，选择适合的保费定价原理，将单一的风险扩展到多重风险，考虑风险之间的相关性，综合考虑效用和风险两个衡量标准，建立多目标的再保险模型和投资收益模型。确定各运行过程的参数都是将来研究的重点问题，也是建立模型的关键。这方面我们已取得重要的进展。建立再保险风险和效用的多目标决策模型，利用演化算法、进化算法、遗传算法、粒子群优化算法等多目标优化算法，研究多目标决策下的最优再保险形式及参数的确定，各风险市场的最优投资比例。

③ 有关多维风险的再保险和投资模型的构建。多维风险模型能更好地刻画相依险种对公司经营的影响，建立多维风险模型下的最优再保险及投资，讨论各相依险种之间的依赖关系，对模型进行模拟仿真，并用数值分析和图形给出经济分析。

④ 揭示再保险和投资收益之间的相互作用关系，讨论各模型解的存在性和稳定性条件，讨论各参数的变化对模型解的影响，求得再保险函数的具体形式及各风险市场和无风险市场的投资比例。

⑤ 利用新建立的模型和现有的投资收益模型数据，拟合模型中的有关参数，找出影响风险和收益的关键因素，利用 Maple、Sas、Mathematics 等数学计算软件对这些模型进行模拟，并对未来趋势进行预测。

参 考 文 献

[1] A. Groniowska, W Niemiro. Controlled risk processes in discrete time: Lower and upper approximations to the optimal probability of ruin[J]. Insurance Mathematics & Economics, 2005, 36(3): 433-440.

[2] A. Gu, X. Guo, Z. Li, Y. Zeng. Optimal control of excess-of-loss reinsurance and investment for insurers under a CEV model [J]. Insurance Mathematics & Economics, 2012, 51(3): 674-684.

[3] A. Gut. Convergence rates for record times and the associated counting process[J]. Stochastic Processes & Their Applications, 1990, 36(1): 135-151.

[4] A. Gut, A. Spătaru. Precise asymptotics in the Baum-Katz and Davis Laws of Large Numbers[J]. Journal of Mathematical Analysis & Applications, 2000, 248(1): 233-246.

[5] A. Gut. Precise asymptotics for record times and the associated counting process[J]. Stochastic Processes & Their Applications, 2002, 101(2): 233-239.

[6] Ahn D., Boudoukh J., Richardson M., Whitelaw R. Optimal risk management using options[J]. The Journal of Finance, 1999, .54(1): 359-375.

[7] Alam K., Saxena K. M. L. Positive dependence in multivariate distributions [J]. Communications in Statistics-Theory and Methods, 1981, 10 (12): 1183-1196.

[8] Ambagasptiya. R. S. On the distribution of two classes of correlated aggregate claims [J]. Insurance: Mathematics and Economics, 1999, 24(2): 302-308.

[9] Ana J. Mat A. Pricing excess of loss reinsurance with reinstatements[J]. ASTIN, 2000, 30(2): 349-368.

[10] Asmussen. Ruin Probabilities[M]. Singapore: Word Scientific, 2000.

[11] AV Asimit, AM Badescu, KC Cheung. Optimal reinsurance in the presence of counterparty default risk[J]. Insurance Mathematics & Economics, 2013, 53(3): 690-697.

[12] Basak, S., Chabakauri, G.. Dynamic mean-variance asset allocation[J]. Review of Financial Studies, 2010, 23 (8): 2970-3016.

[13] Baum, L. E., Katz, M.. Convergence rates in the law of large numbers [J].

Transactions of the American Mathematical Society, 1965, 69(69): 108-123.

[14] Beekman J. A.. Two Stochastic Processes [M]. Stockholm: Almqvist&Wiksell, 1974: 77-84.

[15] Black, F., sholes, M.. The pricing of op t ions and corporate liabilities [J]. Journal of Political Economy. 1973, 81 (4): 633-654.

[16] Browne, S.. Stochastic differential portfolio games [J]. Journal of Applied Probability, 2000, 37 (1): 126-147.

[17] Browne. Optimal investment policies for a firm with a random risk process: Exponential utility and minimizing the probability of ruin [J]. Math Oper Res, 1995, 20(4): 937-958.

[18] Bryc, W., Smolenski, W.. Moment conditions for almost sure convergence of weakly correlated random variables [J]. Proc. Amer. Math. Soc., 1993, 199 (2): 629-635.

[19] Buhlmannh. Mathematical Methods in Risk Theory [M]. New York: Springer, 1970.

[20] Cai J., Garrodo J.. Two-sided Bounds for Tails of Compound Negative Binominal Distributions[J]. Scandinavia Actuarial Journal, 2000, 33(2): 102-120.

[21] Cao, Y., Wan, N.. Optimal proportional reinsurance and investment base on Hamilton-Jacobi-Bellman equation [J]. Insurance: Mathematics and Economics, 2009, 45(2): 157-162.

[22] C. C. Heyde. A supplement to the strong law of large numbers[J]. A Supplement to the Tuckerman Tables, 1986, 12(1): 173-175.

[23] C. Gosio, EC Lari, M. Ravera. Optimal expected utility of wealth for two dependent classes of insurance business[J]. Theoretical Economics Letters, 2013, 03(02): 90-95.

[24] Chen, R.. A remark on the tail probability of a distribution [J]. Journal of Multivariate Analysis, 1978, 8(2): 328-333.

[25] Chow Y.S., Teicher H. Probability Theory [M]. New York: Academic Press, 1974.

[26] Chow Y.S., Lai. T.L., Some one-sided theorems on the tail distribution of sample sums with applications to the last time and largest excess of boundary crossings[J]. Transactions of the American Mathematical Society, 1975, 208(208): 51-72.

[27] Chow Y.S. On the rate of moment convergence of sample sums and extremes[J]. Bulletin of the Institute of Mathematics Academia Sinica, 1988, 16(3): 177-201.

[28] Chow, Y.S. and Lai, T.L., Paley-type inequalities and convergence rates related

参考文献

to the law of large numbers and extended renewal theory[J]. Zeitschrift Für Wahrscheinlichkeitstheorie Und Verwandte Gebiete, 1978, 45(1): 1-19.

[29] Chung, K. L. Markov chains with Stationary Transition Probabilities[M]. Springer-Cramer H. Stockholkm: Skandia JubileeVolume, 1930.

[30] C. Liu, H. Yang. Optimal investment for a insurer to minimize its probability of ruin[J]. North American Acruarial Journal, 2004, 8(2): 11-31.

[31] David C M Dickson. Relative reinsurance retention levels[J]. ASTIN, 1997, 27(2): 207-227.

[32] David C. M. Dickson. Insurance and Ruin[M]. Cambridge University Press, 2005.

[33] David Pollord. Convergence of Stochastic Processes [M]. New York: Springer, 1984.

[34] Daykin C. D., Pentikainen, Pcsonen M.. Practical Risk Theory for Actuaries[M]. London: Chapman&Hall, 1993.

[35] Deelstra, G., Vanmaele, M., Vyncke D. Minimizing the risk of a financial product using a put option [J]. The Journal of Risk and Insurance, 2010, 77(4): 767-800.

[36] Depret O., Gerber H. On convex principles of premium calculation[J]. Insurance: Mathematics & Economics, 1985, 32(4): 179-189.

[37] D. L. Sheng, X. Rong, H. Zhao. Optimal control of investment-reinsurance problem for an insurer with jump-Diffusion risk process: Independence of Brownian Motions [J]. Abstract & Applied Analysis, 2014, 2014: 1-19.

[38] D. Mayers, CS Jr. On the corporate demand for insurance: evidence from the reinsurance market[J]. Journal of Business, 1990, 63(1): 19-40.

[39] D. Samson. Expected utility strategic decision models for general insurers[J]. Astin Bulletin, 1986, 16(3): 45-58.

[40] DucanTE, H u Y., Pasik Ducan B. Stochastic calculus for fractional Brownian motion[J]. I. SIAM J. Control Optimi, 2000, 38: 582-612.

[41] Elliot t R. J., Van DerHoek J.. A general fractional White Noise theory and applications to finance [J]. Mathematical Finance, 2003, 2(13): 301-330.

[42] Embrechts P., Kluppelberg C., Mikosch T.. Modelling External Events for Insurance and Finance[M]. New York: Springer, 1997.

[43] Feller, W. An Introduction to Probability Theory and Its Applications[M]. New York: Wiley, 1968.

[44] Fleming, H. U., Soner, H. M., Controlled Markov Processes and Viscosity Solutions[M]. Berlin, New York: Springer, 1993.

[45] Gajek, L., Zagrodny, D. Optimal reinsurance under general risk measures[J]. Insurance: Mathematics and Economics, 2004, 34(2): 227-240.

[46] Gajek, L., Zagrodny, D.. Insurer's optimal reinsurance strategies[J]. Insurance: Mathematics and Economic, 2000, 27(1): 105-112.

[47] Gajek, L., Zagrodny, D.. Reinsurance arrangements maximizing insurer's survival probability[J]. The Journal of Risk and Insurance, 2004b 71(3): 421-435.

[48] Gerber H. U. An Introduction to Mathematical Risk Theory [M]. S. Heubner Foundation Monograph Series & Phiadephoa, 1976.

[49] Gerber H. U, E. S. W. Shiu. On the time value of ruin [J]. North American Actuarial Journal, 1998, 2(1): 48-78.

[50] Gerber, H. U. An Introduction to Mathematical Risk Theory [M]. Huebner Foundation Monograph, 1979: 85-112.

[51] Gray R. M. Entropy and Information Theory [M]. New York: Springer-Verlag, 1990.

[52] Grey R. M. Entropy and Information Theory[M]. New York:: Spring-Varlg, 1990.

[53] Grandell J.. Aspect of Risk Theory[M]. New York: Springer, 1991.

[54] Grandell J.. Mixed Poisson Process[M]. London: Chapman and Hall. 1997.

[55] Gu, M. D., Yang, Y. P., Li, S. D., Zhang, J. Y.. Constant elasticity of variance model for proportional reinsurance and investment strategies [J]. Insurance: Mathematics and Economics, 2010, 46(3): 580-587.

[56] H. Buhlmann. Mathematical Methods in Risk Theory [M]. New York: Springer, 1970.

[57] Hipp C, Plum M. Optimal investment for insurers[J]. Insurance: Mathematics and Economics, 2000, 27(3): 215-228.

[58] Hipp C. Stochastic Control with Applicaton in Insurance[M]. Karlsruhe: University of Karlsruhe, 2003.

[59] Hipp C., Vogt M.. Optimal dynamic XL reinsurance[J]. ASTIN Bulletin, 2003, 33(2): 193-208.

[60] H. Jasiulewicz. Probability of ruin with variable premium rate in a Markovian environment[J]. Insurance Mathematics & Economics, 2001, 29(29): 291-296.

[61] H. L. Young, L. H. Zhang, Optimal investment for insurer with jump-diffusion risk process[J]. Insurance: Math. Econ, 2005, 37(3): 15-634.

[62] Hojgaard B., Taksar M.. Optimal proportional reinsurance policies for diffusion Models[J]. Scandinavian Actuarial Journal, 1997a, 27(2): 166-180.

[63] Hurliman W.. On fair premium principles and pareto-optimal risk neutral portfolio

valuation[J]. TransactionICABusiness, 1995, 30(1): 189-208.

[64] Hurliman W.. A note on experiencing rating, reinsurance and premium principles [J]. Insurance: Mathematics & Economics, 1994, 20(14): 197-204.

[65] H. Zhao, X. Rong, Y. Zhao. Optimal excess-of-loss reinsurance and investment problem for an insurer with jump-diffusion risk process under the Heston model[J]. Insurance Mathematics & Economics, 2013, 53(3): 504-514.

[66] H. Jasiulewicz. Probability of ruin with variable premium rate in a Markovian environment[J]. Insurance Mathematics & Economics, 2001, 29(29): 291-296.

[67] H. Zhao, X. Rong, Y. Zhao. Optimal excess-of-loss reinsurance and investment problem for an insurer with jump-diffusion risk process under the Heston model[J]. insurance Mathematics & Economics, 2013, 53(3): 504-514.

[68] J. Cai, K. S. Tan, C. Weng, Y. Zhang. Optimal reinsurance under VaR and CTE risk measures[J]. Insurance Mathematics & Economics, 2008, 43(1): 185-196.

[69] J. Cai, KS Tan. Optimal retention for a stop-loss reinsurance under the VaR And CTE risk measures[J]. Astin Bulletin, 2007, 37(1): 93-112.

[70] JH Xie, W Zou, JW Gao. On the probability of ruin in the compound Poisson risk model with potentially delayed claims[J]. Arabian Journal of Mathematics, 2013, 2(2): 115-127.

[71] Jiang, D. Y. and Lin, Z. Y., Paley-type inequalities in complete convergence[J]. Chinese Annals of Mathematics, 2004, 4(4), 469-476.

[72] J. Liu, KFC Yiu, RC Loxton, KL Teo. Optimal investment and proportional reinsurance with risk constraint[J]. Journal of Mathematical Finance, 2013, 03 (4): 437-447.

[73] Joag-Dev, K. and Proschan, F., Negative association of random variables with applications[J]. The Annals of Statistics, 1983, 11(1): 286-295.

[74] Jun Cai, Jose Garrido. Two-sided bounds for ruin probability when the adjustment coefficient does not exist [J]. Scandinavia Actuarial Journal, 1999, 22(1): 80-92.

[75] Kaluszka M. Optimal reinsurance under mean-variance premium principles [J]. Insurance: Mathematics and Economics, 2001, 28(1): 61-69.

[76] Kaas R Van Hessctager O. Ordering claim size distributions and mixed position probabilities[J]. Insurance: Mathematics& Economics, 1995, 17(3): 193-201.

[77] KI Livshits. Probability of ruin of an insurance company for the poisson model[J]. Russian Physics Journal, 1999, 42(4): 394-399.

[78] Kremer E. asymptotic Formulas for the Net Premium of Some Reinsurance treaties

[J]. Scandinavia Actuarial Journal, 1984, 13(5): 11-22.

[79] KS Tan, C Weng, Y Zhang Optimality of general reinsurance contracts under CTE risk measure[J]. Insurance Mathematics & Economics, 2011, 49(2): 175-187.

[80] Lai, T. L.. Summability methods for independent identically distributed random varibles[J]. Proc. Amer. Math. Soc, 1974, 45(2): 253-261.

[81] LH Bai, JY Guo. Optimal dynamic excess-of-loss reinsurance and multidimensional portfolio selection[J]. Science China Mathematics, 2010, 53(7): 1787-1804.

[82] Liang, Z., Guo, J. Optimal proportional reinsurance and ruin probability [J]. Stochastic Models, 2007, 23 (2), 333-350.

[83] Liang Zhibin, Guo Juyi. Optimal investment and proportional reinsurance in the Sparre Andersen Model[J]. Journal of Systems Science and Complexity, 2012, 25(5): 926-941.

[84] Lina Xu, Dennis L Sricher, Kenneth O kortanek. Bounds for stoploss premium under restrictions on I-divergence[J]. Insurance: Mathematics& Economics, 1998, 23(2): 119-139.

[85] Liu Wen, Chen Zhigang. The logrithmic likelihood ratio and an analytic approach to proving strong limit theorems for discrete random variables[J]. Chinese Journal of Mathematics, 1995, 23(4): 371-382.

[86] Luo S. Z., Taksar M. On absolute ruin minimization under a diffusion approximation model[J]. Insurance: Mathematics and Economics, 2011, 48 (1): 123-133.

[87] M. Guerra, ML Centeno. Optimal reinsurance policy: The adjustment coefficient and the expected utility criteria[J]. Insurance Mathematics & Economics, 2008, 42(2): 529-539.

[88] M Kaluszka. Optimal reinsurance under mean-variance premium principles [J]. Insurance Mathematics & Economics, 2001, 28(1): 61-67.

[89] Muller A. Ordering of Risks, A comparison study via stop-loss transform [J]. Insurance: Mathematics &Economics, 1996, (17): 215-222.

[90] Newman, C. M. Asymptotic independence and limit theorems for positively and negatively dependent random variables, In Inequalities in Statistics and Probability [J]. Hayward, CA: Institute of Mathematical Statistics, 1984, 5: 127-140.

[91] Rene Schnieper. Portfolio optimization[J]. ASTIN, 2000, 30(1): 195-248.

[92] R. Gatto, M Mosimann. Four approaches to compute the probability of ruin in the compound Poisson risk process with diffusion [J]. Mathematical & Computer Modelling, 2012, 55(3-4): 1169-1185.

[93] Maria de Lourdes, Centeno. Excess of loss reinsurance and the probability of ruin in

finite horizon[J]. Insurance: Mathematics &Economics, 1997, 27(1): 59-70.

[94] P. Azcue, N. Muler. Optimal investment strategy to minimize the ruin probability of an insurance company under borrowing constraints[J]. Insurance: Math. Econ, 2009, 44(1): 26-34.

[95] P. Chen, SCP Yam. Optimal proportional reinsurance and investment with regime-switching for mean-variance insurers[J]. Insurance Mathematics & Economics, 2013, 53(3): 871-883.

[96] PESONEN M L. Optimal reinsurances[J]. Scandinavian Actuarial Journal, 1984, 84(1): 65-90.

[97] P. L. Hsu, H. Robbins. Complete convergence and the law of large numbers[J]. Proceedings of the National Academy of Science, 1947, 33(2): 286-286.

[98] Porporato A, Ridolfi L.. Resonant flow randomization in K-regime of boundary layer transition[J]. Appl. Mech. Phys, 1997, 31(2): 234-249.

[99] Promislow D. S, Young V. R. Minimizing the probability of ruin when claims follow Brownian motion with drift[J]. North American Actuarial Journal, 2005, 9(3): 109-128.

[100] Promislow, S. D., Young, V. R. Minimizing the probability of ruin when claims follow Browinian motion with drift[J]. North American Actuarial Journal, 2005, 9(3): 109-128.

[101] Pruss, A. R. A two-sided estimate in the Hsu—Robbins-Erdös law of large numbers[J]. Stochastic Processes and their Applications, 1997, 70(2): 173-180.

[102] R Adiel. Reinsurance and the management of regulatory ratios and taxes in the property—casualty insurance industry[J]. Journal of Accounting & Economics, 1996, 22(s 1-3): 207-240.

[103] Robert, Elliott. Stochastic Calculus and Application[M]. New York: Springer Verlag, 1982.

[104] R. V. Mises, Mathematical Theory of Probability and Statistics[M]. New York: Academic Press, 1964.

[105] Schmidli H. Optimal proportional reinsurance policies in a dynamic setting[J]. Scand. Actuarial J., 2001, 26(1): 55-68.

[106] Schmidli H. On minimizing tne ruin probability by investment and reinsurance[J]. Ann. Appl. Probab., 2002, 12(2): 890-907.

[107] Schmidli, H., Stochastic Control in Insurance[M]. London: Springer Verlag, 2008.

[108] Shao, Q. M. A comparison theorem on moment inequalities between negatively associated and independent random variables [J]. Journal of Theoretical Probability, 2000, 13(2): 343-356.

[109] Shaun Wang. On two-sided compound binomial contributions [J]. Insurance: Mathematics and Economics, 1995, 27(17): 35-41.

[110] Shaun Wang, Jan Dhaene. Comonotonicity correlation order and premium principles[J]. Insurance: Mathematics and Economics, 1998, 22(3): 235-242.

[111] S Luo, M Taksar, A Tsoi. On reinsurance and investment for large insurance portfolios[J]. Insurance Mathematics & Economics. 2008, 42(1): 434-444.

[112] SpÄataru, A. Precise asymptotics in Spitzer's law of large numbers[J]. Journal of Theoretical Probability, 1999, 12(3): 811-819.

[113] S. Pergamenshchikov, O. Zeitouny. Ruin probability in the presence of risky investments[J]. Stoch. Proc. Appl, 2006, 116 (2): 267-278.

[114] S. Yang, Y. Zeng. Optimal investment-reinsurance strategy for mean-variance insurers with square-root factor process[J]. Insurance Mathematics & Economics. 2015, 62: 118-137.

[115] T. Hoglund. An asymptotic expression for the probability of ruin within finite time [J]. Annals of Probability. 1990, 18(1): 378-389.

[116] Tryggwe Saxén. On the probability of ruin in the collective risk theory for insurance enterprises with oly negative risk sums[J]. Scandinavian Actuarial Journal. 1948, 1948(1): 199-228.

[117] Utev, Sergey, Peligrad, Magda. Maximal inequalities and an invariance principlefor a class of weakly dependent random variables[J]. Theoret. Probab. 2003, 16(1): 101-115.

[118] Wang S., Panjer H. H. Further results on the stability of recursive formulas [J]. Transaction ICA Business, 1998, 32(2): 325-338.

[119] W. Cui, J. Yang, L. Wu. Optimal reinsurance minimizing the distortion risk measure under general reinsurance premium principles [J]. Insurance Mathematics & Economics. 2013, 53(1): 74-85.

[120] W. Xiao, J. H. Yi. Ruin probabilities for discrete time risk models with stochastic rates for interest[J]. Stat. Prob. Lett, 2008, 78(6): 707-715.

[121] Xu, L., Wang, R. M., Yao, D. J. On maximizing the expected terminal utility by investment and reinsurance [J]. Journal of Industrial and Management Optimization 2008, 4(4): 801-815.

[122] Yang, H. L., Zhang, L. H. Optimal investment for insurer with jump-diffusion

risk process [J]. Insurance: Mathematics and Economics, 2005, 37 (3): 615-634.

[123] Y. Cao, J. Xu. Proportional and excess-of-loss reinsurance under investment gains [J]. Applied Mathematics & Computation, 2010, 217(6): 2546-2550.

[124] Y. Cao, X. Zeng. Optimal proportional reinsurance and investment with minimum probability of ruin [J]. Applied Mathematics & Computation, 2012, 218(9): 5433-5438.

[125] Y. Cao, Y. Zhang. Optimal reinsurance under the general mixture risk measures [J]. Applied Mathematics & Computation 2007, 185(1): 229-239.

[126] Y. Chi, KS Tan. Optimal reinsurance with general premium principles [J]. Insurance Mathematics & Economics., 2013, 52(2): 180-189.

[127] Y. Eden, Y. Kahane. Reinsurance contracts: A utility approach vs. insurance capacity considerations [J]. Journal of Banking & Finance. 1988, 6 (88): 247-269.

[128] Y. Liu, J. Ma. Optimal reinsurance/investment problems for general insurance models[J]. Access & Download Statistics. 2009, 19(4): 495-1528.

[129] Young, H. L., Zhang L. H. Optimal investment for insurer with jump-diffusion risk process [J]. Insurance Mathematics and Economics, 2005, 9(3): 109-128.

[130] Y Shen, Y Zeng. Optimal investment-reinsurance with delay for mean-variance insurers: a maximum principle approach [J]. Insurance Mathematics & Economics. 2014, 57(3): 1-12.

[131] Young, V. R. Optimal insurance under Wang's premium principle[J]. Insurance: Mathematics and Economics, 1999, 25(2): 109-122.

[132] Young, V. R. Discussion of Christofides' conjecture regarding Wang's premium principle [J]. ASTIN Bulletin, 1999, 29(2): 191-195.

[133] Young, V. R., Promislow, D. S. Minimizing the probability of ruin when claims follow Brownian motion with drift [J]. North American Actuarial journal. 2005, 25: 109-122.

[134] Y. Wang, Y. Yang. A general law of precise asymptotics for the counting process of record times [J]. Journal of Mathematical Analysis & Applications. 2003, 286 (2): 753-764.

[135] Y Zeng, Z Li, Y Lai. Optimal time-consistent investment and reinsurance strategies for mean-variance insurers with state dependent risk aversion [J]. Insurance Mathematics & Economics, 2013, 53(1): 86-97.

[136] Z. Liang, Optimal proportional reinsurance for controlled risk process which is

perturbed by diffusion[J]. Acta Mathematic Applicate Sinica, English Series, 2007, 23(3): 477-488.

[137] Z Liang, E Bayraktar. Optimal reinsurance and investment with unobservable claim size and intensity[J]. Insurance Mathematics & Economics, 2014, 55(2): 156-166.

[138] Z. Liang and J. Guo, Optimal proportional reinsurance and ruin probability[J]. Stochastic Models, 2007, 23(2): 333-35.

[139] Z Liang, KC Yuen, KC Cheung. Optimal reinsurance-investment problem in a constant elasticity of variance stock market for jump-diffusion risk model[J]. Applied Stochastic Models in Business & Industry, 2012, 28(6): 585-597.

[140] Zeng, Y., Li, Z. F., Liu, J. J.. Optimal strategies of benchmark and mean-variance portfolio selection problems for insurers[J]. Journal of Industrial and Management Optimization, 2010, 6(3): 483-496.

[141] 柏晓明, 李萍, 李学锋. 带干扰的双险种 COX 风险模型[J]. 华中科技大学学报(自然科学版), 2005, 33(2): 122-124.

[142] 曹玉松, 张奕. 标准差计算原理下的最优再保险[J]. 浙江大学学报: 理学版, 2006, 33(04): 379-382.

[143] 曹玉松. 最优再保险的研究[D]. 杭州: 浙江大学, 2006.

[144] 曹玉松. 比例再保险临界比例研究——基于效用函数[J]. 现代商贸工业, 2013(1): 187-188.

[145] 曹玉松. 效用函数下的最优再保险策略[J]. 许昌学院学报, 2010, 29(02): 4-6.

[146] 曹玉松. 风险调整资本收益率下的最优再保险策略[J]. 许昌学院学报, 2015, 34(2): 19-22.

[147] 曹玉松. 完全矩收敛的 NA 序列的精确渐近性[J]. 应用概率统计, 2013(02): 188-200.

[148] 曹玉松. Hamilton-Jacobi-Bellman 方程下的最优再保险和最优投资[J]. 河南师范大学学报: 自然科学版, 2013(04): 33-35.

[149] 曹玉松. 标的资产服从几何布朗运动的期权价格风险模型[J]. 辽宁工程技术大学学报: 自然科学版, 2013(05): 713-716.

[150] 陈红燕, 刘伟, 胡亦钧. 一类推广的双险种复合 Poisson 风险模型的破产概率[J]. 数学杂志, 2009, 29(2): 201-205.

[151] 成军祥, 鲁丽萍, 王亚兰. 一类带干扰的多险种风险模型[J]. 河南理工大学: 自然科学版, 2014, 33(3): 402-404.

[152] 程兰芳. 确定最优比例再保险决策模型研究[J]. 管理科学. 2003. 16(3):

43-45.

[153] 成世学．破产论研究综述[J]．数学进展，2002，31(5)：403-422.

[154] 邓永录，梁之顺．随机点过程及其应用[M]．北京：科学出版社，1998.

[155] 范庆祝．更新风险模型的破产问题和分红问题[D]．曲阜：曲阜师范大学，2007.

[156] 付还宁，吴述金．基于股票价格随机脉冲模型的保险人再保险和投资的最优动态组合选择[J]．应用概率统计，2010，26(3)：309-322.

[157] 龚光鲁，钱敏平，应用随机过程教程[M]．北京：清华大学出版社，2004.

[158] 汉斯盖伯．数学风险引论[M]．成世学，严颖，译．北京：世界图书出版社，1997.

[159] [荷]R. 卡尔斯等著．现代风险精算理论[M]．唐启鹤，胡太忠，成世学，译．北京：科学出版社，2005.

[160] 何声武，汪嘉冈，严加安．半鞅与随机分析[M]．北京：科学出版社，1995.

[161] 何树红，陈炎．常利率因素的双险种风险模型[J]．云南大学学报(自然科学版)，2004，26(6)：465-469.

[162] 何树红，张茂．带干扰COX风险模型的讨论．云南民族大学学报(自然科学版)，2005，14(2)：172-175.

[163] 何树红，赵金娥，马丽娟．带干扰的双复合风险模型的破产概率[J]．吉首大学学报(自然科学版)，2005，26(3)：43-48.

[164] 江涛．Erlang风险模型中有限时间的破产概率问题研究[J]．中国管理科学，2006.1(14)：112-116.

[165] 江涛，王家琪．随机利率场合下一类离散时间模型的破产概率[J]．兰州大学学报(自然科学版)，2004，40(4)：5-7.

[166] 蒋烨，随机序列的精确收敛性[D]．杭州：浙江大学，2004.

[167] 纪玉卿，曹玉松．最优成数再保险决策模型研究[J]．数学的实践与认识，2008，38(15)：98-101.

[168] 纪玉卿，曹玉松．一种新型风险下的最优再保险[J]．许昌学院学报，2008，27(2)：19-22.

[169] 纪玉卿，曹玉松．投资收益下的再保险定价模型[J]信阳师范学院学报：自然科学版，2008，21(3)：358-360.

[170] 卡尔．博尔奇．保险经济学[M]．北京：商务印书馆，1999.

[171] 梁志彬，郭军义．最优比例与超额损失组合再保险下的破产概率[J]．数学学报，2010(5)：857-870.

[172] 梁志彬．随机利率下的再保险与投资策略[J]．南京师大学报：自然科学版，2009，32(01)：1-7.

[173] 梁志彬. 跳-扩散盈余过程的最优投资和最优再保险[J]. 数学学报, 2008 (6): 1195-1204.

[174] 李尚友, 张春生, 吴荣. 常利率环境下带干扰风险模型的破产估计[J]. 应用概率统计, 2003, 19(1): 79-84.

[175] 李贤平. 概率论基础[M]. 北京: 高等教育出版社, 1997.

[176] 林庆敏, 汪荣明. 带息力的更新风险模型下的破产概率的计算[J]. 华东师范大学学报(自然科学版), 2005, 3(1): 46-52.

[177] 林祥, 李娜. 索赔次数为复合 Poisson-Geometric 过程下的破产概率和最优投资和再保险策略[J]. 应用数学. 2011, 24(1): 174-180.

[178] 刘家有. 几类带利率风险模型的研究[M]. 长沙: 中南大学, 2004.

[179] 刘静. 带干扰的风险模型的破产概率[M]. 杭州: 浙江大学, 2006.

[180] 刘莉. 长利率风险模型破产问题的研究[M]. 华东师范大学, 2004.

[181] 刘文. 有限非齐次马氏链随机转移概率调和平均的一个极限定理[J]. 数学物理学报, 2000, 20(1): 81-84.

[182] 刘文. 强偏差定理与分析方法[M]. 北京: 科学出版社. 2002.

[183] 柳叶. 几类推广风险模型中破产概率研究[M]. 武汉: 武汉理工大学, 2007.

[184] 刘小东. 基于均值—方差模型的保险资金投资组合研究[J]. 重庆工商大学学报: 自然科学版, 2013, 30(7): 37-41.

[185] 龙国军. 对三种再保险风险模型的破产概率以及破产赤字的研究 [M]. 长沙: 中南大学, 2007.

[186] 陆传荣, 林正炎, 相依变量的极限理论[M]. 北京: 科学出版社, 1997.

[187] 毛泽春, 刘锦萼. 索赔次数为复合 Poisson-Geometric 过程下破产概率的显式表达[J]. 中国管理科学, 2007, 15(05): 23-28.

[188] 马威, 顾孟迪. 跳-扩散风险过程的最优投资和比例再保险: 期望值保费原理[J]. 系统管理学报, 2013, 22(2): 274-277.

[189] 满讲义, 刘坤会. 带有分红和借贷过程的比例再保险最佳控制模型之推广[J]. 北京交通大学学报: 自然科学版, 2005, 29(3): 29-32.

[190] 茆诗松, 王静龙, 濮晓龙. 高等数理统计[M]. 北京: 高等教育出版社, 1998.

[191] 米力阳, 胡华. 考虑再保险的最优股东回报控制策略[J]. 河南师范大学学报: 自然科学版, 2013, 41(6): 1-4.

[192] 缪柏其, 胡太忠. 概率论教程[M]. 合肥: 中国科学技术大学出版社, 2009.

[193] 欧阳资生. 极值估计在金融保险中的应用[M]. 北京: 中国经济出版社, 2006.

[194] 佩特罗夫. 独立随机变量之和的极限定理[M]. 苏淳, 译. 合肥: 中国科学

技术大学出版社,1991.

[195] 戚懿. 广义复合 Poisson 模型下的破产概率[J]. 应用概率统计, 1999, 15(2): 141-146.

[196] 钱敏平, 龚光鲁. 随机过程论[M]. 北京: 北京大学出版社, 1997.

[197] R. 卡尔斯, M. 胡法兹, J. 达纳, M. 迪尼特. 现代精算风险理论[M]. 北京: 科学出版社. 2005.

[198] 荣喜民, 张世英. 再保险定价的研究[J]. 系统工程学报. 2001, 16(6): 471-474.

[199] 苏淳, 王岳宝. 同分布 NA 序列的强收敛性[J]. 应用概率统计, 1998(2): 131-140.

[200] 孙立娟. 风险模型的破产理论研究[M]. 北京: 中国人民大学, 2000.

[201] 孙立娟, 顾岚. 离散时间保险风险的破产问题[J]. 应用概率统计, 2002, 18(3): 293-299.

[202] 孙立娟, 顾岚. 保险公司赔付及破产的随机模拟与分析[J]. 数理统计与管理, 1999, 4(18): 25-30.

[203] 唐国强, 杨端翠. 成数再保险和超额赔款再保险策略[J]. 广西科学院学报, 2006, 22(1): 58-59.

[204] 翁小勇, 杨娟. 随机利率及保费的离散风险模型中的破产问题[J]. 数学杂志, 2009, 29(3): 335-338.

[205] 王爱香, 秦成林. 具有均值-方差保费原理的最优超额损失再保险[J]. 上海大学学报: 自然科学版. 2006, 12(2): 207-210.

[206] 王丙参, 魏艳华, 戴宁. 停止损失再保险与风险模型的有限时间破产概率[J]. 江西师范大学学报: 自然科学版. 2013, 37(2): 206-209.

[207] 王静龙, 汤鸣, 韩天雄. 非寿险精算[M]. 北京: 中国人民出版社, 2004.

[208] 王蕾, 顾孟迪. 最优再保险与投资决策: 财富最大化和套期保值的选择[J]. 系统管理学报, 2013, 22(6): 783-790.

[209] 王黎明, 金珩. 保费收取次数为 Poisson 过程的破产概率[J]. 内蒙古师大学报(自然科学版), 2000, 29(3): 176-179.

[210] 王怡菲, 王永茂. 带常利率和干扰项的负风险模型相关性质[J]. 辽宁工程技术大学学报: 自然科学版, 2012, 31(1): 131-134.

[211] 吴荣, 杜勇宏. 常利率下的更新风险模型[J]. 工程数学报, 2002, 19(1): 46-54.

[212] 肖艳颖, 邱菀花. 用组合投资理论确定最优再保险的一个方法[J]. 决策借鉴, 2002, 15(4): 33-36.

[213] 余晚霞, 王汉兴. 两险种 Poisson 风险模型和破产概率[J]. 上海大学学报

(自然科学学报).2003,9(6):529-532.

[214] 严加安.测度论讲义[M].北京:科学出版社,1997.

[215] 杨步青,叶中行.保险公司的最优再保险和红利分配[J].系统工程,2000,18(6):23-27.

[216] 袁亚湘,孙文瑜.最优化理论与方法[M].北京:科学出版社,2001.

[217] 张奠宙,魏国强,阎革兴,等.实变函数与泛函分析[M].北京:高等教育出版社,1983.

[218] 张东云.广义 Poisson 跳-扩散模型支付红利下期权的保险精算定价[J].河南理工大学:自然科学版,2014,33(6):840-843.

[219] 张茂军,南江霞,夏尊铨.再保险与有限时间破产概率[J].高校应用数学学报.2007,22(4):411-415.

[220] 张素梅.随机利率下双指数跳扩散模型欧式期权定价[J].辽宁工程技术大学学报:自然科学版,2011,30(4):627-630.

[221] 张相虎,陈贵磊.带干扰的保费收取次数为 Poisson 过程的破产概率[J].山东科技大学学报(自然科学版),2005,24(1):98-100.

[222] 张相虎.带干扰的风险模型研究[D].泰安:山东科技大学,2005.

[223] 赵守娟,杨青龙.保险公司的最优投资与一般再保险策略[J].数学杂志,2012,32(4):686-692.

[224] 赵霞,刘锦萼.经典风险模型下带有随机利率的一类破产问题[J].高校应用数学学报(A 辑),2005,20(3):313-319.

后 记

本书是在我近10年所撰写的论文的基础上整理而成，整本著作花费了一年多的时间完稿，整个过程虽然十分辛苦，但是在书稿完成之际，感到非常的开心和自豪！

2003年，我师从浙江大学数学系的张奕老师攻读硕士学位，毕业论文选择《最优再保险的研究》，完全是张奕老师上课时给予的启示。整个论文的写作过程中，张奕老师始终给予我方法和技术上的指导，可以说是张奕老师带领我走进了再保险的领域，蓦然回首，我已经在再保险研究的道路上走了十多年，发表了几十篇相关论文，在此表示衷心感谢。

2015年我在华中师范大学数学系做访问学者，在那里聆听了众多专家学者的讲座，增长了见识，为本书的顺利完成提供了很大的帮助，在那里我有幸认识了李书超老师，李老师在学术方向上虽然与我相差甚远，但是每次与李老师聊天谈心，都让我如沐春风，受益匪浅，因此我也越来越相信读书可以使人变成一个有温度、会思考、懂性情的人。

感谢许昌学院对本著作出版的资助，感谢许昌学院信息工程学院的所有同事的帮助与关心，正是因为杜根远院长的鼓励与帮助，才使得本著作能够顺利出版。

最后，感谢我的父母、婆婆、先生、女儿，他们始终与我并肩站在阳光下，风雨中，他们是我生活快乐的源泉和前进的动力，我知道，这本书的出版会让他们备感骄傲。

曹玉松

二〇一六年五月于许昌学院

曹玉松，女，1981年生，硕士研究生，许昌学院副教授，2006年浙江大学应用概率统计专业研究生毕业，2015—2016年担任华中师范大学数学与统计学院访问学者。

主持完成河南省基础前沿课题、河南省高等学校重点科研项目等十多项，曾获河南省教育厅科技成果一等奖；发表论文三十余篇，多篇被SCI、SSCI收录，获得河南省教育厅优秀科技论文一等奖，此外，还曾获"许昌学院教学新秀""许昌学院十佳青年教师""许昌学院骨干教师"等荣誉称号。

- 责任编辑／鲍　玲
- 责任校对／李孟潇
- 版式设计／马　佳
- 封面设计／王荆强

定价：28.00元